◆歴博フォーラム◆

さらにわかった!

縄文人の植物利用

Further Perspectives on the plant use of Jomon People

工藤雄一郎／国立歴史民俗博物館 編

新泉社

はじめに　工藤雄一郎

前著『ここまでわかった！　縄文人の植物利用』（二〇一四年刊行）の反響は予想以上でした。縄文時代の多種多様な野生植物の利用の実態や、その利用のための知識や技術の高さ、そしてクリやウルシにみる管理・栽培を伴う高度な植物利用があったことに、そしてこれらの研究が急速に進展していたことに驚いた方がとても多かったようです。

しかしもう一度考えてみましょう。縄文時代の植物利用の知識や技術の高さは驚くべきことなのでしょうか。狩猟・採集・漁撈生活を送り、現在のわれわれとは比較にならないほど身近な存在として植物に接していたであろう縄文人が、植物利用を知り尽くしていることはある意味当然なのです。縄文時代から現在まで、人類の文化や技術は単線的な発展を遂げてきたのでしょうか。必ずしもそうではないはずです。現在まで発展してきた物質文化があるのは間違いないことですが、それ以上に失われていった優れた文化も数多くあったことでしょう。とくに日々の生活の中で培われた「手仕事」「手わざ」に関係する技術や知識は、便利な現代社会の生活に慣れ親しんだわれわれよりも先史時代の縄文人のほうが遙かに優れていた、と考えたほうがよいものがたくさんあります。

その一つが編みかごです。これまでの研究から、縄文人は素材植物の特性を知り尽くしていること、現在まで知られている先史時代の編み方の技法のほぼすべてが八〇〇〇年前の佐賀県東名遺跡にあったことがわかりました。

東名遺跡から出土した編みかごの形態や複雑な編み方にみられる装飾的な要素をみて、「どうしてこんなにも複雑で素晴らしいかごを八〇〇〇年前の縄文人が……」と、ついついわれわれは考えてしまいがちです。遠い過去の優れた工芸品を見て驚く心理の裏側には、「自分たちのほうが優れている」という先入観があるのかもしれません。しかし縄文時代の人びとはわれわれとまったく同じ、現代人（ホモ・サピエンス）であることを忘れてはいけません。より美しいものを、そして工芸的にも優れたものを生み出そうとする心理は、ホモ・サピエンスが誕生して以降、過去においても現在においても、そして現代社会においても狩猟採集社会においても変わらないのでしょう。

われわれにはまだ過去の人類活動の実態が見えていないだけであって、われわれが研究の対象としておりまだまだ謎に包まれている縄文時代前半期や、そしておそらく日本列島の後期旧石器時代（約三万七〇〇〇年前から一万六〇〇〇年前）においても同様のことが言えるでしょう。後期旧石器時代や縄文時代の人びとは、日々の生活の中で周囲の環境にあるさまざまな植物に接し、さまざまな植物を食料とし、またそれらをさまざまな道具の素材として使うことの試行錯誤を繰り返し、その知識と技術を磨いてきたことでしょう。そしてあるときには機能的観点を超えて美的観点からもさまざまな工夫を凝らしたことでしょう。

人びとが生活していくうえで必要不可欠だった植物利用の知識と技術は現代社会において急速に失われつつあるのは間違いありません。その一方で、縄文時代の文化を基層文化として日本人にとって特別な存在と位置づけ、「自然との共生の時代」として賛美するような姿勢も正しくはありません。過去の人びとの植物利用の実態を「人類誌（Anthropography）」の一部として中立的に一つずつ記述することで客観的に評価し、またこれらの研究成果を統合することで「人と植物の関係史」を構築していくことが必要不可欠です。そのためにはこれまで以上に学際研究を推進していくことが重要となるでしょう。

本書はその取り組みの一つです。本書を通じて、皆さんとともに縄文時代の「植物利用」および「人と植物の関係史」に対する知見をさらに深めていきたいと考えています。

目次

装幀 勝木雄二
地図作成 松澤利絵

さらにわかった！
縄文人の植物利用

1-1

ここまでわかった！　縄文人の植物利用から3年

1 縄文時代の前半期ってどんな時代？―1万6000年前から6000年前まで―

工藤雄一郎

縄文時代の人と植物との関係を考えるとき、食料が重要なのは言うまでもないことですが、それ以外に道具の素材や竪穴住居などの建築部材、調理や暖を取るため燃料材、植物繊維、塗料、そして薬用など、縄文人がさまざまな植物と密接にかかわっていたことは間違いありません。

一九七〇年代後半から、縄文時代の低湿地遺跡の発掘調査が進展するにしたがって、通常の台地上の遺跡では残りにくい木材や種実などの有機質遺物の検出例が飛躍的に増加しました。また、この頃から植物学を含めた自然科学と考古学との学際的研究が盛んに行われるようになり、縄文時代の人びとが植物資源をどのように選択し、利用し、そして管理してきたのかが少しずつ明らかになってきました。二〇〇〇年代に入ってからは、花粉分析、種実同定、樹種同定、編組製品の素材同定などのさまざまな分析手法についての技術的・方法論的な著しい進展があったことから、研究が飛躍的に進みました。

ちなみに、一九七〇年代末から八〇年代に本格的にスタートした縄文時代の植物利用についての学際的な研究の歴史をみると、本書の執筆者・関係者では鈴木三男さん、能城修一さん、網谷克彦さんなどが研究の第一世代にあたります。まさにこの分野のパイオニアたちです。そして本書の報告者の中では、西田巖さんと千葉敏朗さんが第二世代に相当します。第一世代の研究成果を手本にしつつ、また自分たちが直面している遺跡の発掘調査に取り組み、さらに調査・研究を発展させてきた世代です。そして佐々木由香さんや鯵本眞友美さん、筆者等が第三世代にあたり、第一世代を「先生」と仰いで教えを受けてきた世代です。研究はますます進展してくるとともに、未解明の課題も山積みになっています。この分野の研究に関心をもち、また一緒に研究を進めていく、第四世代、第五世代の若い学生たちが登場してくるのをわれわれは待ち望んでおります。

さて、筆者らは国立歴史民俗博物館で開発型共同研究「縄文時代の人と植物の関係史」を二〇一〇～二〇一二年度にかけて行い、二〇一二年一二月には歴博フォーラムを開催しました。またその成果を『ここまでわかった！縄文人の植物利用』（新泉社、二〇一四年）として公表しました。[*1] これまでの研究によって、縄文時代前期（約七三〇〇年前）以降の東日本では、比較的規模の大きな定住集落の周囲にクリ林やウルシ林が管理されていた可能性が高いこと、マメ類（ダイズやアズキの野生種）の利用が活発化し、縄文時代中期以降、一部では栽培の可能性が考えられるほど大型のマメ類が出土していること、優美な漆器の出土例が示すように、縄文時代の漆文化は非常に高度であったことなど、多くの点が明らかになったのです。国立歴史民俗博物館の第一展示室にある三内丸山遺跡の集落模型は当時の生活の様子を復元して展示していますが、その居住域・活動域の周辺の台地縁辺部や斜面部にはおそらくクリ林が存在したと考えています。有用植物の意識的な保護、移植、放置的な栽培が行われていたことは間違いなさそうです。

しかし一方で、縄文時代の植物利用についてはまだ未解明な点も多く、さまざまな課題が残されていたことも確かです。その一つは縄文時代の編組製品の利用とその技術の解明であり、もう一つは外来植物の移入時期や栽培植物の利用開始時期、クリやウルシなどに見られる「管理」「栽培」を伴う高度な植物利用の始まりの時期、すなわち「縄文時代前半期」の問題が未解明となっているのです。

2 2012年 ここまでわかった！ 縄文人の植物利用

3 わかっていないこと：「編み物」と「縄文時代前半期」

高度な植物利用の
開始時期

1 縄文時代の人と植物とのかかわり

東京都下宅部遺跡の例

縄文人がさまざまな植物と密接にかかわっていたことが遺跡出土遺物からも見えてきた！

下宅部遺跡　クルミ塚

縄文時代の遺跡から出土するアサ果実は薬用にもなる
（写真は現生のアサ）

下宅部遺跡　木製容器

下宅部遺跡　漆塗土器

下宅部遺跡
第7号水場遺構の構成材と杭

下宅部遺跡
第3号繊維

下宅部遺跡
第12号埋設土器と焼土跡

編組製品の利用とその技術

外来・栽培植物の移入時期

1-2 縄文時代前半期に注目する

1 縄文時代の前半期ってどんな時代？—1万6000年前から6000年前まで—

工藤雄一郎

「縄文時代はとても長い。その期間ずっと植物利用も同じなのでしょうか」。このような質問をよく受けます。これはとても重要な視点です。縄文時代の時間の長さは当時の文化や社会の実態を解明していくにあたって重要なポイントとなります。

「縄文時代前半期」といわれてすぐにイメージがわく方はとても少ないのではないでしょうか。縄文時代は日本列島で最古の土器が出現する約一万六〇〇〇年前から、水稲耕作が始まり弥生時代が開始する約二九〇〇年前頃（東日本では二四〇〇年前頃）まで、約一万三〇〇〇年もの時間幅をもっており、その文化の内容は多様です。弥生時代から現代まではわずか三〇〇〇年程度の時間しか流れていません。筆者は縄文時代の「前半期」と「後半期」を次のページで示した図のように理解しています。

実際の時間幅では、「前半期」は縄文時代全体の三分の二を占めており、九〇〇〇年近い時間が流れています。縄文時代中期・後期・晩期は三〇〇〇年間しかありません。

多くの人びとが抱く縄文時代のイメージはどのようなものでしょうか。縄文時代には千葉県加曾利《かそり》貝塚のように規模の大きな定住集落があります。こういった竪穴住居が多く建ち並ぶ大規模集落や、火焔土器に見られるような装飾性に富んだ縄文土器、さまざまなポーズをした土偶、植物利用の関係では管理・栽培を伴うウルシ利用・漆文化や、クリの集中的な利用、マメ利用のイメージも最近増えてきました。これらの多くの人がもつ縄文時代のイメージに関連した証拠は、縄文時代前期以降に出現し始めるものの、ほとんどは縄文時代中期から晩期までのもの、すなわち「縄文時代後半期」のものばかりです。集落遺跡の動向を見ても、一般的に本格的な通年定住の集落が形成されるのは縄文時代前期からですが、巨大な環状集落や遺跡数自体が増えるのは中期、火焔土器も中期です。土偶は縄文時代草創期からありますが立体的な造形として優れたものが出てくるのは中期からです。漆文化は縄文時代前期にはかなり広がりを見せていますが、縄文時代後・晩期になると量的にも質的にも充実します。クリ利用も縄文時代前期から盛んになりますが、とくに集中的に利用されるのは中期以降のようです。

環境史の視点からも見てみましょう。縄文時代前半期の中でも最も古い時期である縄文時代草創期は、まだ地質学的には更新世（最終氷期）で、現在と同じ完新世（後氷期）が始まるのは縄文時代早期になってからです。完新世（後氷期）に入ってすぐに現在と同じ気候・植生環境が成立したのではなく、約一万一〇〇〇年前から七〇〇〇年前にかけては気温や海水準が急速な上昇を続けていた時期でした。植生的に見ても、最終氷期の植生から現在の植生への移行期にあたります。たとえば現在は照葉樹林帯に位置する福井県の鳥浜《とりはま》貝塚の周辺に、スタジイやカシの仲間などの照葉樹林の要素が進出するのは縄文時代前期（約七〇〇〇年前）になってからで、縄文時代草創期、縄文時代早期の鳥浜貝塚の周辺には現在の北東北に近い植生環境が成立していました。[*2]このように、環境史の視点からも、縄文時代全体を画一的に見ることはできません。とくに縄文時代草創期は最終氷期の寒冷な時期から後氷期の温暖環境へと移り変わっていく、一〇万年に一回の気候大激変期だったのです。また、後氷期に入ってからもその前半は、環境的にまだまだ安定していなかった時期です。つまり、縄文時代前半期を考えるには、文化の変化と環境の変化の両者の側面を正確に捉えていくことが必要不可欠なのです。[*3]

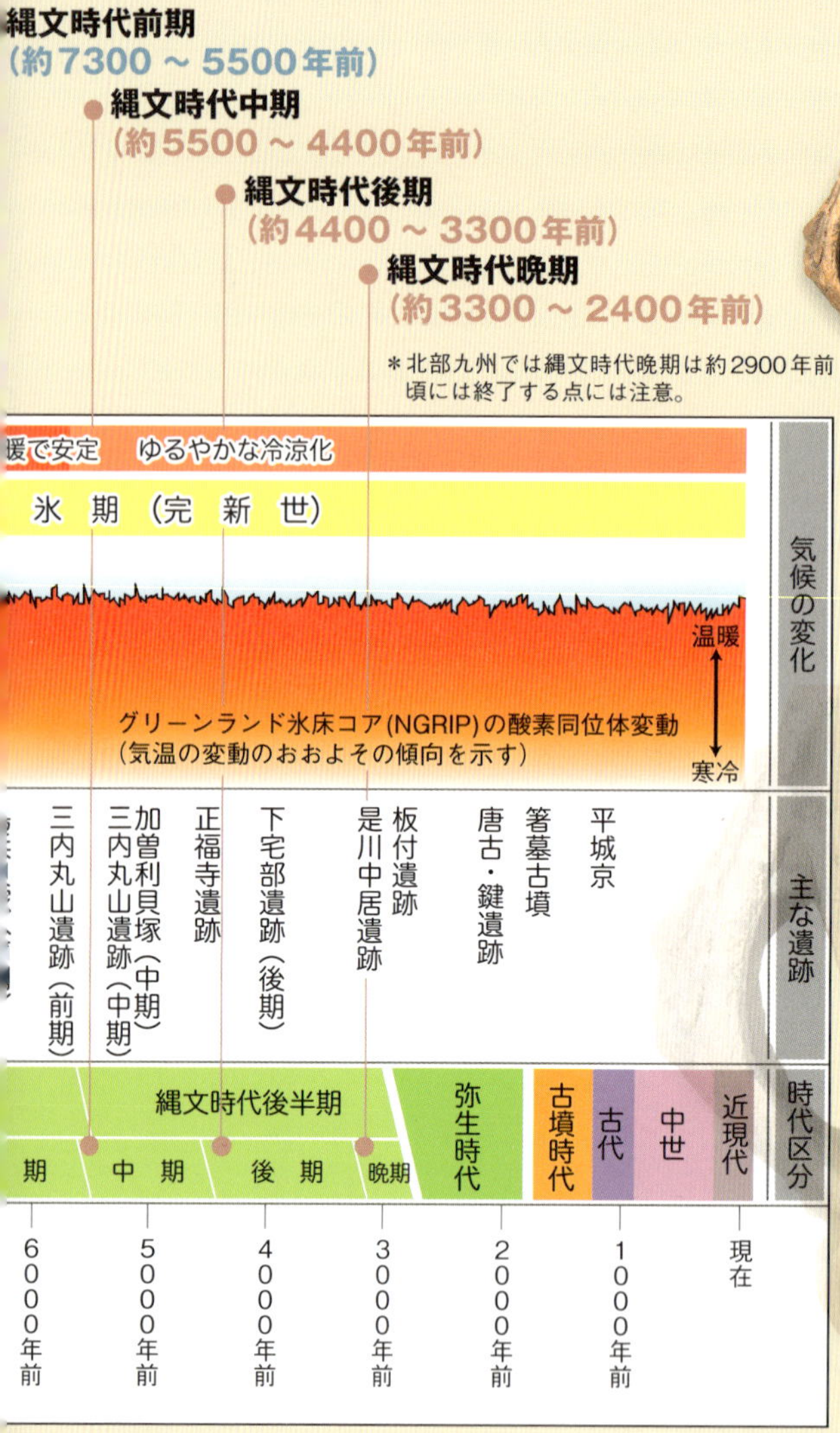

▼装飾性豊かな土器
例：火焔型土器
（馬高遺跡、縄文時代中期）

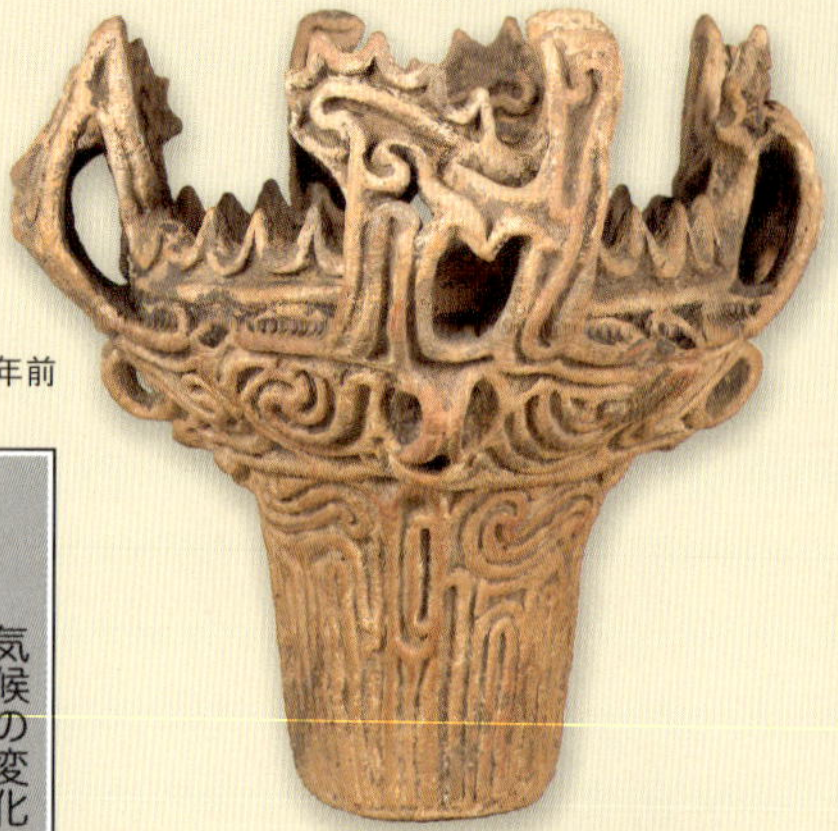

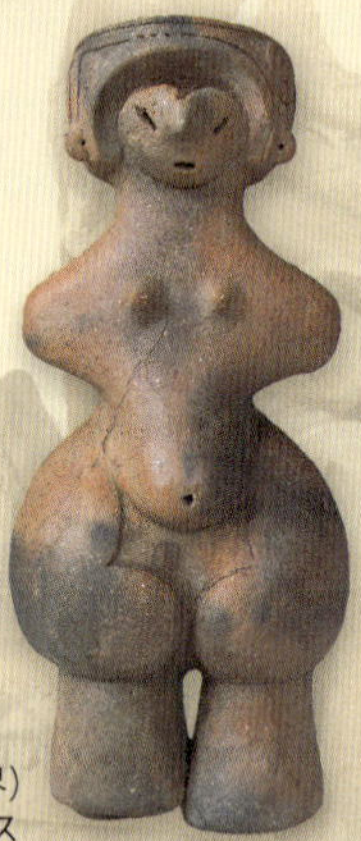

土偶（独特の精神世界）
例：▲縄文ヴィーナス
（棚畑遺跡、縄文時代中期）
▼合掌土偶（風張１遺跡、縄文時代後期）

◀巨大な環状集落と貝塚
例：加曽利貝塚
（縄文時代中期）

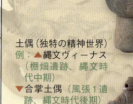

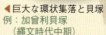

1 縄文時代の前半期っていつ？

縄文時代草創期
（約16000～11000年前）

縄文時代早期
（約11000～7300年前）

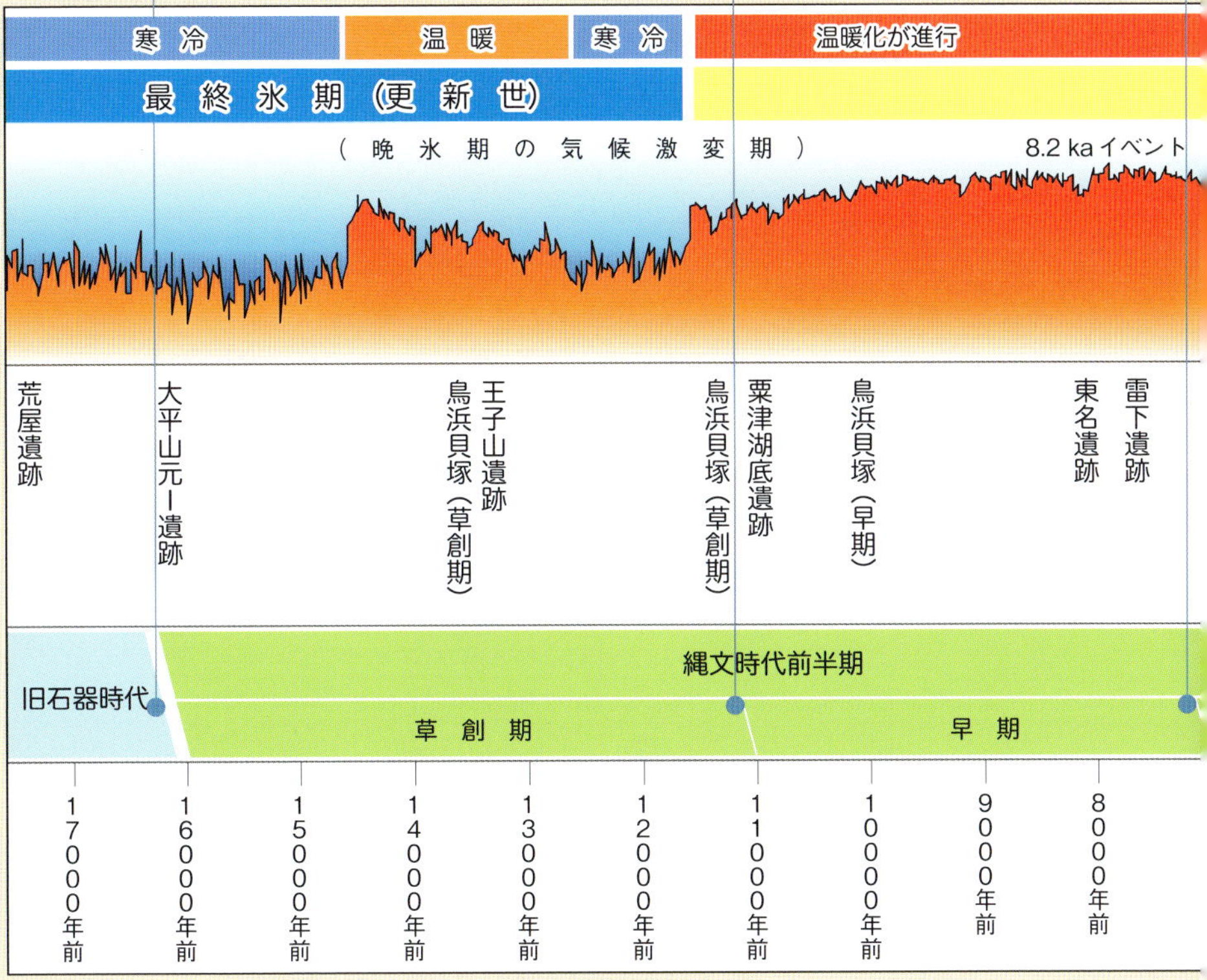

2 縄文時代のイメージは後半期のものが多い

▶クリの集中的利用
（管理・栽培？）
例：三内丸山遺跡
（縄文時代前期～中期、
＊最も栄えたのは中期）

1-3
縄文時代前半期の植物利用は未解明

1 縄文時代の前半期ってどんな時代？―1万6000年前から6000年前まで―

工藤雄一郎

それでは、縄文時代の前半期にはどのような植物利用が行われていたのでしょうか。どのようなプロセスを経て縄文時代前期（とくに中期）以降のような植物利用の仕組みや技術が形作られていったのでしょうか。この問題を明らかにするためには、縄文時代草創期と縄文時代早期の植物遺体、植物質遺物に焦点を当てた研究を行うことが必要不可欠ですが、これはとても困難な課題なのです。

「前半期の低湿地遺跡を発掘すればいいじゃないか？」と当然考えるかもしれません。しかしながら、この時期の低湿地遺跡自体がほとんど発掘されていません。どうして遺跡が発見されないのでしょうか。じつは縄文時代草創期には海水準が今より五〇メートル以上低いところにありました。縄文時代早期になって急激に海水準が上昇し始め、現在の海水準に近くなるのが八〇〇〇〜七〇〇〇年前頃なのです。縄文時代草創期から早期の水辺の遺跡、とくに海岸沿いにあった遺跡は、現在は深い海の底に埋もれていることでしょう。東京湾の中川低地の例を見てみましょう。[4] 大きな河川沿いの遺跡は一万五〇〇〇年前以降に堆積を始めた、数メートルから数十メートルの分厚い沖積層の下に埋もれている可能性が高く、われわれの調査の行く手を阻んでいるのです。

そういった意味では、縄文時代草創期から前期を中心とした福井県鳥浜貝塚[5]（約一万四〇〇〇〜六〇〇〇年前）や滋賀県粟津《あわづ》湖底《こてい》遺跡[6]（約一万一〇〇〇年前）、縄文時代早期後葉の佐賀県東名《ひがしみょう》遺跡[7]（約七八〇〇年前）は、縄文時代前半期の植物利用を解明するにあたって、実際の遺跡出土資料の考古学的・植物学的な研究が可能な、きわめて重要な低湿地遺跡なのです。また最近、千葉県雷下《かみなりした》遺跡で縄文時代早期後葉の低湿地遺跡が調査され日本最古の丸木舟も出土しました。[*8] その調査の進展に大きな期待を寄せています。

さて、これらの四つの遺跡は日本でも非常に数少ない、貴重な縄文時代前半期の低湿地遺跡なのですが、縄文時代草創期にまで遡る低湿地遺跡は、今のところ鳥浜貝塚が唯一の事例となります。また縄文時代草創期・早期・前期と長期にわたって、断続的に遺跡が形成され、数多くの考古資料が見つかっている点でも希有な存在です。一方、東名遺跡は約七八〇〇年前頃を中心とし、鳥浜貝塚と比較するとごく短期間の遺跡ですが、七〇〇点を超える膨大な量の編みかご、そして植物質遺物が残された、類を見ない重要な遺跡です。この二つの遺跡がわれわれの研究の突破口になることは間違いありません。

そこで、二〇一五年一一月二一日に開催した第九八回歴博フォーラム「さらにわかった！縄文人の植物利用―その始まりと編みかご・縄利用―」では、縄文時代の植物利用にかかわる二つの最新の研究と、その成果の一部を取り上げることにしました。「さらにわかった！」植物利用の一つ目の点は、まさに「縄文時代前半期」に焦点を当てたもので、能城修一さんを代表とする科学研究費「縄文時代前半期における森林資源利用体系の成立と植物移入の植物学的解明」（二〇一二～二〇一四年度、二〇一五年度～現在）の研究の成果です。

もう一つの「さらにわかった！」植物利用は、鈴木三男さんを代表とする「あみもの研究会」による、縄文時代の編組製品や縄類の素材同定と復元実験を元にした研究の成果です。第九八回歴博フォーラムおよび本書では、この二つの研究グループの成果について取り上げています。

2 鳥浜貝塚と東名遺跡は数少ない草創期・早期の貴重な低湿地遺跡

●鳥浜貝塚

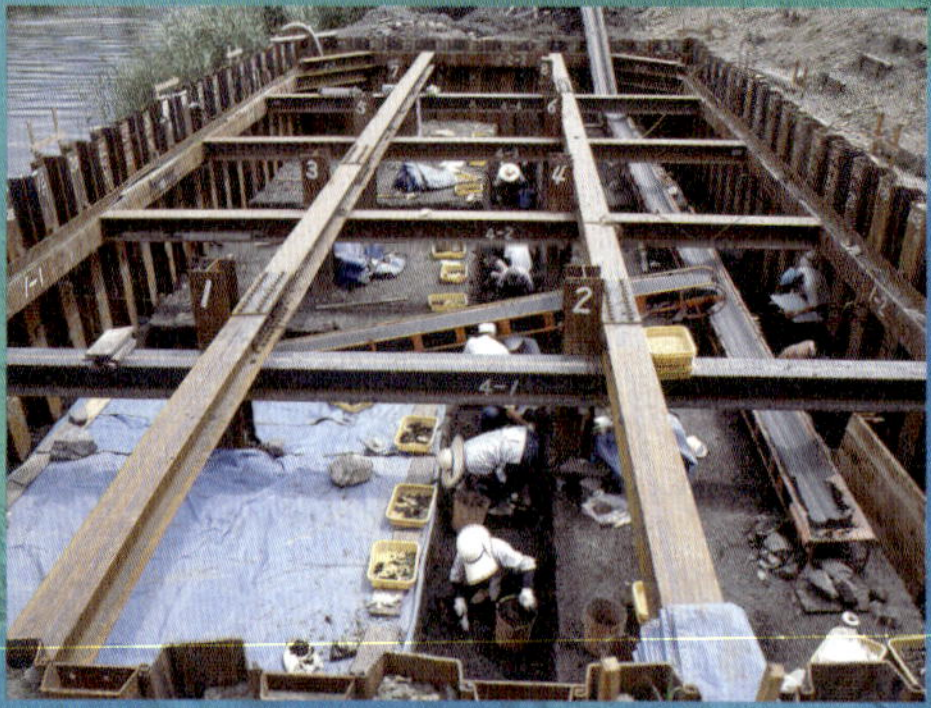

縄文時代草創期・早期・前期
（約14000～6000年前）の
低湿地遺跡
1970～1980年代に調査・完了

●雷下遺跡

縄文時代早期
（約7500年前）の
低湿地遺跡
2014年から調査、整理作業中

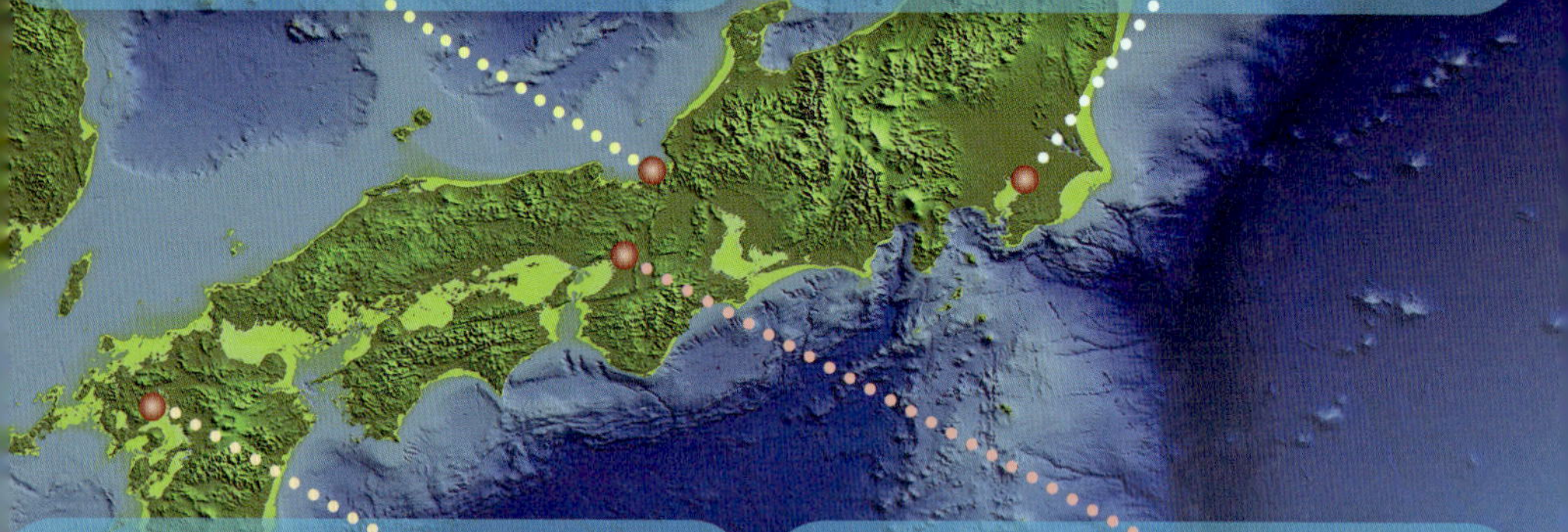

●東名遺跡

縄文時代早期
（約7800年前）の
低湿地遺跡
1993年から調査、整理作業中

●粟津湖底遺跡

縄文時代早期
（約11000年前）の
低湿地遺跡
1990年代に調査・完了

1 縄文時代前半期の海水準変動

利根川低地の過去1万4000年間の
海水準変動（Tanabe et al. 2015を一部改変）

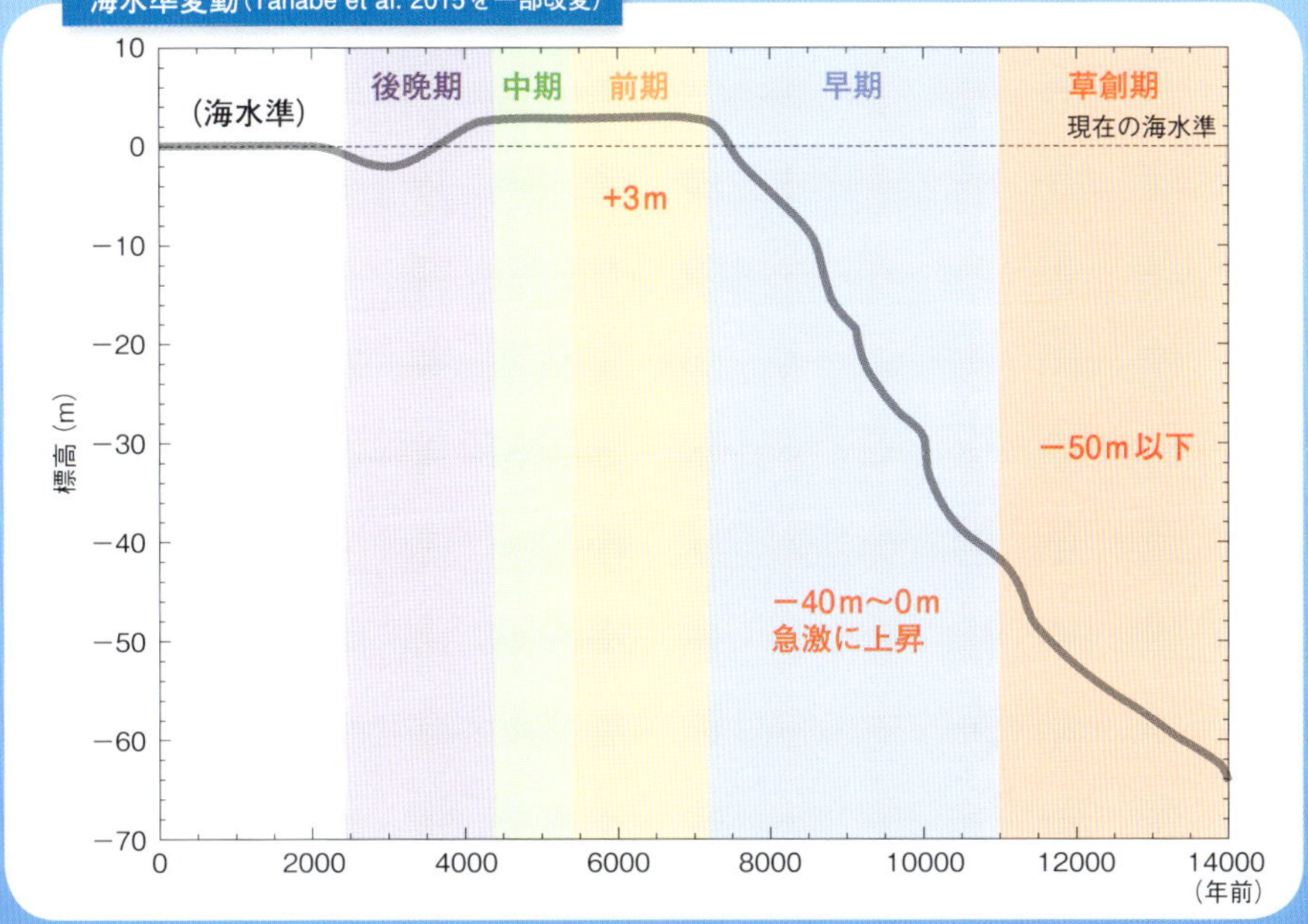

▲縄文時代早期初頭（約11000年前）は現在よりも50m低いところに海があった。そこから7000年前にかけて急激に上昇している。

東京低地と中川低地の古地理
（Tanabe et al. 2015を一部改変）

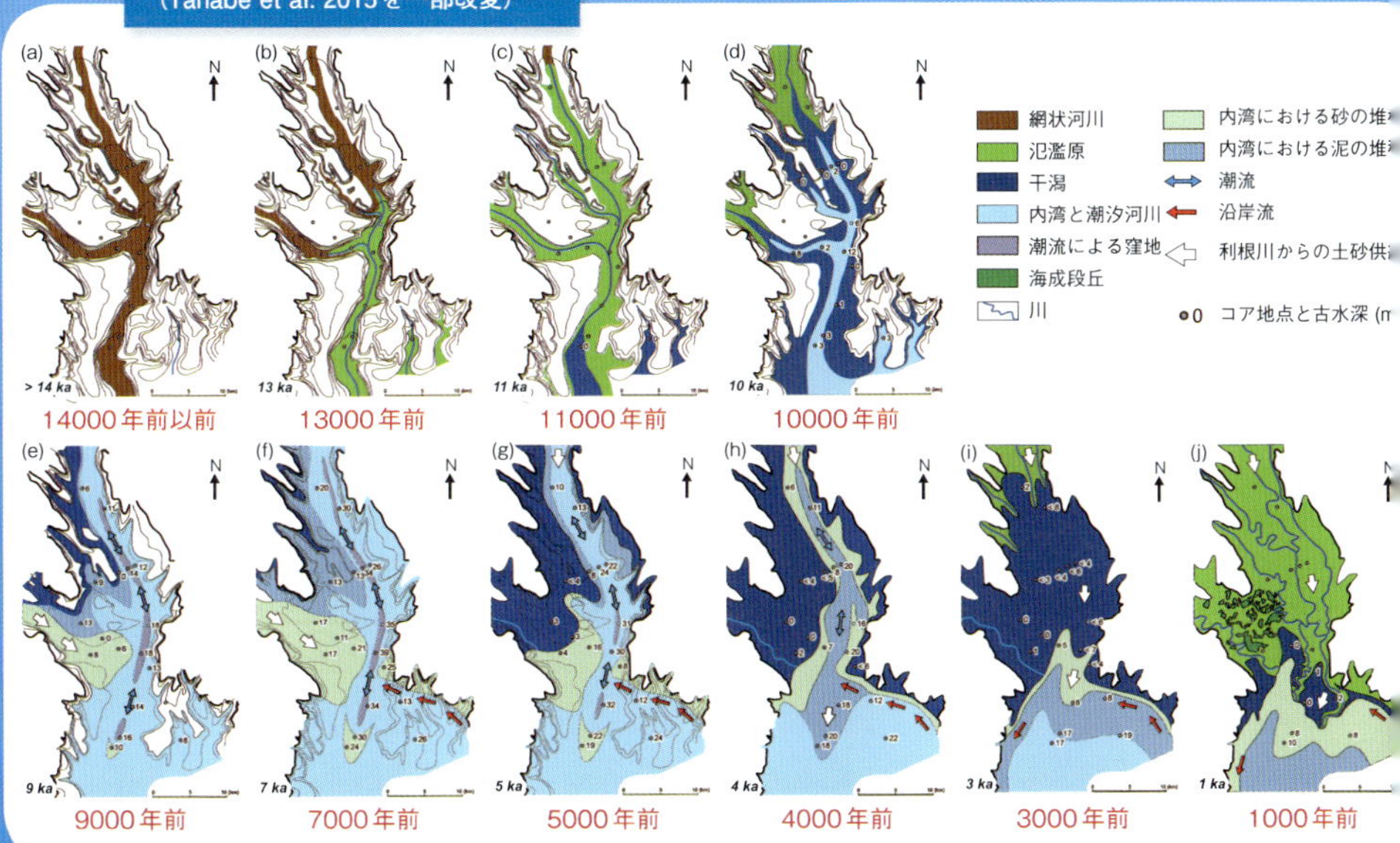

▲約10000年前には海が侵入しはじめ、約14000年前には河川と陸地だったところが海中に沈んでいく様子がわかる。

1-4 「縄文時代前半期の植物利用」の研究チーム

1 縄文時代の前半期ってどんな時代？—1万6000年前から6000年前まで—

工藤雄一郎

能城修一さんを中心とする研究チームは、縄文時代草創期から早期、前期までの低湿地遺跡の研究、再調査を目的として結成されました。遺跡出土資料を用いて、花粉や種実、木材、編物、鱗茎（球根類）といった植物遺体の分析、年代測定、そして考古遺物を研究する学際的なチームを作り、総合的に縄文時代前半期の植物利用を再検討する研究を二〇一二年から進めています。この研究では、現在日本列島で唯一、縄文時代草創期まで遡る福井県鳥浜貝塚の分析などを進めているところです。また、佐賀県東名遺跡、千葉県雷下遺跡、東京都御殿前遺跡などでも同様に、各埋蔵文化財調査機関と連携し、新たな分析を進めています（これらの遺跡の研究成果は、数年後に「もっとわかった！縄文時代の植物利用」として、第三弾の研究成果の報告を考えています）。

　それにしても、なぜ今「鳥浜貝塚」なのでしょうか。三〇年も前に発掘調査が完了している遺跡をなぜ取り上げるのでしょうか。鳥浜貝塚では一九七〇年代から一九八〇年代の発掘調査でこれまでの縄文時代のイメージを刷新するさまざまな植物質遺物が出土し、「縄文人のタイムカプセル」ともよばれて学界・社会から大きな注目を浴びました[*9]。縄文時代前期の完成された漆文化、弓や斧柄、木製容器などにみる適材適所の木材利用、アサやヒョウタン、エゴマ、ゴボウ、アブラナ類などのいわゆる外来・栽培植物の存在、鱗茎付着土器、多数の編組製品の断片、縄文時代草創期に遡る可能性があるアサ縄などが話題となりました。発掘調査とあわせて花粉分析も行われ、縄文時代草創期から前期までの植生変化が復元されました。まさに、現在一般的に行われている縄文時代の低湿地遺跡での学際的研究のお手本となった遺跡です。

また、発掘が終わってすでに三〇年が経過した現在でも、二〇一一年に「再発見」された縄文時代草創期のウルシ材（約一万二六〇〇年前）[*10]、二〇一五年に実施されたツバキ属製の漆塗り櫛の年代測定（約六一〇〇年前）[*11]など、新しい研究の成果が鳥浜貝塚から次々と発表されています。というのも、鳥浜貝塚の発掘調査が終了した一九八〇年代から現在までの間に、考古学、植物学、年代測定などの自然科学的分析の手法や精度が飛躍的に進歩しているからです。一九八〇年代までに行われた分析・研究の成果についても、現在的な視点で検証していくことも必要となってきました。

そこでわれわれは、縄文時代草創期から縄文時代前期までの植物利用を解明するにあたって、手始めとして鳥浜貝塚を再調査しよう考えたわけです。福井県立若狭歴史博物館には今でも鳥浜貝塚の資料がすべて保管されており、まだ分析していない堆積物サンプルも大量に保管されています。これを使って、新しい研究を進めることが可能なのです。われわれは鳥浜貝塚の資料を使って、新たに花粉分析、木材の樹種同定、年代測定、編組製品の分析などを進めています。

そもそも鳥浜貝塚とはどのような遺跡で、一九七〇〜一九八〇年代に行われた鳥浜貝塚の発掘調査とそれに伴う研究によって、何がどこまで明らかになっているのでしょうか。そして現在はどのような研究の課題があるのでしょうか。これらについて、鯵本眞友美さん（第2章）が報告します。そして、能城修一さんや鈴木三男さんが中心となって進めている鳥浜貝塚の最新の植物学的・考古学的な学際研究では、何が明らかになってきたのかを、能城修一さん（第3章）と鈴木三男さん（第9章）が報告します。

考古遺物

編組製品

鱗茎

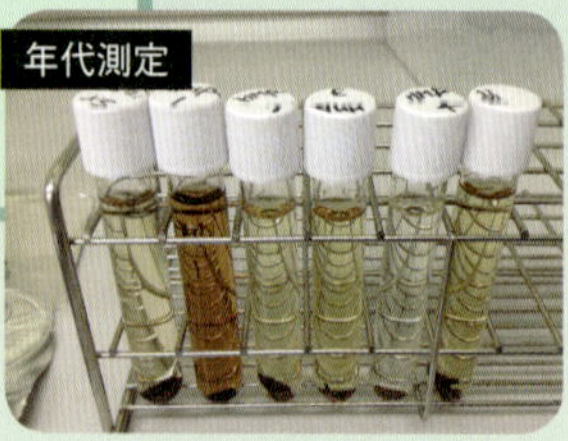

年代測定

3 現在進めている鳥浜貝塚の調査

編みかごと縄類の調査

鳥浜貝塚の発掘調査（1980年）

堆積物試料の調査

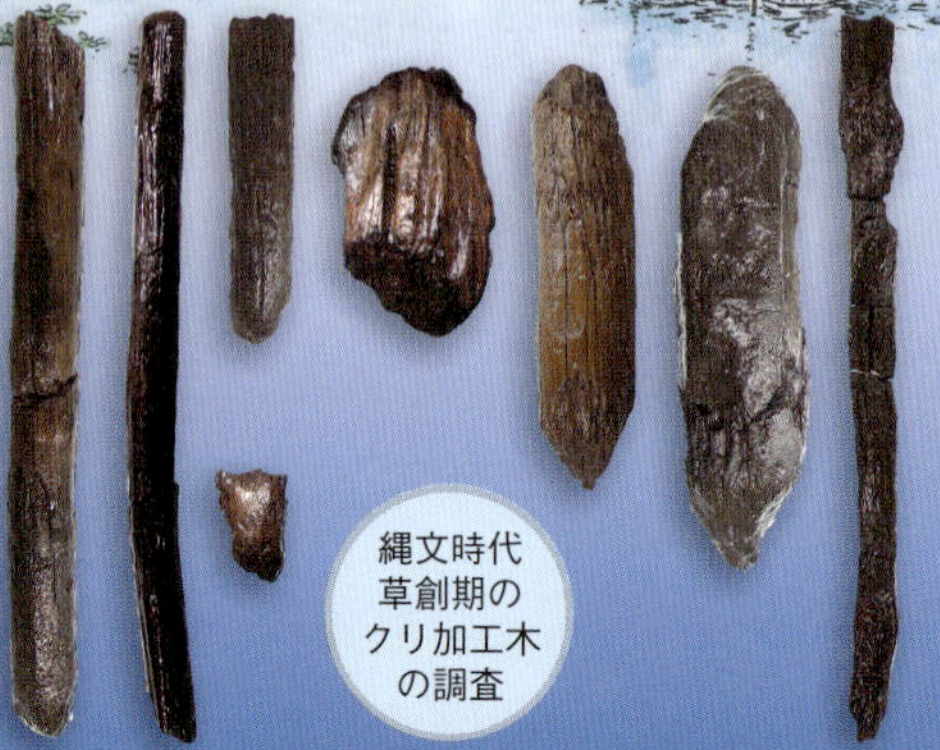

縄文時代草創期のクリ加工木の調査

1 縄文時代前半期の植物利用の解明に向けて取り組んでいる課題

縄文時代前半期の
植物利用の解明を目指す
学際的な研究チーム
（代表：能城修一）

さまざまな分析手法を用いて総合的に縄文時代の植物利用を検討する。

2 なぜいま鳥浜貝塚なのか？

日本で唯一、縄文時代草創期まで遡る低湿地遺跡

若狭歴史博物館には鳥浜貝塚のすべての出土資料だけでなく、未分析の土壌サンプルも保管されている。

そして二つ目の課題である縄文時代の編組製品と縄の利用についても触れておきたいと思います。植物質の素材を編んだり組んだりして使った「編組製品」は、縄文時代の人びとの生活においても最も身近な道具の一つです。しかし樹皮の一部や、細く、薄く割り裂いた木材を素材として使っているため、遺跡出土資料としては遺存率がとても低い資料なのです。また、出土した場合でも編組製品、縄という資料の特質上、薄く脆弱な資料が非常に多いといった問題があります。

また、出土して取り上げた後、乾燥して収縮してしまったり、保存処理がされてしまったため木材組織の観察できない資料が数多くありました。これに加えて、かごや縄類といった道具類は、縄文時代の低湿地遺跡から出土する木製品とは異なる素材が使用されていることが多いため、これまで現生の比較標本の収集が進んでいなかったこともあり、縄文時代遺跡から出土する木製品や自然木などと比較して、研究があまり進んでいなかったのです。

そこで立ち上がったのが、鈴木三男さんを代表とする研究グループ「あみもの研究会」です。「あみもの研究会」が取り組んだ課題は、①これまで縄文時代の遺跡から出土した編組製品と縄類の素材同定を全国的な規模で悉皆《しつかい》的に行うこと、②編組技術のパターンや技法などの研究を進めること、③これまで難しかった素材同定の技術開発、④遺跡出土編組製品の素材を同定すること、⑤編組の技法的な研究、そして、⑥復元実験研究から、縄文時代の編組製品の製作、使用技術を解明していこうというものです。

あみもの研究会では植物解剖学が専門の鈴木三男さんと能城修一さん、小林和貴さん

1-5

「あみもの研究会」による編組製品・縄の研究チーム

1 縄文時代の前半期ってどんな時代？―1万6000年前から6000年前まで―

工藤雄一郎

による遺跡出土編組製品の素材同定の成果に基づき、同定された植物と同じ植物を用いて遺跡出土資料を忠実に復元することで、縄文時代の編組製品に使われた技法の種類や技術の高さを示すことに成功しました。「同じ植物を用いて、忠実に復元する」という点が最も重要で、バスケタリー作家の本間一恵さんと高宮紀子さんが研究会に加わり、お二人のこれまでの経験と技術が存分に発揮されてこその研究成果といえます。

あみもの研究会ではこれまでに、佐賀県東名遺跡（縄文時代早期）、青森県三内丸山《さんないまるやま》遺跡（縄文時代前期）、東京都下宅部《しもやけべ》遺跡（縄文時代後期）、福岡県正福寺《しょうふくじ》遺跡（縄文時代後期）から出土した編みかご類の復元実験を実施しています（第6・8章）。遺跡の発掘調査を実際に担当した考古学者と、遺跡出土編みかごの復元品を製作したバスケタリー作家とで、縄文時代の編みかご類に対する視点や観察ポイントが違う点は重要です。同じ資料を異なる視点から見ること、そして理解したことを共有することで、新たな事実が次々と明らかになってきたのです（第5～第8章）。そして筆者も加わって製作した、東京都東村山市の縄文時代後期の第八号編組製品に関連して、今回新たに四点の復元画を製作しました。これらの四つの復元画が意味することは、千葉敏朗さんや佐々木由香さん、本間一恵さんの報告から自ずと見えてくることでしょう。

なお、あみもの研究会によって製作された下宅部遺跡の第八号編組製品復元品は、国立歴史民俗博物館が平成三〇年度末に公開を予定している総合展示室第一室（原始・古代）のリニューアルで展示される予定で、リニューアル展示の目玉の一つです。どんな展示になるのか、ぜひ楽しみにお待ちいただけたら幸いです。

編組技法

出土遺物の詳細な観察と現在の編組技法との対比から、出土遺物に用いられた技法を解明する。

復元実験

樹種同定の成果、出土遺物の編組技法の研究の成果に基づき、出土遺物を忠実に復元する。

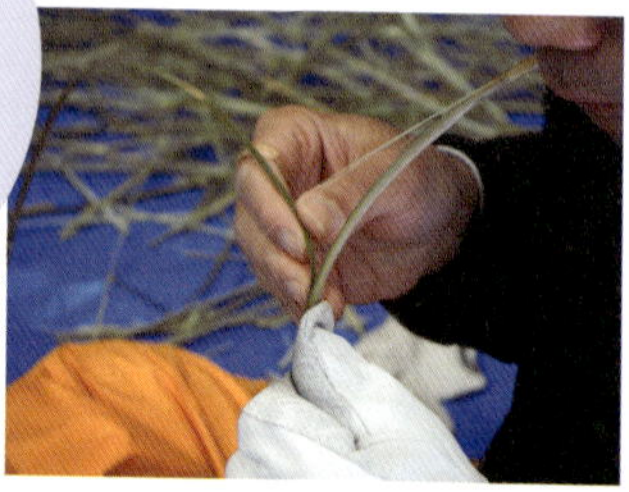

1 縄文時代・弥生時代の編組製品と縄類の研究チーム ：あみもの研究会の取り組み

- 薄く、脆弱な資料が多い
- 乾燥による収縮、保存処理
- 素材同定の現生標本の不足
  ➡編物・縄の素材同定の難しさ

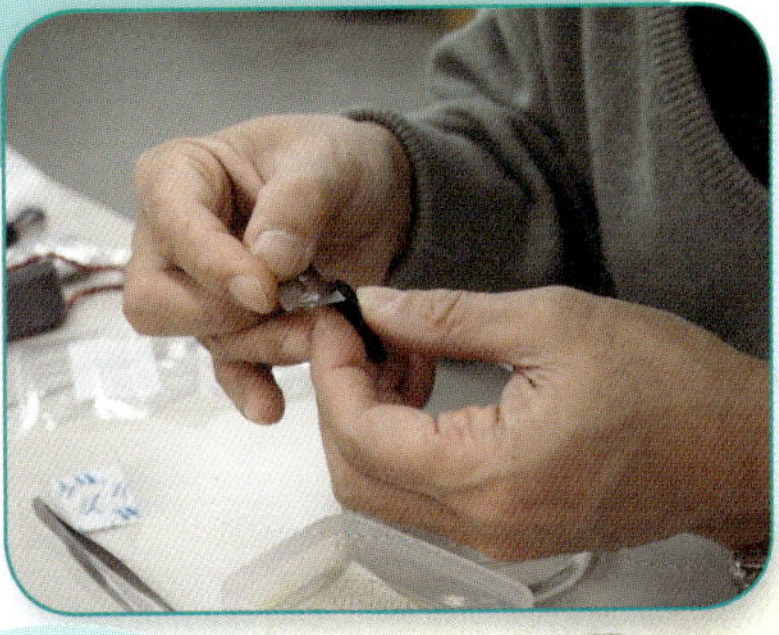

鳥浜貝塚出土　編組製品

素材同定

- これまで同定できていなかった編組製品の樹種を同定する。
- 素材同定のための現生植物標本を網羅的に収集する。

技術開発

- 脆弱資料が多い編組製品の樹種を同定するための手法を開発する。
- 縄類に用いられている植物繊維の同定のための新たな手法を開発する。

編組製品の製作・使用技術の解明

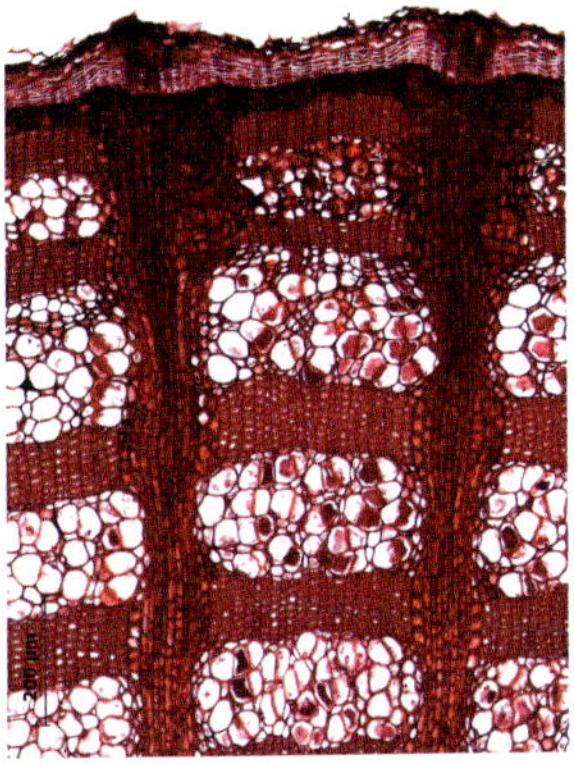

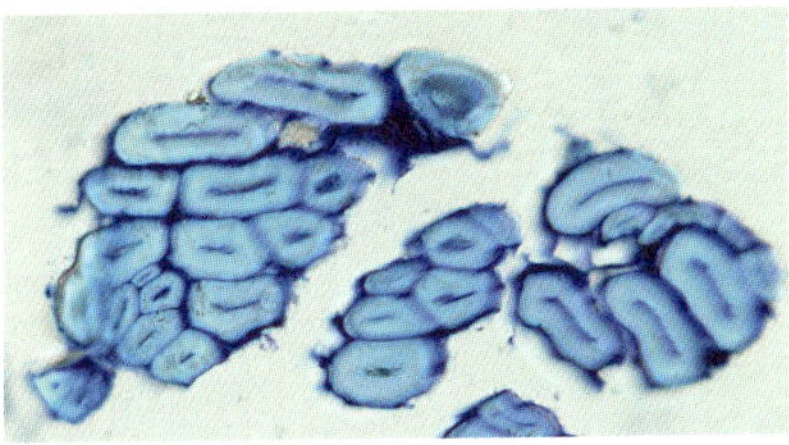

左上：ヤマブドウの樹皮の顕微鏡写真
左下：カラムシ繊維の顕微鏡写真

2-1

鳥浜貝塚の発見と調査の歴史

鳥浜貝塚は、福井県三方上中《みかたかみなか》郡若狭町鳥浜字高瀬にあります。縄文時代草創期・早期・前期（約一万四〇〇〇年前〜約五五〇〇年前）の遺跡です。近くには塩水湖から淡水湖まで五つの湖が集まる名勝三方五湖があり、その南端の三方湖から南に一キロほどの場所、鰣川《はす》と高瀬川という二つの河川が合流する地点に遺跡が埋蔵されています。

縄文時代前期頃の三方湖は、今よりも南のほうまで広がっていました。現在の椎山《しいやま》丘陵は先端が削られて川になっていますが、縄文時代前期には三方湖に突き出るように伸びており、その南側の湖畔に人びとの生活の跡が残されていました。およそ六〇〇〇年前に湖のほとりにあった鳥浜貝塚の遺物包含層は、現在、海抜マイナス一メートルからマイナス三メートルの地下にあります。

地下に埋没していた鳥浜貝塚は、一九二五年（大正一四）から一九二九年（昭和四）にかけて行われた鰣川の大改修工事で地表に現れました。それまで鳥浜集落の中を流れていた鰣川の流路を付け替え、高瀬川に放流しようと新たに開削した場所に鳥浜貝塚があったのです。それから三六年後の一九六一年（昭和三六）、洪水で崩れた高瀬川の護岸の復旧工事が行われた際、川底に貝殻や動物骨、土器などが散乱するのを見た町内の故今井長太郎さんが貝塚の存在に気づきました。今井さんから連絡を受けた、当時同志社大学の大学院生だった石部正志さんは、この年に川底で遺物を採集し、その成果を『先史学研究』四号に発表しています。ここで初めて鳥浜貝塚が学界に知られることになります。以後一九八五年（昭和六〇）度まで、河川改修などの工事にともなって大学や福井県教育委員会によって一〇次にわたる発掘調査が行われました[*1]。

まず一九六〇年代には、ポンプ場の建設にともなって大学による短期間の調査が二回行われました。一九六二年（昭和三七）の第一次調査は同志社大学・立教大学の合同調査、一九六三年（昭和三八）の第二次調査は立教大学の単独調査です。一九七〇年代に入ると、鰣川や高瀬川の改修工事にともなう発掘調査が、福井県教育委員会を調査主体として行われるようになります。一九七二年（昭和四七）の第三次調査は小規模なトレンチによる発掘調査で、若狭考古学研究会が調査を担当しました。この一九七二年は高松塚古墳の壁画が発見されてニュースになり、一気に考古学ブームが起きた年です。若狭でも若狭考古学研究会が地元の有志を集め、非常に古い低湿地遺跡である鳥浜貝塚の重要性を説明するなど、熱心な保護活動が行われました。翌一九七三年（昭和四八）には文化庁の指導を受け、ボーリングによる遺跡の範囲確認調査が行われ、鳥浜貝塚は六〇メートル四方の広がりをもつ遺跡であることがわかりました。一九七五年（昭和五〇）の第四次調査は最初の大規模発掘調査になります。

大規模発掘調査は一九八五年（昭和六〇）度まで断続的に続き、鳥浜貝塚からは土器や石器だけでなく、骨角器や木製品、繊維製品など通常の遺跡では残らない有機質の遺物が多量に出土しました。土に埋まった有機物は、微生物と酸素の働きによって腐っていくものですが、地中深くで地下水にひたっていた鳥浜貝塚の遺物は、一万年以上も昔の木製品ですら残っていました。このような、海抜の低い湿った地中に保存された遺跡を「低湿地遺跡」とよんでいます。

2 縄文時代前期頃の鳥浜貝塚周辺の地形

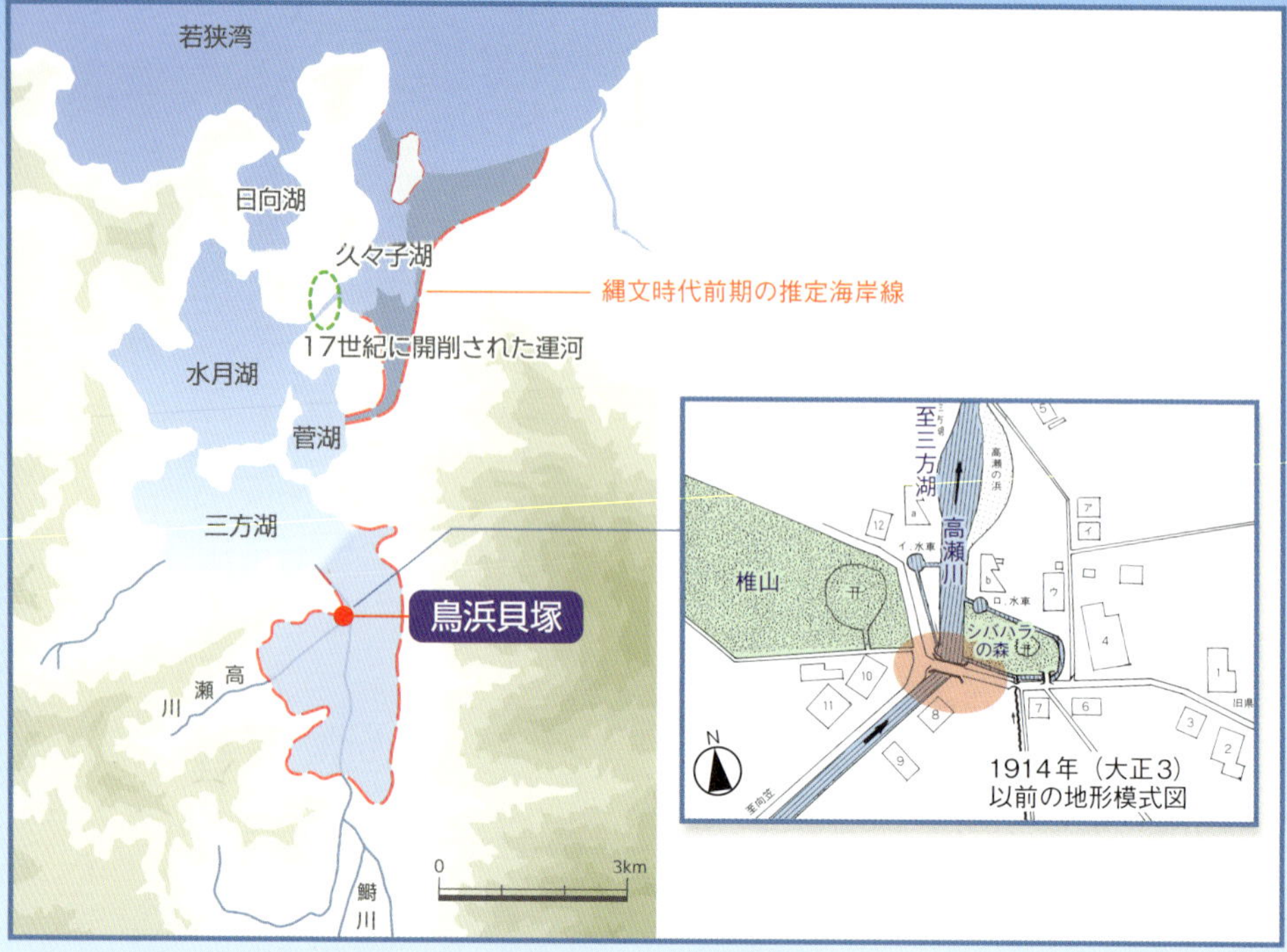

▲開削された鰣川の風景　川底に椎山先端（シバハラの森）が削られた跡と思われる岩盤が露出。

▲1962年2月、高瀬川改修工事の様子

▲1975年の調査　この年から鋼矢板を打ちこみ24時間稼動の水中ポンプを増設、ベルトコンベアで排土。

1 鳥浜貝塚はどこにあるのか？

福井県西部の縄文時代前半期の遺跡分布

1 櫛川鉢谷遺跡（前・中期）
2 中長沢遺跡（前期）
3 浄土寺遺跡（前・中期）
4 下田遺跡（早・後期）
5 市港遺跡（早・中期）
6 鳥浜貝塚（草創・早・前・中・後・晩期）
7 ユリ遺跡（早・前・中・後・晩期）
8 田井野貝塚（早・前期）
9 阿納尻遺跡（前・中期）
10 外街道遺跡（早・後期）
11 深野遺跡（前期）
12 岩の鼻遺跡（早・前・中・後期）
13 寺内川遺跡（前・中期）
14 青法遺跡（早・前・中期）

＊緑文字は遺構が見つかっている時期

縄文遺跡は草創期や早期に湖畔や河岸段丘上で営まれはじめ、前期には海浜部に立地するものも増える。

若狭湾国定公園の名勝地でラムサール条約に基づく登録湿地でもある三方五湖は、塩分濃度が異なる五つの湖からなり多様な生物が生息する。最も南に位置する三方湖には鰣川が流れ込み、鰣川の河口から南へ約1kmのところには鳥浜貝塚がある。このあたりは三方断層と熊川断層に囲まれた三猿三角地とよばれる地域で、若狭湾沿岸部の中でもとくに沈降が著しい場所である。

2-2

低湿地遺跡と学際的な調査体制

低湿地遺跡はどういった遺跡なのでしょうか。およそ六〇〇〇年前の鳥浜貝塚の復元画から見てみましょう。湖面に、淡水で育つ水草のヒシの葉が浮いています。湖岸には貝塚と、貝殻を捨てに来ている女性が描かれています。当時、人びとは貝を採集し、むき身にしていました。また湖には、動物や魚、ナッツ類などを食べた残りかすや壊れた道具なども捨てていました。次に、現在の鳥浜貝塚の断面図を見てみましょう。田んぼや堤防の土盛りがあり、その下に弥生時代以降の堆積物があります。さらに下には縄文時代の遺物包含層があり、人びとが捨てた貝殻や食料の残りかす、壊れた道具などを含んでいます。その下は基底となる礫層です。縄文時代の遺物は、海抜〇メートルよりも低い地下で冷たい水につかり、日光や空気から遮断されています。

つまり低湿地遺跡とは、「低い土地の、湿った場所で、地下水にひたって酸素にふれず、遺物の分解が遅くなり、跡が昔のまま残っている奇跡のような場所」と言えます。

水は遺物の保存には有益ですが、調査においてはやっかいな存在で、低湿地遺跡の発掘は水との戦いです。福井県教育委員会は一九七二年（昭和四七）から一九八五年（昭和六〇）にかけて八度の発掘調査を行っていますが、一九七五年（昭和五〇）からは、一四メートルの鋼の矢板を打ち込んで調査区を仕切り、水を締め切る工夫がなされています。一九八〇年代の発掘調査では、調査区のグリッドにそって縦横にトレンチを入れ、水を切るだけなく、堆積土層の断面観察から調査区の層序の正確な把握に努めています。

また一九七五年の発掘調査からは、低湿地遺跡を総合科学の視点でとらえた学際的な調査体制がつくられ、考古学分野のみならず、自然科学分野の多くの研究者たちが調査に加わりました。たとえば、出土した木は木の組織の構造から、種実、花粉、動物や魚の骨、貝殻はその形から種類が同定され、どのような草木が遺跡の周辺にあり、また道具の材料として選ばれていたのか、どのような動植物が食料として捕獲または採集されていたのかを知ることが可能になりました。さらに、遺物に含まれる炭素を利用して年代を測定することも行われました。このような体制を背景に、一九八〇年（昭和五五）からは調査の全体テーマが「生業を中心とする生活の復元」と決められ、この全体テーマに基づき、各調査区の調査を進めるにあたっての主要テーマが設けられました。[*2] たとえば８０Ｒ調査区では次の三つです。

①遺物の全容を層位的に明らかにすること。
②食料残渣や動植物の自然遺体を自然遺物として人工遺物と同等な価値を認め、人工遺物と自然遺物をあわせて遺物として取り扱うこと。
③各種食料の質的・量的な関係や季節性、食料残渣と道具との関係などを層位的に明らかにすること。

このような調査テーマを念頭に置いた図面や詳細な調査日誌が残されています。日誌には「今日はどんな土層をどこまで掘削し、何が出土した。こういう事象を確認したのでこういうことが考えられる。また、不明な点があるため明日はこう掘って確かめよう」といった、調査を進めるにあたって何をどう認識し、判断したかが記録されています。こうした記録は、ある時点で判断しきれなかった事象について、調査が進み解決したときに、その時点まで戻り、正しい認識で解釈しなおすために必要なのです。

2 鳥浜貝塚の本格的な発掘調査

81L調査区発掘調査風景（1981年撮影）
板で囲って水が入ってこないようにしながら発掘する。遺跡からは
物や獣魚骨などさまざまな有機質遺物が出土した。

縄文時代早期のヒョウタン果皮

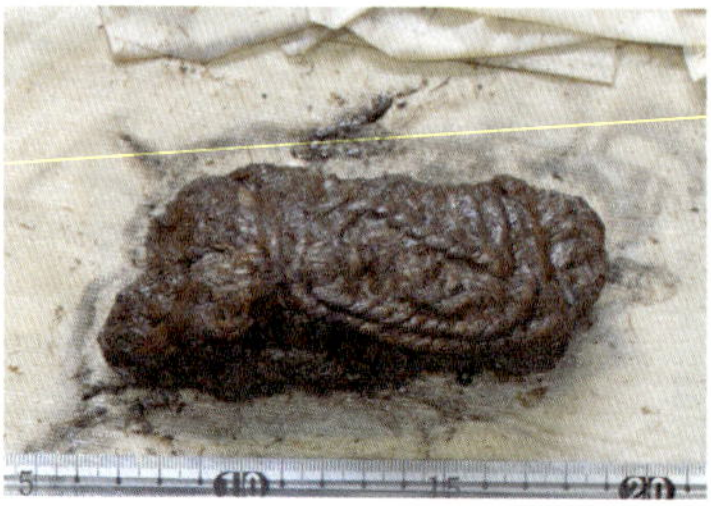

縄文時代前期の縄

縄文時代前期の丸木舟

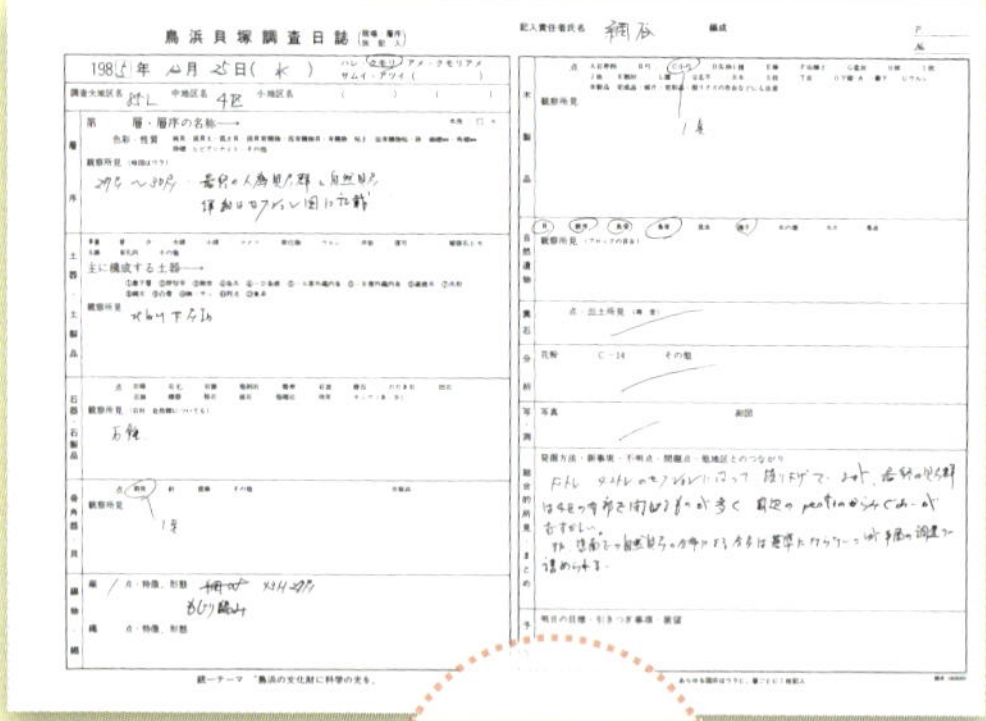

鳥浜貝塚
調査日誌

目的を明確にした調査が行われることで、成果が得られる。

詳細な調査と
調査日誌

学際的な
調査体制

調査テーマ
「生業を中心
とする生活
の復元」

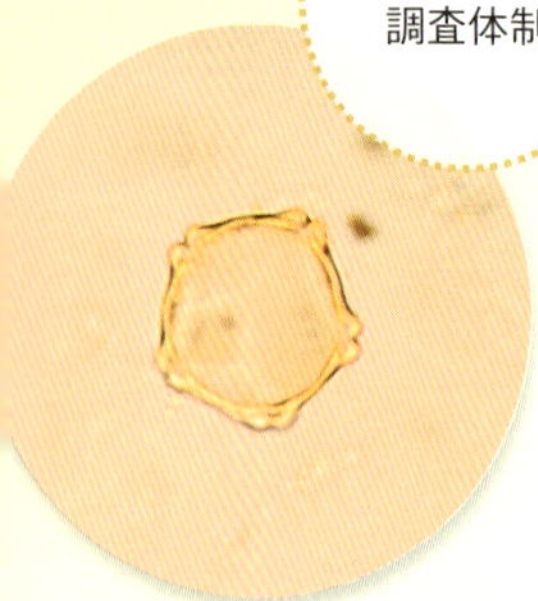

花粉分析

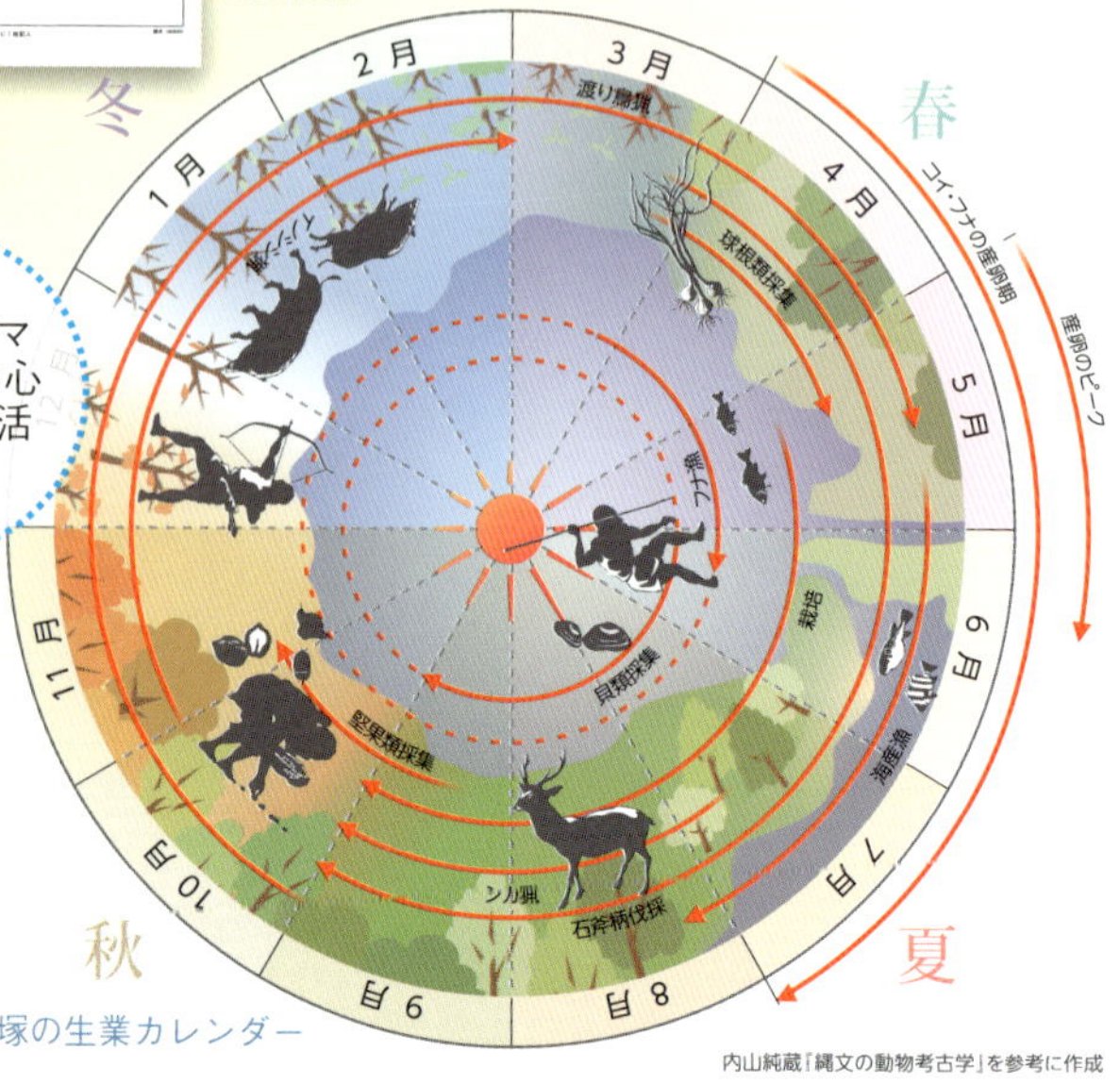

鳥浜貝塚の生業カレンダー

内山純蔵『縄文の動物考古学』を参考に作成

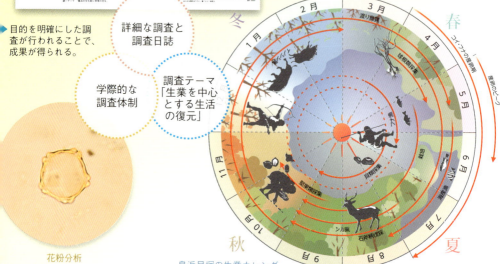

1 低湿地遺跡とは？

6000年前の鳥浜貝塚の復元画

- 低　低い土地の
- 湿　湿った場所で
- 地　地下水にひたって酸素にふれず
- 遺　遺物の分解が遅くなり
- 跡　跡が昔のまま残っている奇跡

現代の鳥浜貝塚の断面模式図

▼低湿地に加え、貝殻のカルシウムによって土壌の酸性が中和されたため、遺物の保存状態が非常に良かった。

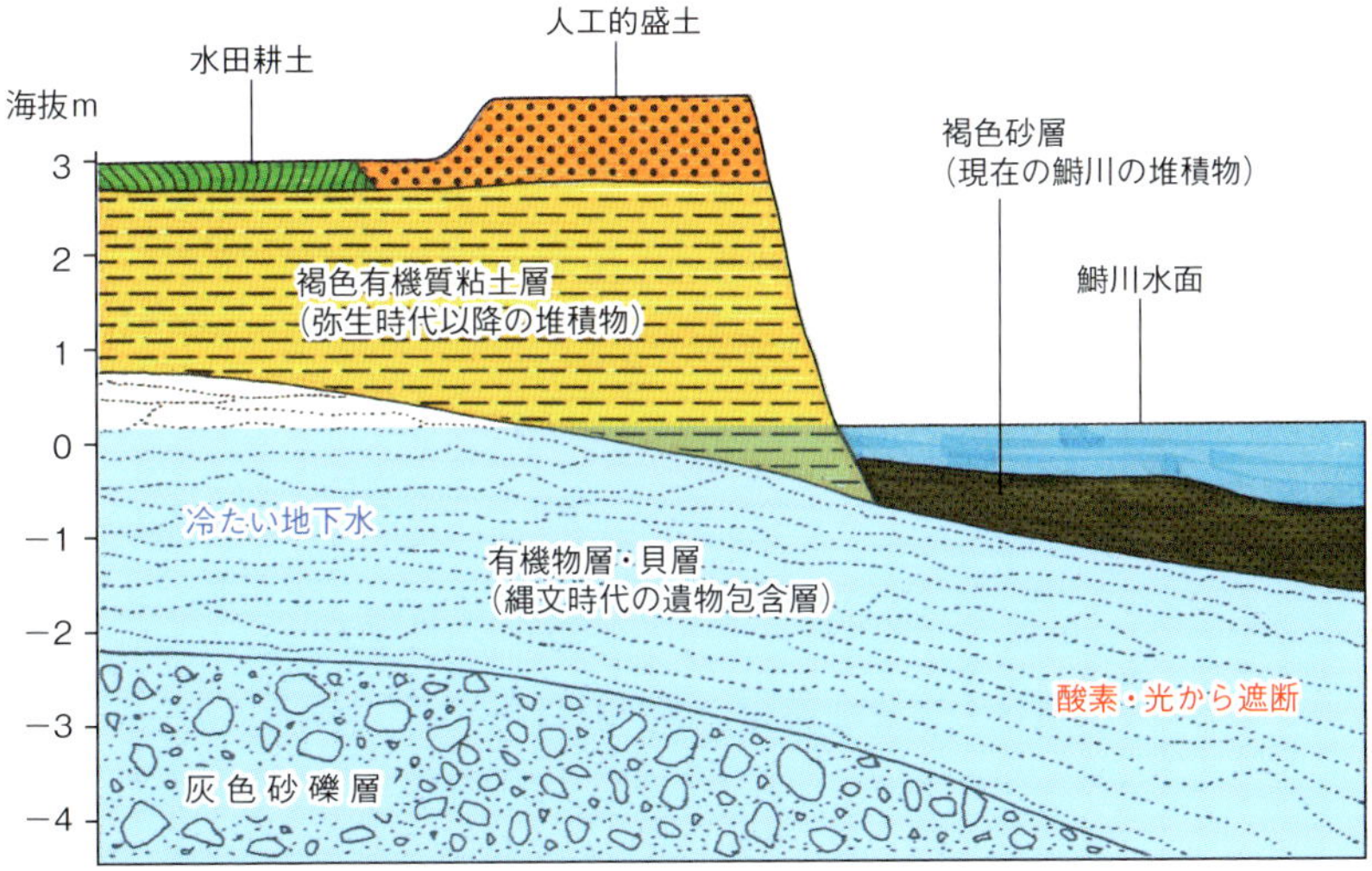

水色部分：地下水にひたっている

それでは、鳥浜貝塚の発掘調査からどのようなことがわかっているのでしょうか。鳥浜貝塚の一生を簡単に見ていきたいと思います。

鳥浜貝塚で最初に現れる遺物は、縄文時代草創期の隆起線文《りゅうきせんもん》土器（約一万三〇〇〇年以上前）です。口縁部に近い外面に、二条以上の粘土紐が貼り付けられています。砂礫層から出土しました。同じ層からは、円形刺突文《しとつもん》、斜格子沈線文《しゃこうしちんせんもん》、爪形文を口縁部から順に施している土器も出土しています。これらの後に爪形文土器や押圧文《おうあつもん》土器が現れ、並行して無文土器が出土しています。爪形文土器・押圧文土器の時期は、鳥浜貝塚で石鏃やシカの骨が出土しはじめる時期でもあります。この頃、鳥浜貝塚周辺には落葉広葉樹林があったようです。[*3]

縄文時代草創期の終わり頃になると、多縄文《たじょうもん》土器（約一万一五〇〇年前）が使われるようになります。多縄文土器の中には、あまり深くなく、底が平らなものがあります。上から見ると四隅が丸い方形をしたものもあります。「室《むろ》谷《や》下《か》層《そう》式」と名付けられている土器で、東日本を中心に分布している型式です。この縄文時代草創期終末は、それまでに比べ土器の量が増え、石器や木製品も比較的多く出土するようになります。遺物の種類が増え、遺跡の利用がより活発に行われるようになったと考えられます。

続く縄文時代早期では、押型文《おしがたもん》土器（約一万一〇〇〇年前）が出土しますが、一転して遺物の出土量が少なくなります。その要因は明らかになっていませんが、少なくとも縄文時代前期の初頭に自然による広範な削平があり、それまでの堆積物の一部が失われています。また、鳥浜貝塚の堆積物を見ると、縄文時代早期に火山灰層が二層検出されており、鬱陵隠岐《うつりょうおき》火山灰（約一万二〇〇〇年前）と鬼界《きかい》アカホヤ火山灰（約七三〇〇年前）であることがわかっています。これらは降灰した年代が特定でき、層序を正しくとらえるうえで役立ちます。

縄文時代前期の中葉・後葉（約六四〇〇年前〜約五七〇〇年前）では、「北白川下層《きたしらかわかそう》式」という土器が中心となって出土します。竹管《ちくかん》状の工具を用いてD字形やC字形の爪形文などを施した土器で、瀬戸内から中部・東海西部まで分布している型式です。この縄文時代前期中葉から、骨製刺突具（ヤス先）とそれを研ぐ骨砥石、漆塗木製品などが新たな道具として加わります。出土している自然遺物を見ると、食料として、ニホンシカやイノシシ、フナ、淡水産のマツカサガイやイシガイ、汽水産のヤマトシジミ、オニグルミ、ドングリ類、スダジイ、ヒシが、とくに多く利用されています。[*4] 縄文時代前期の鳥浜貝塚の周りには、中型動物が生息し、さまざまな木の実が成る常緑広葉樹林が広がっていたようです。

遺構は、縄文時代草創期・早期には杭群が見つかっています。縄文時代前期になると貝層群が形成され、杭群に加えて竪穴住居跡三軒、礫床土坑一基、貯蔵穴五基、ピット（小穴）三一基が確認されています。人工遺物・自然遺物ともに多量に残されているなど、縄文時代前期には定住性の高い営みが行われていました。

しかしながら鳥浜貝塚は、縄文時代前期の終わり頃に洪水に遇います。洪水で堆積した砂礫層や砂層の上には、縄文時代前期終末に形成された自然削平があり、それ以後は杭群が見られるのみで遺跡は廃絶します。

2 鳥浜貝塚の土器のうつり変わり

草創期

隆起線文土器
SⅠ期

斜格子沈線文土器
SⅠ期

多縄文土器
SⅢ期

早期

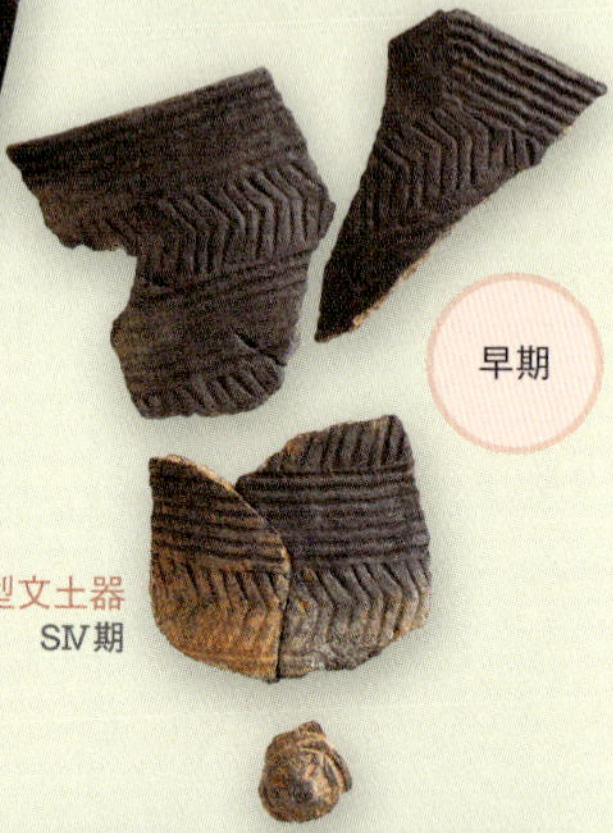

押型文土器
SⅣ期

前期

羽島下層Ⅱ式・北白川下層Ⅰ式・北白川下層Ⅱ式土器

前期の終わり頃

漆塗土器
ZⅤ期

北白川下層Ⅲ式土器
ZⅥ期

鳥浜貝塚は、縄文時代草創期の隆起線文土器から前期終末の北白川下層Ⅲ式土器の頃まで続いた。

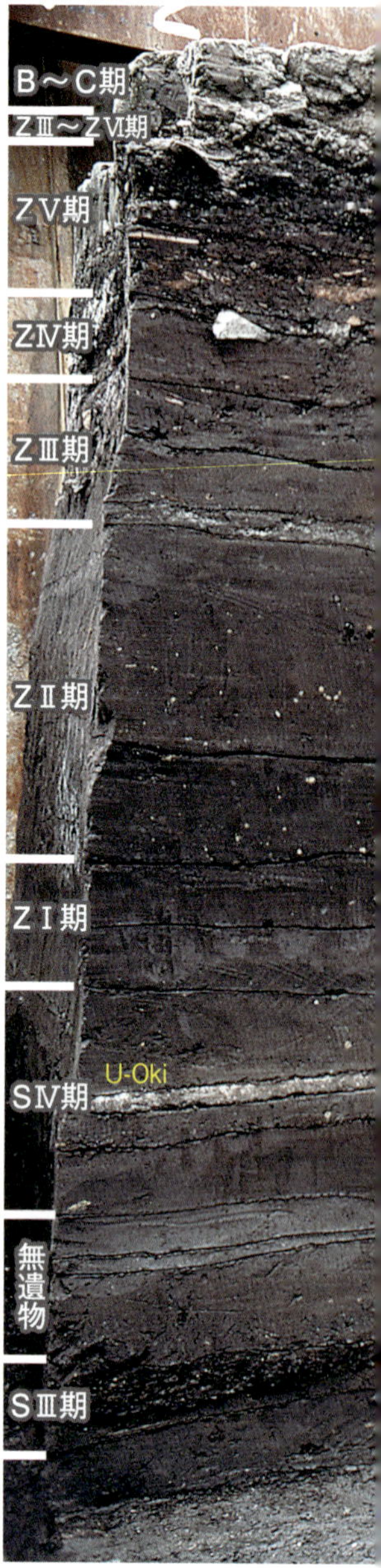

▲81L調査区の層序　SⅢ期は縄文時代草創期の多縄文、SⅣ期は早期の押型文、ZⅠ、ZⅡ、ZⅢ、ZⅣ、ZⅤ期は前期の羽島下層Ⅱ式・北白川下層Ⅰa式、北白川下層Ⅰb式、北白川下層Ⅱa式、北白川下層Ⅱb式、北白川下層Ⅱc式、B～C期は中期から晩期の土器をそれぞれ出土する堆積層で、U-Okiは鬱陵隠岐火山灰を表す。

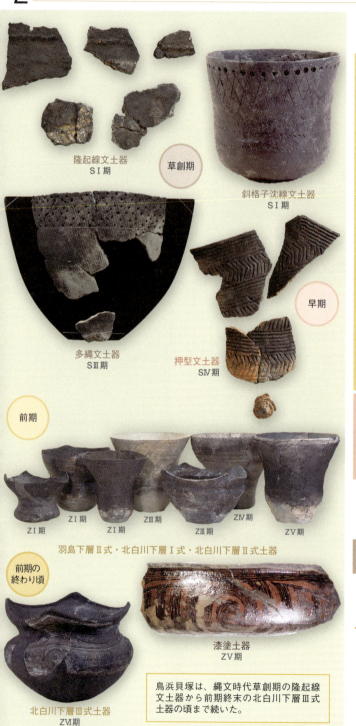

1 鳥浜貝塚における土器の出現から遺跡の廃絶まで

年代	時期		出土土器型式	区分	遺構	堆積物	植生（安田1979）
14,000年前	縄文・草創期		隆起線文、斜格子沈線文	SⅠ期			
			爪形文、押圧文、無文	SⅡ期			
		終末	多縄文	SⅢ期	杭群		冷温帯落葉広葉樹林
11,000年前	縄文・早期		押型文	SⅣ期	杭群	鬱陵隠岐火山灰（約10,200年前）	落葉広葉樹林＋スギ
			条痕文、表裏縄文ほか（早期末の一群）	SⅤ期		アカホヤ火山灰（約7,300年前）	
7,000年前	縄文・前期	初頭				礫層 ◁ 広範囲な自然削平	
			押引文 羽島下層Ⅱ式・北白川下層Ⅰa式	ZⅠ期	竪穴住居跡3軒 礫床土坑(炉)1基 ピット（小穴） 貝層群 杭群 貯蔵穴5基 足跡状の遺構		常緑広葉樹林 ＋スギの増加
			北白川下層Ⅰb式	ZⅡ期			
			北白川下層Ⅱa式	ZⅢ期			
			北白川下層Ⅱb式	ZⅣ期			
			北白川下層Ⅱc式	ZⅤ期			
		終末	北白川下層Ⅲ式	ZⅥ期	杭群	砂礫層 ◁ 遺跡の廃絶をもたらした洪水の堆	
5,500年前							

▲鳥浜貝塚の出土土器型式別の時期区分と検出遺構等　鳥浜貝塚では、出土した土器型式ごとに縄文時代創期をSⅠ～SⅢ、早期をSⅣ、SⅤ、前期をZⅠ～ZⅥ期の記号で表している。遺構は、草創期、早前期の各時期に杭群が見つかっているほか、前期に貝塚が形成され、住居や貯蔵穴がつくられている。期のメルクマークとなる堆積状況には、早期に生じた二度の火山灰の降下と、前期初頭および前期終末生じた洪水などによる自然削平と礫層・砂礫層の形成がある。こうした自然環境は、周辺の植生も含め当時の暮らしと密接に関係すると思われる。

3 鳥浜貝塚の杭群

◀83T調査区縄文時代前期の杭
1983年の調査では縄文時代期と草創期に属する多数の杭検出された。写真は、前期に成が始まる人工貝層の上からち込まれた前期の杭群総数本である。むかって左が住居や貯蔵穴が見つかった椎山丘側で、右が湖側となる。集落設の延長として当時の汀線付に設けられた遺構と考えられいるが、性格はわかっていな

植物性の遺物について見てみると、鳥浜貝塚で最初の人工遺物の包含層にあたる、隆起線文土器が出土した層準から、板材が出ています。[*5] 続く爪形文土器や押圧文土器の層準からは、板材に加え、棒や加工木などが出ています。爪形文・押圧文土器の時期には、局部磨製石斧が出土しており、木の加工にも使われた可能性があります。

縄文時代草創期終末の多縄文土器の時期は、遺跡の利用が比較的活発で、木製品の器種や出土点数が増えています。板材、加工材、棒に加え、杭、石斧柄状木製品、弓・尖棒、両端に焦痕をもつ棒・木片（焦痕木）が見られます。打ち込まれた状態の多数の杭は、先端に加工痕をもち、長大なものが多く見られます。杭のほか焦痕木も多く出土していますが、どちらも用途はわかっていません。一方で、鳥浜貝塚では多縄文土器の時期から、石錘が出土するようになります。石錘は漁をする際のおもりに使われたと考えられている石器です。この頃、水辺の食料資源の利用が進んだのかもしれません。

縄文時代早期になると、土器・石器・木製品ともに、出土点数が多縄文土器の時期より減少します。しかしながら、ヒョウタン果皮のみ増加しています。

あみもの研究会も注目している繊維製品の縄は、縄文時代草創期終末または早期から見られ、これらは現在日本で見つかっている縄類で最古級の資料です。

縄文時代前期初頭の自然削平を経て、縄文時代前期中葉から、鳥浜貝塚での人びとの活動が本格的になります。縄文時代前期初頭・前葉の様相については、まだ明らかになっていません。そのせいもあり、鳥浜貝塚の縄文時代前期中葉の遺物の豊富さには、突如集落が出現したかのような印象を受けます。縄文時代前期中葉になると、木製品の器種はそれまであった石斧柄、弓・尖棒、棒、杭、板材、加工木に、新たに小型弓や櫂、木製容器が加わり、漆塗木製品も出現します。木製品以外においても、骨角貝牙製品全般や骨砥石、石匙、打製石斧、玦状耳飾、有孔円板など、骨角貝牙という新しい材質の道具や、装身具という新しい用途の道具が増えています。

石斧柄は、幹と枝とが適度な角度をしている叉木を利用し、幹を石斧を着装する台部に、枝を把手に加工した工具の柄です。短冊形や撥形の磨製石斧を装着する縦斧柄と、小型磨製石斧を装着する横斧柄があります。鳥浜貝塚で見つかっている石斧柄は、六割以上が製作途中の未製品です。弓・尖棒は、細長い棒材で、端部を削り尖らせたものです。両端を尖らせたものを弓、一端を尖らせ他端を扁平に加工したものを尖棒としています。狩猟具のほか、槍や掘り棒のような用途も考えられます。小型弓は、細く短い棒材の両端に弭《ゆはず》状のこぶを削り出したもので、弧状に湾曲しています。穿孔具と考えられます。木製容器は、横木取りで作られる皿、鉢、椀と、縦木取りで作られる筒形三足器、幹にできるこぶや根材を利用した片口があります。[*6]

縄文時代前期のZⅠ期、ZⅡ期、ZⅢ～ZⅤ期は、それぞれ三〇〇年～四〇〇年間ほどです[*7]が、石錘は前期前半のZⅠ期、その他の石鏃や石皿、骨製刺突具、木製品、繊維製品は前期後葉のZⅢ～ZⅤ期に出土数のピークがあります。狩猟具の石鏃や堅果類を製粉する石皿、木々を伐採して作る木製の諸道具は、いずれも森の利用を物語る道具であり、それらが急激に増えた縄文時代前期後葉は、鳥浜貝塚の人びとが森に与えた影響も大きくなったことでしょう。

2 繊維製品の縄・素材束

▲三本組み縄（大）
ＺⅢ期

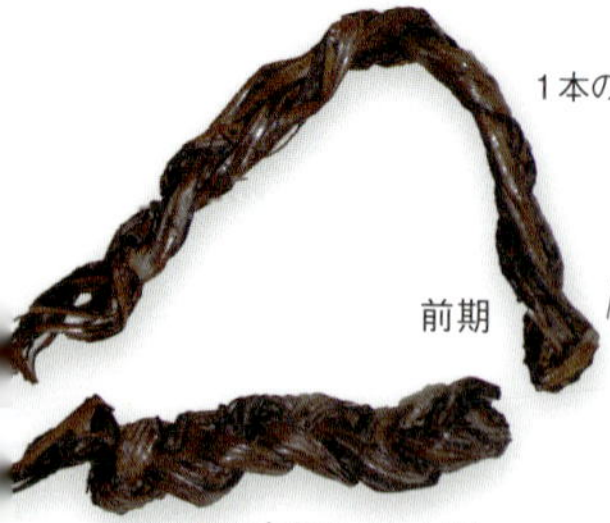

1本の植物をここで折り曲げている。

前期

▲三本組み縄（小）
前期

▲素材をまとめたもの
ＺⅢ期

▲二本撚り縄と素材束、結び目あり
ＺⅠ期

繊維製品には、網代編みやもじり編みなどの編組製品、縄や素材束などがある。縄には大・中・小の三本組み縄、二本撚りや三本撚りの縄があり、素材束には結び目があるものとないものとがある。また、素材が複雑にまとめられたものが見られる。縄や素材束は、断片的ながらさまざまな形状を呈しており、用途の究明にむけて詳細に調べていく必要がある。

4,000年前
1,000年前
7,000年前
5,500年前

時期	区分	植物性遺物												狩猟具	漁撈具		調理具	備考
		板材	棒	弓・尖棒	石斧柄	杭	縄・素材束	編組製品	容器	漆塗木製品	漆塗土器	櫂	丸木舟	石鏃	石錘	骨製刺突具	石皿	
縄文・草創期	SⅠ期	8																
	SⅡ期	5	2											8			1	
	SⅢ期	49	38	5	3	105	1							59	33		2	草創期終末 焦痕木多い
縄文・早期	SⅣ期	5	3	3		13	1	2						8	7			
	SⅣ～SⅤ期	2												8	66			
縄文・前期	SⅢ～ZⅠ期													31	322		9	前期初頭の 角礫層
	ZⅠ期	217	150	22	13	28	47	10	6	7		3		92	353	94	27	
	ZⅡ期	117	53	27	12	92	16	6	6	4		4		55	80	52	27	コイ科魚骨 フナへ集約
	ZⅢ期	128	35	14	21	23	30	3	5	9	2	13	1	28	32	11	14	
	ZⅣ期	176	90	37	60	61	28	7	14	24	23	19		161	16	95	33	
	ZⅤ期	170	64	61	58	21	28	4	25	27	36	15		370	17	140	33	
	ZⅢ～ZⅥ期	6	3	3	1	15	1		1					1349	61	101	14	前期終末の 砂礫層

＊1980～85年の出土数。出土層位の時期が複数にまたがる遺物は一部割愛している。整理作業途中のため最終的な点数ではない。

▲植物性遺物を中心とした主な道具の出土数　植物性遺物は、縄文時代草創期のSⅢ期に一時多くなるものの早期には減り、前期になって急増する。その他の狩猟具、漁撈具、調理具とあわせて見てみると、網漁から刺突漁へ転換するZⅡ・ZⅢ期以降、食料の獲得手段として、弓猟や採集への依存が進むと同時に、石斧柄や木製容器、漆塗製品が増加している。縄文時代前期後半に、人びとが森の資源をよく利用していた様子がうかがえる。

1 鳥浜貝塚の植物性の道具

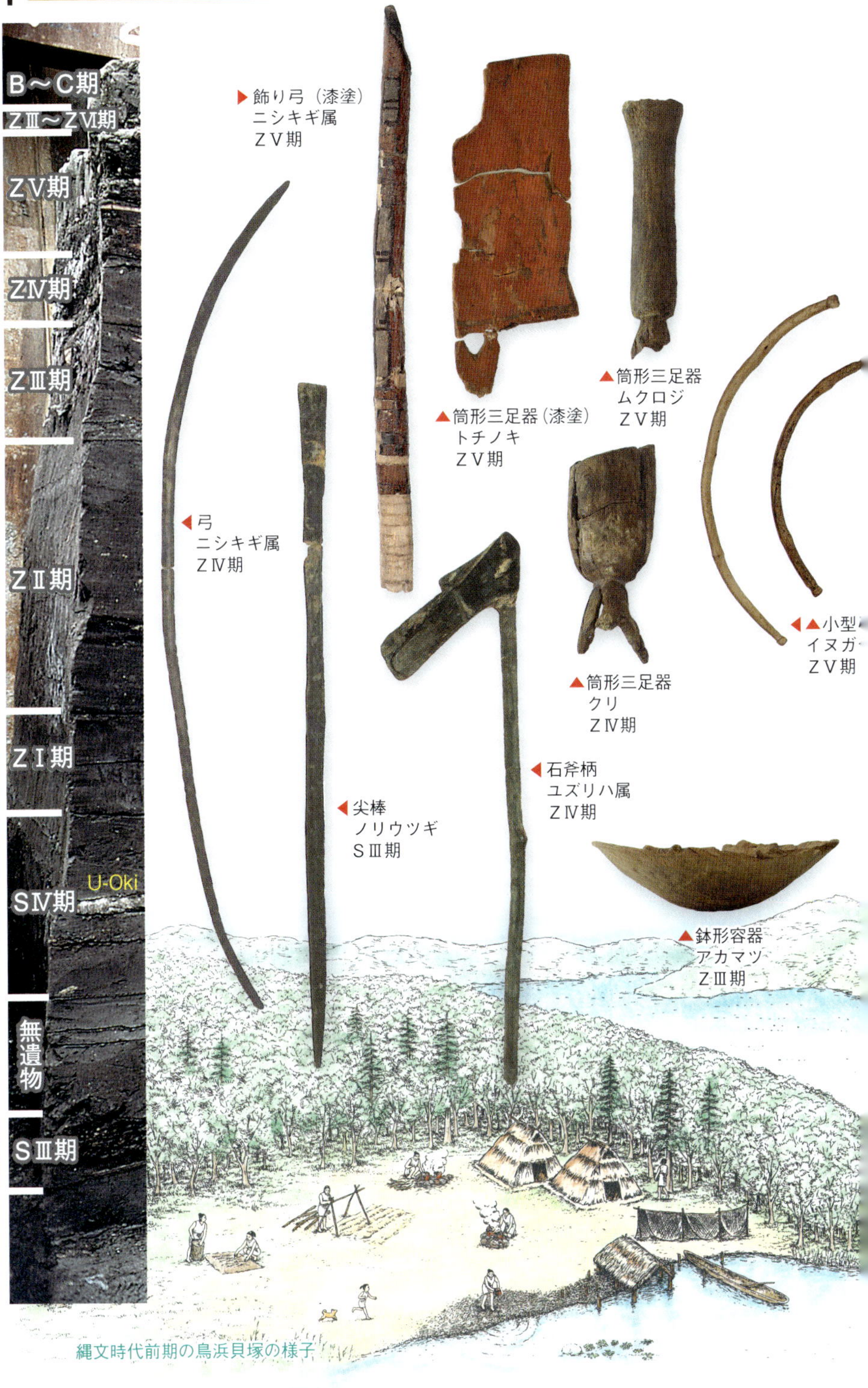

縄文時代前期の鳥浜貝塚の様子

2-5 鳥浜貝塚が教えてくれること

膨大な量の鳥浜貝塚の資料は、福井県立若狭歴史博物館で管理しています。保存処理されていない有機質の遺物は、取り上げ時の形状をできるだけ保てるように水につけて保管しています。自然木や果皮、種子といった自然遺物や、木製品などの人工遺物、層位ごとに採取した花粉や種子の定量調査用の土壌サンプルも残されています。

現地の発掘調査を終えて三〇年を経た今も、これらの資料が活用され、多くの研究者によって鳥浜貝塚の調査は続けられています。とくに、樹種同定や繊維製品の素材同定、遺跡周辺の植生史、放射性炭素による年代測定の調査の成果が蓄積されてきており、より詳しい植物利用の様子、変遷が明らかにされつつあります。出土資料が残されていることで、鳥浜貝塚は、今も歴史の真実を伝えてくれています。

鳥浜貝塚が教えてくれることは数多くありますが、一方で「資料を残すことの大切さ」、「調査・研究を続けることの大切さ」も示してくれています。

「資料を残すことの大切さ」を示す例が、最古のウルシの問題です。鳥浜貝塚の自然木の調査は、一九九〇年に鈴木三男さんと能城修一さんによって行われ、問題となった木材は当時「ウルシ属」と同定されました。その後の木材解剖学の技術的な進歩により、ウルシが他のウルシ属と区別できるようになったのが二〇〇四年のことです。過去に同定された試料のプレパラートが再調査され、縄文時代草創期の堆積層から取り上げた木材にウルシがあることがわかりました。縄文時代前期に遡るウルシ材は約三〇点とそれなりの数が見つかっていますが、さらに数千年古いウルシの確認例は鳥浜貝塚の一点しかなく、出土した層序とは別の角度からも年代を確かめる必要がありました。

そこで、鈴木三男さんから「昔同定したウルシの木を探してくれ」との依頼を受け、一九八四年に出土したウルシ材を二〇一一年に探しました。それらしき自然遺物が収納された四〇センチ×六五センチの青いコンテナ数百箱のうち、該当する出土年次の自然木が入ったコンテナは一七箱ほどありました。出土情報を手掛かりに、コンテナ内の資料のラベルを一点一点見ていったところ、探していたウルシ材は最後から二箱目のコンテナの中で見つかりました。そのウルシ材の一部を切り取って、放射性炭素年代測定を工藤雄一郎さんが行い、およそ一万二六〇〇年前の日本最古のウルシだということが明らかとなりました。試料の本体が残っていたおかげで、新たな事実がわかった例です。

「調査・研究を続けることの大切さ」を示す例には、現在、能城修一さんが中心となって進めておられる森林資源利用の調査があります。青いコンテナに入ったビニール袋やアルミ箔に包まれたものは土壌サンプルです。縄文時代草創期から縄文時代後期を行うため、サンプルを探しているときの写真です。花粉分析と大型植物遺体による植生復元まで、堆積した順番がわかる複数の層の土をそれぞれ水で洗い、植物遺体を取り出して同定したり、各層の炭化物や木片などの放射性炭素年代を測ります。「いつ頃、どのような植物が鳥浜貝塚の周辺で生育していたか」を知る第一歩です。こうした調査を続けることにより、新たな事実、より詳しい事実がわかってきているのです。

このように鳥浜貝塚では、低湿地遺跡の特性を認識した調査テーマに基づいて、記録や遺物の取り上げが行われたことにより、縄文時代前半期の「生業を中心とする生活の復元」とその変遷を詳細にとらえることが可能となっているのです。

●日本最古のウルシにたどりつくまで

1984年　鳥浜貝塚から草創期の縄文土器とともにウルシ材が出土

⇩

1990年　ヤマウルシと同定される
＊ウルシの仲間は組織の構造が似ており区別できなかった

⇩

2004年　研究が進みウルシが識別できるようになる

⇩

2011年　若狭歴史博物館の収蔵品からウルシ材を探し出す

1984年に出土したウルシ材を捜索中（2011年1月22日撮影）

⇩

2011年　ウルシ材が再調査される

⇩

2012年　約12,600年前の最古のウルシ材であることが科学的に示される

⇩

日本列島のウルシと漆文化の起源を考えるうえで、きわめて重要な資料となった

①乾燥していたウルシを膨らませる

2011年に収蔵品から探し当ててもらったウルシ材。ホウ酸硼砂を入れた水の中で保存されていたが、27年の間にカラカラに乾燥してしまっていた。

乾燥したウルシ材を尿素アルカリ処理で膨らませてなんとか元に戻すことを試みる。

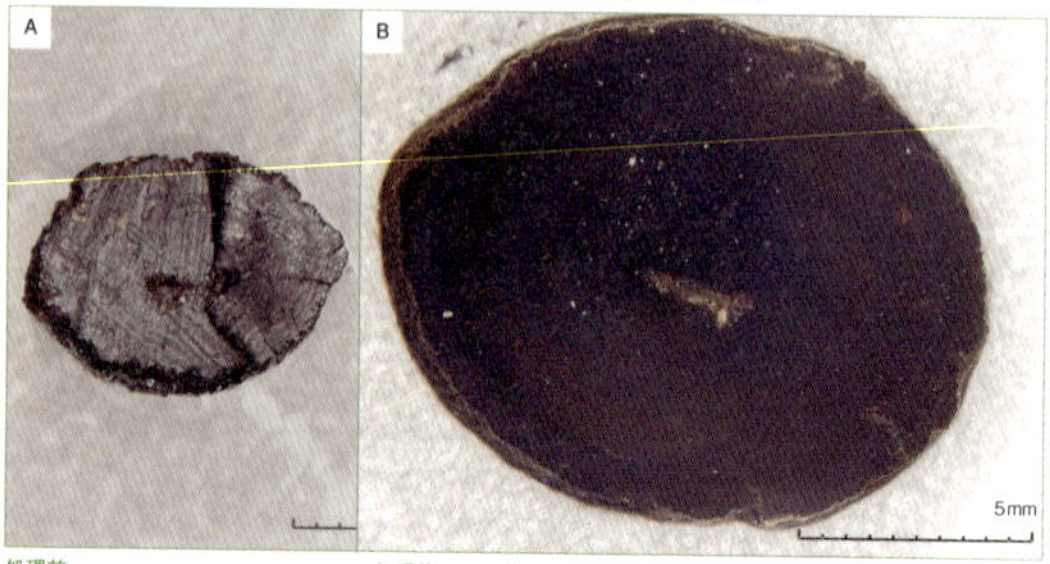

処理前

処理後：3～4倍に膨らんだが、最初の生木よりは縮んでいる。
ここから樹種同定用の切片を作成。

（鈴木ほか 2012）

②ウルシの再同定

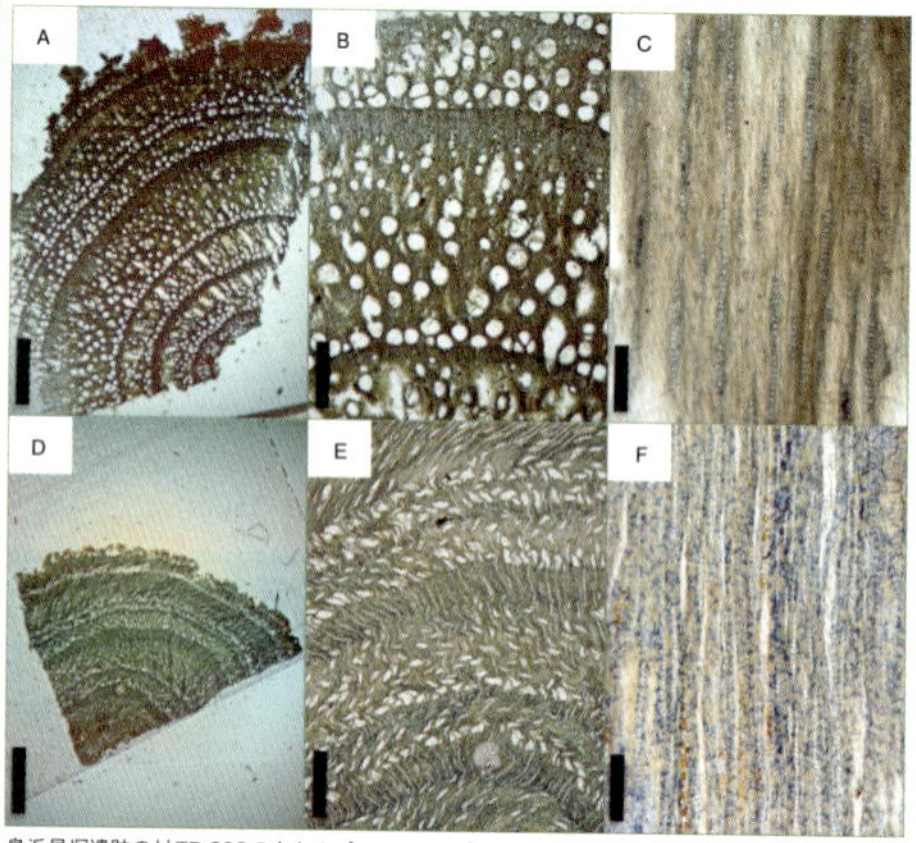

鳥浜貝塚遺跡の材TR-202のもとのプレパラート（A, B, C）と新たに作成したプレパラート（D, E, F）の顕微鏡写真。A&Dは横断面でB&Eはその拡大、C&Fは接線断面（スケールはA&D=1.25mm, B&E=0.4mm, C&F=0.2mm）。

（鈴木ほか 2012）

■①年輪が両方とも9年
②年輪内での道管径変化パターンがウルシに一致
③放射組織その他の形質もウルシに一致

③ウルシの年代測定

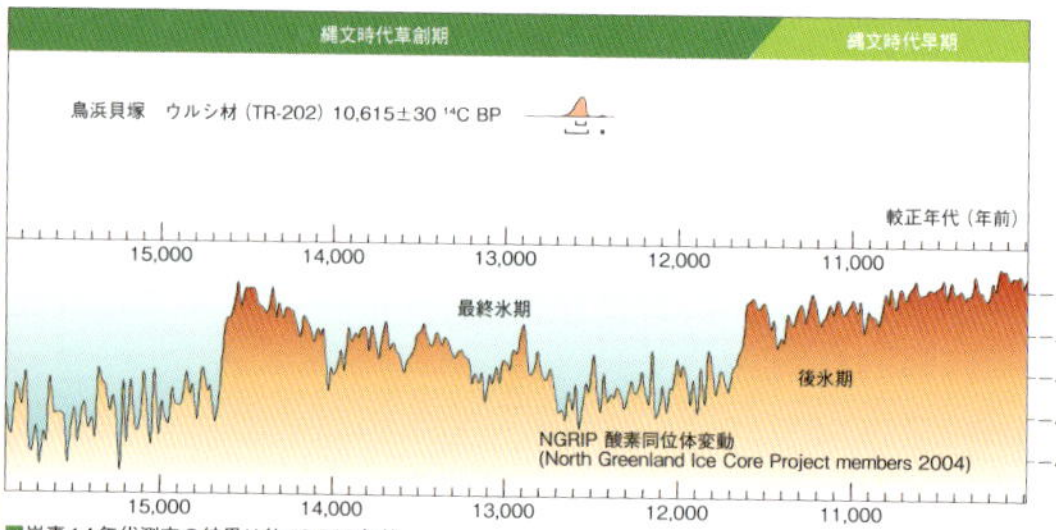

■炭素14年代測定の結果は約12,600年前。
■出土土器による時期の推定は正しかったことを証明。

（鈴木ほか 2012）

（工藤 2014 より転載）

1 資料を残すことの大切さ

これらの資料は現在もすべて若狭歴史博物館で保管されている。

▲小型種実、微小魚骨を探すための土壌サンプル。土を掘りながらでは見つけられない小さな遺物は、土ごと取り上げ、水で洗い出す。

▲水洗して選別されたクルミの内果皮。放射性炭素年代測定の試料としても利用される。

▲コンテナに入らない大きな木製品は、湿潤収蔵室の一画にあるプールで保管されている。

▲84T調査区植生復元のためのコラムサンプル採取地点
新しい分析課題に対応できるよう、これらの土壌サンプルも層ごとにアルミ箔で包まれ保管されている。

2 調査を続けることの大切さ

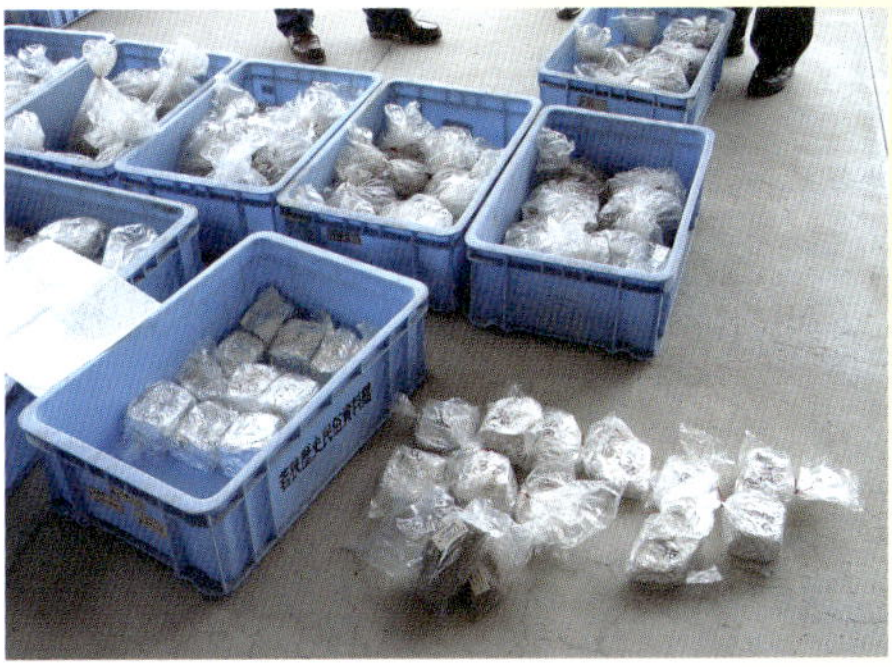
▶縄文時代草創期から前期までの土壌サンプルを選定中（2012年5月15日撮影）。この研究の成果は2016年に公開された（本書の能城報告を参照）。

▲84T調査区爪形文土器
ウルシ材と同じ層から出土しもの。ウルシ材が確かに縄文代草創期の層準から出土してたことがわかる資料。

3-1

縄文時代前半期の植物資源利用

3　鳥浜貝塚から見えてきた縄文時代の前半期の植物利用　能城修一

本書の表題には「さらにわかった！」と偉そうなことが書いてありますが、縄文時代の前半期になると、じつは見えないこともまだまだたくさんあります。二〇一二年の歴博フォーラムでは、縄文時代の前期になると、ウルシとクリを中心とする森林資源の管理が行われるようになり、それをもとに森林資源の利用が集落の周辺で行われていたことをお話ししました。また森林資源の管理と利用が始まるとともに、多様な木製の道具類や漆器なども製作されるようになったことも紹介しました。そこで今回は、鳥浜貝塚において植物資源の管理と利用はどのように見えてきたのか、また木製の道具類や漆器の製作はどこまで遡れるのかといった点についてお話しします。

これまでの研究では、縄文時代前期にどのような資源の管理と利用が見えてきたのでしょうか。二〇一二年にも紹介した三内丸山《さんないまるやま》遺跡は縄文時代前期中葉から中期終末にかけて営まれた遺跡ですが、集落が存続している間だけクリの花粉が八〇%近くを占め、集落周辺にはクリ林が広がっていたことがわかっています。出土木材でみると、集落が営まれるようになるとクリだけでなく、花粉では見えないアスナロなども盛んに活用していたことがわかりました。こうした点から、縄文時代前期以降、集落の維持とクリを中心とした森林資源の管理と利用は密接に結びついていたことがわかったわけです。

一方鳥浜貝塚は、縄文時代前期において最も多くの木製の道具類が出土しているすばらしい遺跡です。そして、縄文時代の草創期や早期でも、人が使った痕跡をもつ木材が多数残っている珍しい遺跡です。しかしながら、この遺跡には短所もあります。ひとつは集落との関係が見えないことです。森林資源の管理や利用を考える上で、集落との関係はたいへん重要です。それが見えないとなかなか人と植物資源とのかかわりを具体的に検討することはできません。ふたつめは、縄文時代前期には貝塚が形成されて、周辺における人の活動が明瞭に残っているものの、それ以前の時期になると水をさまざまに活用する水場遺構や、種実が廃棄された塚といったものはなく、小規模な杭群をのぞいて人間の利用の痕跡がはっきりとは見えないという点です。また、鳥浜貝塚では、縄文人による植物素材の選択は非常にきれいに見えるのですが、森林資源の管理と利用はなかなか見えず議論しにくいということをまずお断りしておきたいと思います。

鳥浜貝塚は三方五湖の南端にある三方湖に流れこむ鰣川《はすがわ》の河口に位置します。まず鳥浜貝塚周辺の環境がこの時期にどのように変わっていったのかを、三方湖の北側にある水月湖の花粉分析のデータから見ていきましょう。

水月湖の堆積物の花粉を安田喜憲さんたちが分析されたデータ[*1]は、縄文時代草創期以前から草創期、縄文時代早期にわたっており、おおよそ一万五〇〇〇年前から大きく花粉の組成が変動しています。それ以前には針葉樹のツガ属や、トウヒ属、マツ属、および広葉樹のカバノキ属といった現在の亜高山帯あるいは亜寒帯に生息する樹木が優勢です。すなわちこの頃までは氷期のような環境が周辺では続いていたわけです。ところが一万五〇〇〇年前よりも後になると今度は針葉樹のスギ属や、広葉樹のクマシデ属、ブナ、コナラ亜属などが圧倒的に優勢するようになります。この変化は後氷期的な温暖な環境が、水月湖の周辺で一万五〇〇〇年前には成立したことを示しています。こうした環境の変化を前提にして鳥浜貝塚の環境と植物利用を考えていきたいと思います。

3 水月湖の年縞の花粉が示す環境変遷

水月湖の花粉分析から見た植生変遷

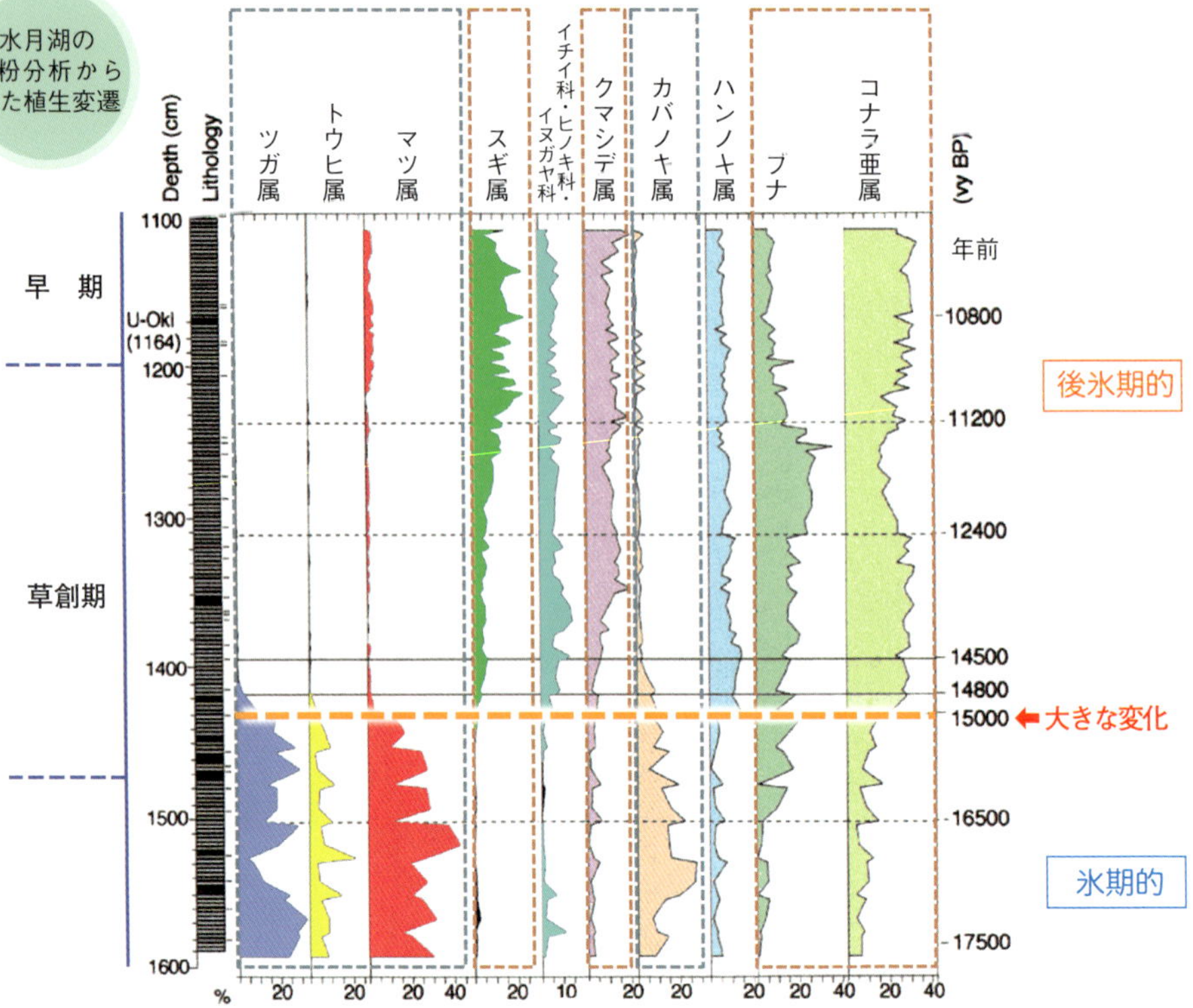

▲1万5000年頃を境にして寒冷な氷期的な環境から温暖な後氷期的な環境に変化した。

（安田ほか 2004を改変）

水月湖の位置関係

北側からみた水月湖

1 これまでの研究で見えてきたこと 青森県三内丸山遺跡におけるクリ林の維持

北の谷

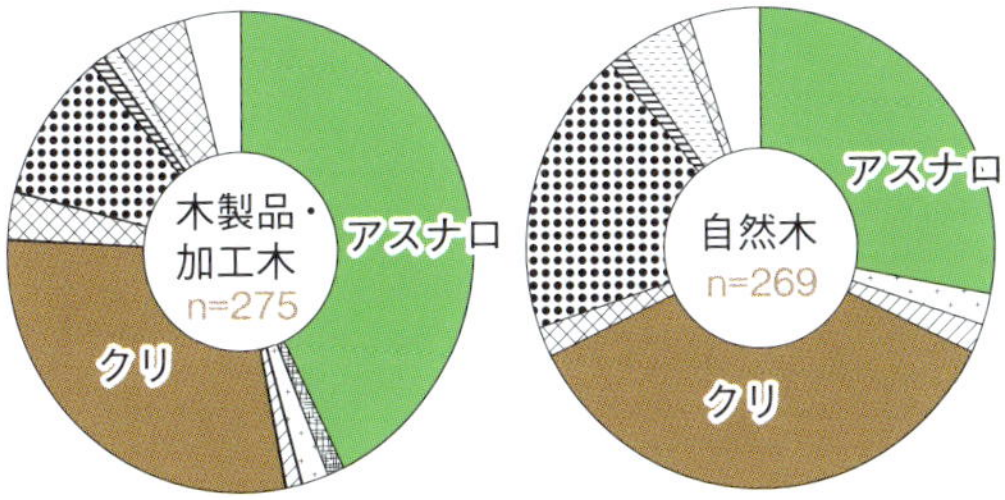

第6鉄塔跡

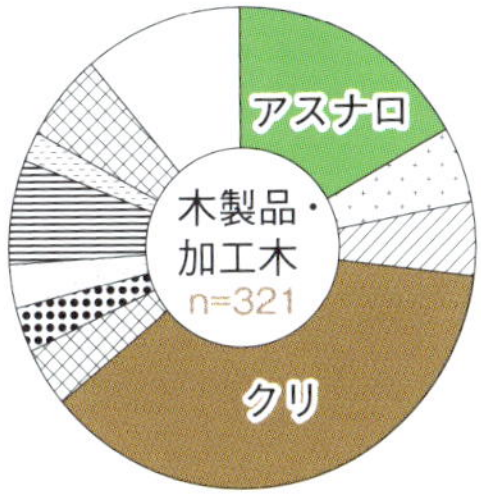

集落の成立する縄文時代前期：クリおよびアスナロとの密接な結びつきがみえる。

クリ

アスナロ

2 鳥浜貝塚の資料の長所と短所

長所

- 前期でもっとも多くの木製用具が出土。
- 草創期・早期で人が使用した木材がもっとも多く出土。

短所

- 集落との関係が見えない。
- 水場遺構のような構造物がない。

高台付鉢形容器（ケヤキ）

椀形容器（ケヤキ）

掬い具（ヤブツバキ）

加工用斧の柄（クマノミズキ類）

▲貝塚（81L調査区）

水月湖のデータを見ると、スギが一万一〇〇〇年前頃から非常に多くなります。このスギの増加は何を意味しているのでしょうか。鳥浜貝塚は鰣川の川べりにありますが、この鰣川に沿って周辺には低地が広がっています。鳥浜貝塚に近い低地の北側には当時は水域が広がっていたと考えられていますが、低地の南側では現代でもしばしば水田の中からスギの根株が多数掘り出されています。すなわち、鳥浜貝塚が形成された頃、この低地の南側には当時はスギ林が広がっており、そこにハンノキや、ヤチダモ、ヤナギなどが混生していたと考えられます。

では、そういう植生の中で、鳥浜貝塚の人びとはどのように木材を利用していたのでしょうか。鳥浜貝塚では、縄文時代前期になると、木製の道具類の種類が圧倒的に増えます。このように前期に多様な木製道具の製作と利用が始まるのはほぼ確実でしょう。これらの道具にどのような樹種を使っていたのかを、まず石斧柄と櫂《かい》で見てみます。[*2]

鋭角型の石斧柄は鳥浜貝塚では全部で約一五〇点出土していますが、その八三%に相当する一二三点はユズリハ属で作られていました。[*3] なぜユズリハ属が選ばれるのかは現代人の視点ではわかりにくいのですが、東京都立大学の山田昌久さんたちが実際に当時の石斧を復元して使用する実験をしたところ、石斧をはめる木の幹と、柄となる枝の角度が鋭角型の石斧に非常に好適であることがわかりました。すなわち木材の材質よりも、木の素生からユズリハ属が選ばれたことが想定されています。

一方、櫂は木取りによって樹種の選択が違うことが見えてきました。板目の櫂は全部で二四点出土していますが、ケヤキかヤマグワを優先的に使うことがわかりました。こ

3-2 鳥浜貝塚における縄文時代前期の木材利用

れに対し、柾目《まさめ》の櫂は全部で三九点調べていますが、その三分の二はヤマグワを使っていました。この素材選択の違いがなぜ生じたのかはわかっていませんが、縄文時代前期の段階で木製道具類の素材の選択が明確に行われていたことは明らかです。

鳥浜貝塚では、人間の利用の痕跡がない木材（自然木）も取り上げられています。その縄文時代前期における組成を見ると、スギやヤナギ属、ハンノキ節、トネリコ属という低地林を構成する樹種が多数出土しています。[*4] また、照葉樹林の要素であるスダジイやアカガシ亜属、ヤブツバキ、ユズリハ属のほか、さまざまな落葉樹も出ています。このような樹種組成の森林の中で、人びとは素材を選択して木製品を作っていたわけです。

ユズリハ属は自然木ではわずかしか出ていないのに、石斧柄に多用されていました。容器に多用されたクリとヤマグワも自然木では少ないのに、櫂に多用されていました。弓はイヌガヤとムラサキシキブが多トチノキも、自然木では少ないことがわかります。用されていましたが、これらも同じような傾向がみえます。一方、自然木で一番多く見つかっているスギは、道具類には使われず、板や杭として使われていました。

このように、少なくとも縄文時代前期の段階において、木製道具の素材となる樹木は非常に厳密に選択されていたことがわかりました。そして興味深いことに低地のスギ林にはヤナギ、ハンノキ、トネリコ属などが多数混生していたのですが、この時期にはスギ以外の低地林の樹木はあまり利用していません。縄文時代前期の鳥浜貝塚における木製道具類の素材選択の重要性は見えてきましたが、鳥浜貝塚では森林資源の管理があったのか、なかったのかは、出土木材の検討では見えませんでした。

3 前期の貝層における石斧柄と櫂の出土状況

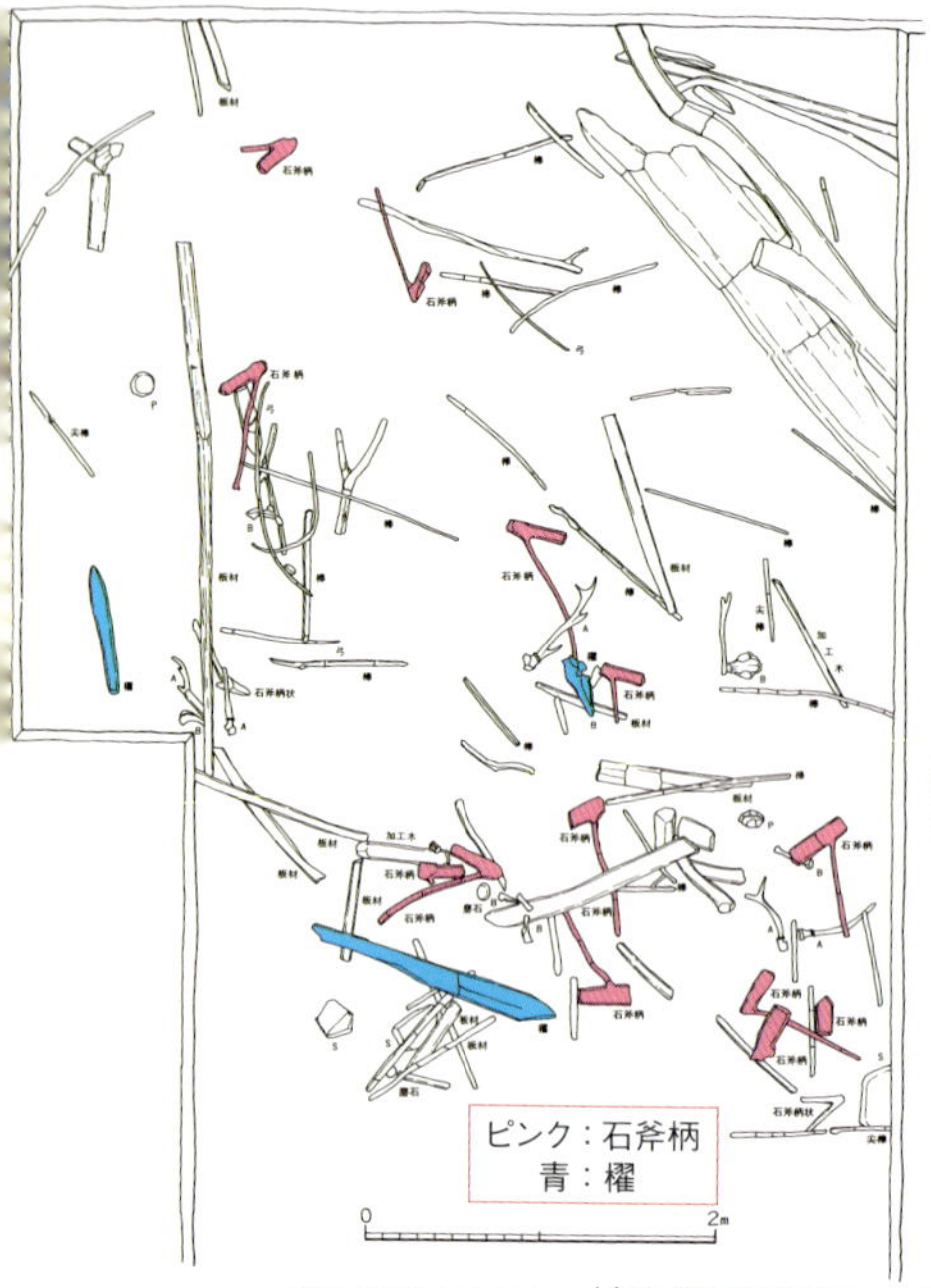

（鳥浜貝塚研究グループ 1985）

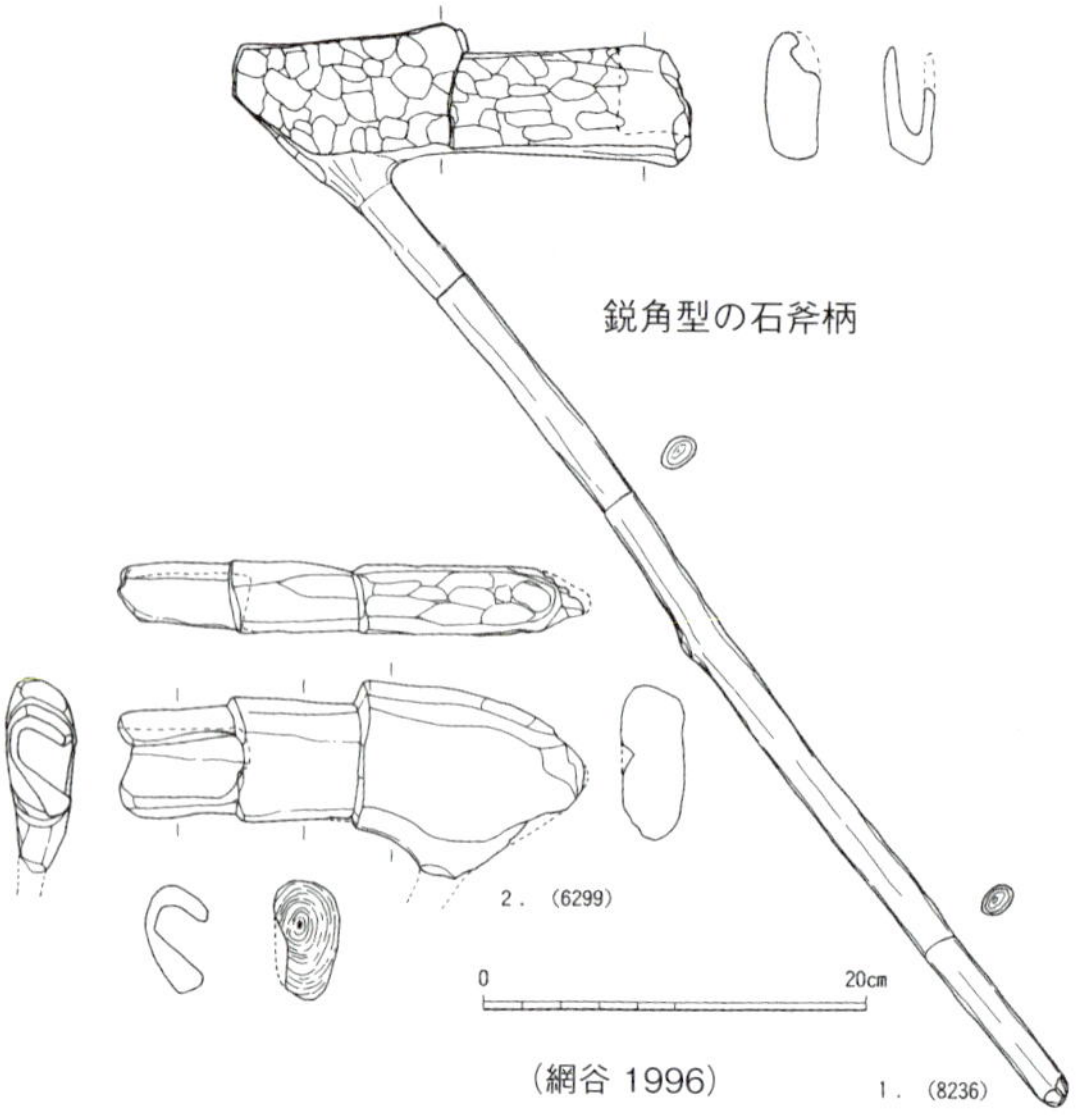

（網谷 1996）

▲道具類の素材の選択：石斧柄（鋭角型1類）全148点中、ユズリハ属が123点（83%）

4 前期の出土木材（木製品等、自然木）の樹種組成

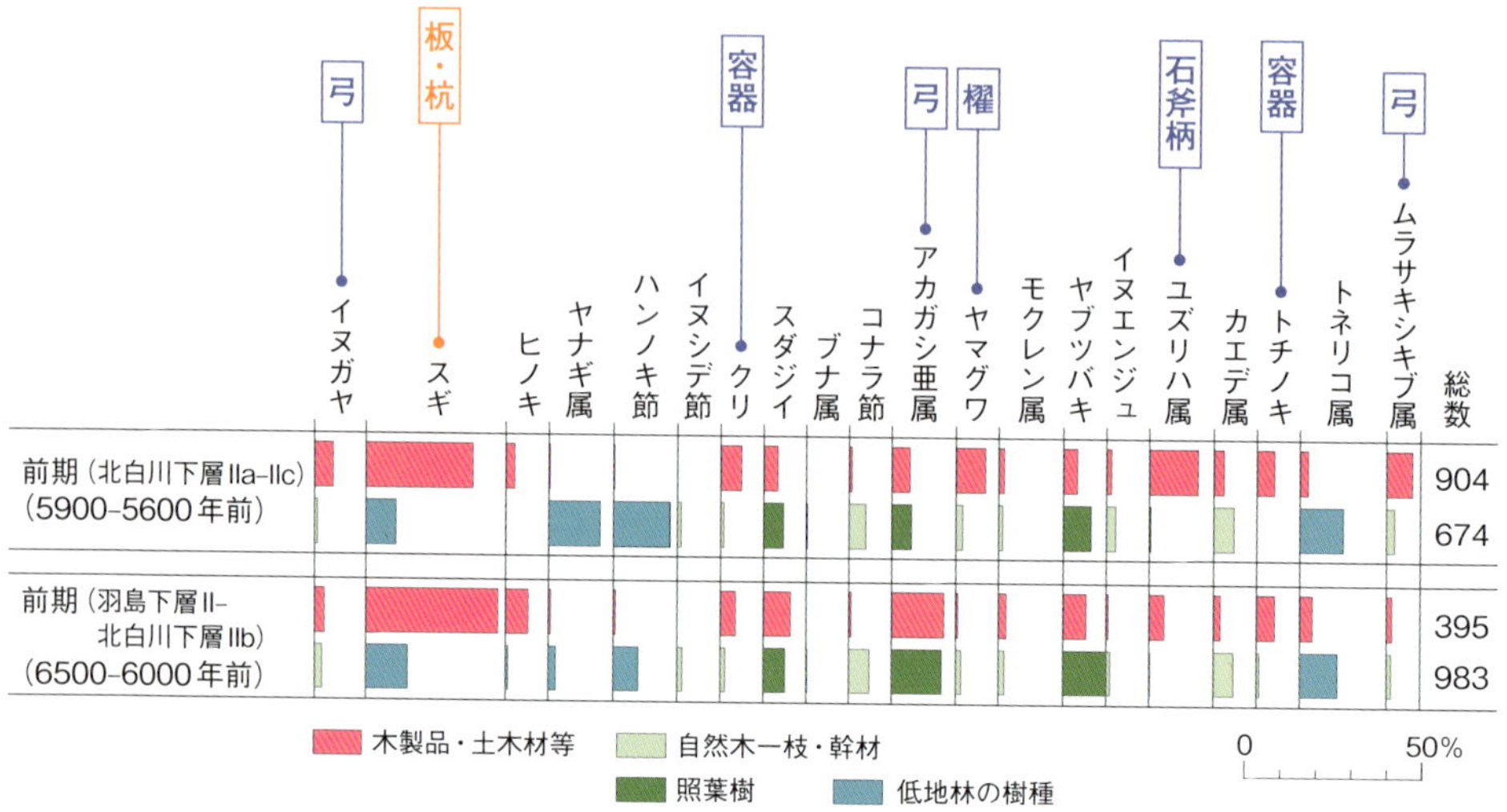

- 木製用具には厳密な素材選択
- スギ以外の低地林の樹種は使わない
- 資源管理は不明

1 鳥浜貝塚の背後の植生

▶2013年に掘り出されたスギの根株
（鳥浜貝塚南方）

◀鳥浜貝塚の背後にはスギの低地林が広がり、ハンノキ、ヤチダモ、ヤナギが伴う。

2 鳥浜貝塚の前期における木材利用

器　種	草創期			早期		前期	
	隆起線文	爪形文・押圧文	多縄文	押型文		北白川下層	
	S1	S2	S3	S4	S5	Z1-Z2	Z3-Z5
石斧柄			3			22	143
弓・尖棒			1	3		46	106
小型弓						5	24
櫂						9	44
容器						7	31
漆器						14	46
杭			98	13		90	110
木器						11	28
板材	4	12	12			84	146
加工材	1	15	56			58	55
割材	1	1	9			24	109
棒材		3	6			28	38

多様な木製用具の利用は前期に始まる

3-3
鳥浜貝塚における縄文時代草創期・早期の木材利用

次に縄文時代草創期と早期の鳥浜貝塚における木材利用を見てみます。この段階になると発見された道具類は圧倒的に少なくなり、もっぱら杭や板として使われた木材が多くなります。縄文時代草創期の終末の多縄文土器の時期に注目してみますと、石斧柄や弓（もしくは尖り棒）、加工材などが出土しており、縄文時代のかなり早い時期ですが、それなりに木材が利用されていたことがわかります。つまり、縄文時代草創期末には周辺で木材の利用が盛んになったのは間違いないといえます。この多縄文土器の時期には杭が九八点出土していて、一七本の杭から構成されそのうち五本は打ち込まれた状態で見つかった小規模な杭群も見つかっていますので、この時期にすでに低地の周辺に何らかの構築物を作るという作業を行っていたと考えられます。

縄文時代草創期の時期の素材選択は縄文時代前期の段階とはかなり違っています。この時期には、スギや、ハンノキ、モクレン属、トネリコ属といった低地のスギ林にある素材を多く使っています。それと、クリが点数は多くないものの杭や加工材として使われていたことが見えてきました。木材利用の証拠はまだ少ないのですが、クリの利用は縄文時代草創期から始まったことは確実でしょう。

もう一つこの時期の素材選択で特徴的なのは、縄文時代前期と比べて、自然木の組成と人間が使った木材の組成が非常に近いことです。こうしたことから考えて、この時期にはまだ森林資源の管理と利用は行われていないのではないかと考えられます。

これらの木材のデータは、一九九〇年代に分析したデータを見直したものです。次に、最近行った鳥浜貝塚の堆積物の花粉分析の研究成果をご紹介します。ご存じのように、クリは六月頃に非常に甘い香りをもつ多数の花を穂のようにつけます。こうした強い香りをもつことから、クリの花は虫媒花あるいは部分的風媒花だと考えられています。クリの花粉は非常に特徴的で、クリ林の外にはあまり飛ばないという現象が観察されています。吉川昌伸さんが実際にクリ花粉がどの程度飛散するのかを調査した結果によりますと、クリ林の林内だとクリの花粉が平均して六〇%程度を占めているのに対し、クリ林の端から五メートル離れるとクリの花粉は一〇%以下に落ち、二〇メートル離れると五%以下になり、クリの花粉はクリ林の外では急激に減少することがわかりました。[*5] つまりクリ花粉が一〇%前後検出された場合には分析地点がクリが多い林の林縁から五メートルほどの位置にあることを示していると考えることができます。

これを前提に、今回新たに吉川昌伸さんが分析した鳥浜貝塚の花粉組成を見てみます。全般的な植生の変遷をみると、縄文時代草創期から早期の段階ではスギや、ブナ、ナラ類などが多く、縄文時代前期になるとスギのほかに照葉樹のカシ類やシイ属などが増えてきます。[*6] こうした花粉組成の変遷から、縄文時代草創期から早期の段階では落葉広葉樹林が広がっていたのが、縄文時代前期になると少しずつ照葉樹林化していったことがわかります。

その中でクリはどのように存在したのでしょうか。クリの花粉が一〇%を超えるのがクリの林縁から五メートルぐらいというデータから考えますと、縄文時代早期のかなり早い時期に鳥浜貝塚の周辺にクリの多い林があったことは間違いないようです。ただしこの比率では、クリが自然に増えたのか人為によって増えたのかはわかりません。

3 鳥浜貝塚の花粉からみた植生変遷

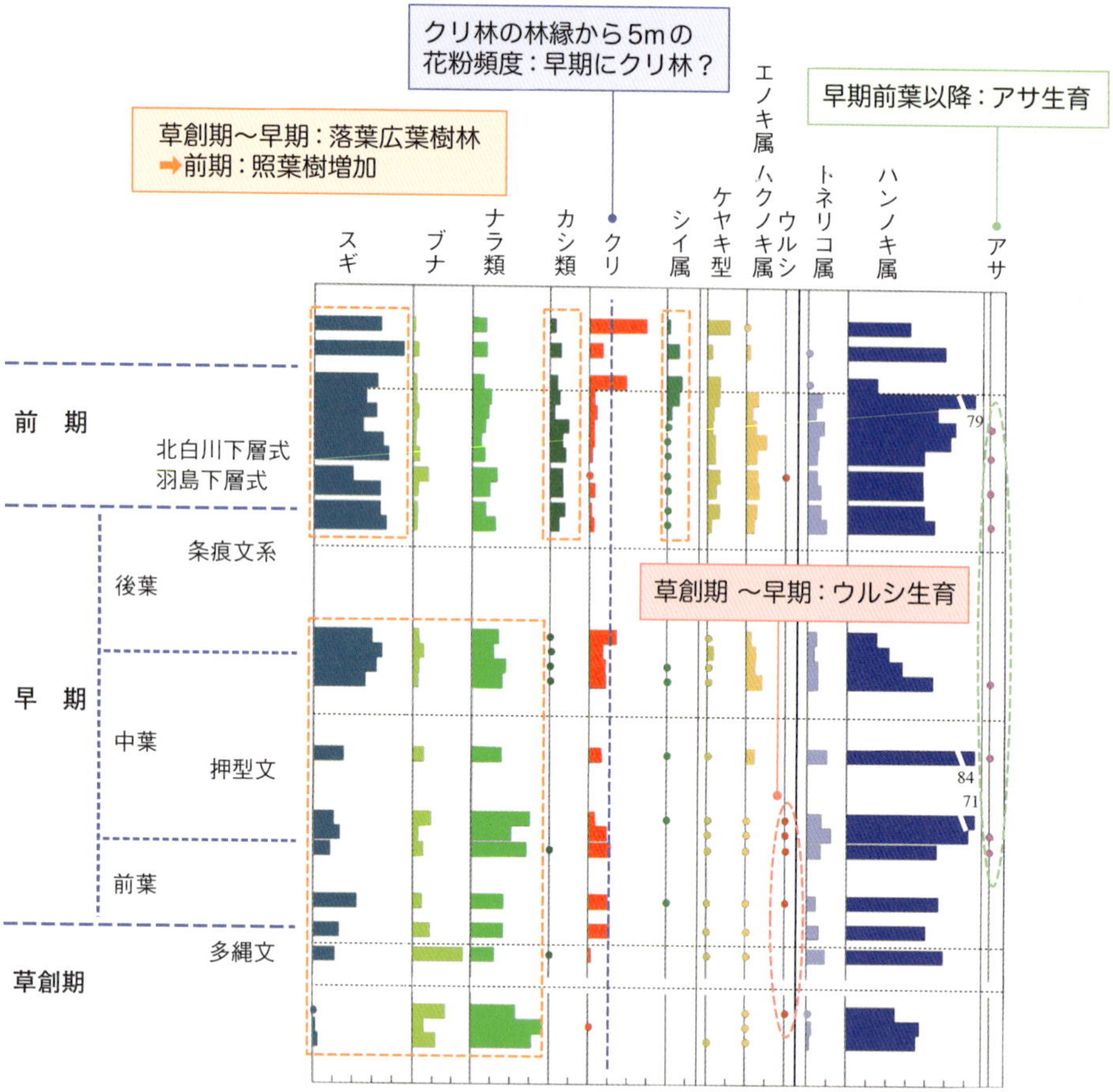

（吉川ほか 2016）

▲縄文時代早期のかなり早い時期に鳥浜貝塚周辺にクリの多い林があったことは間違いないようだ。

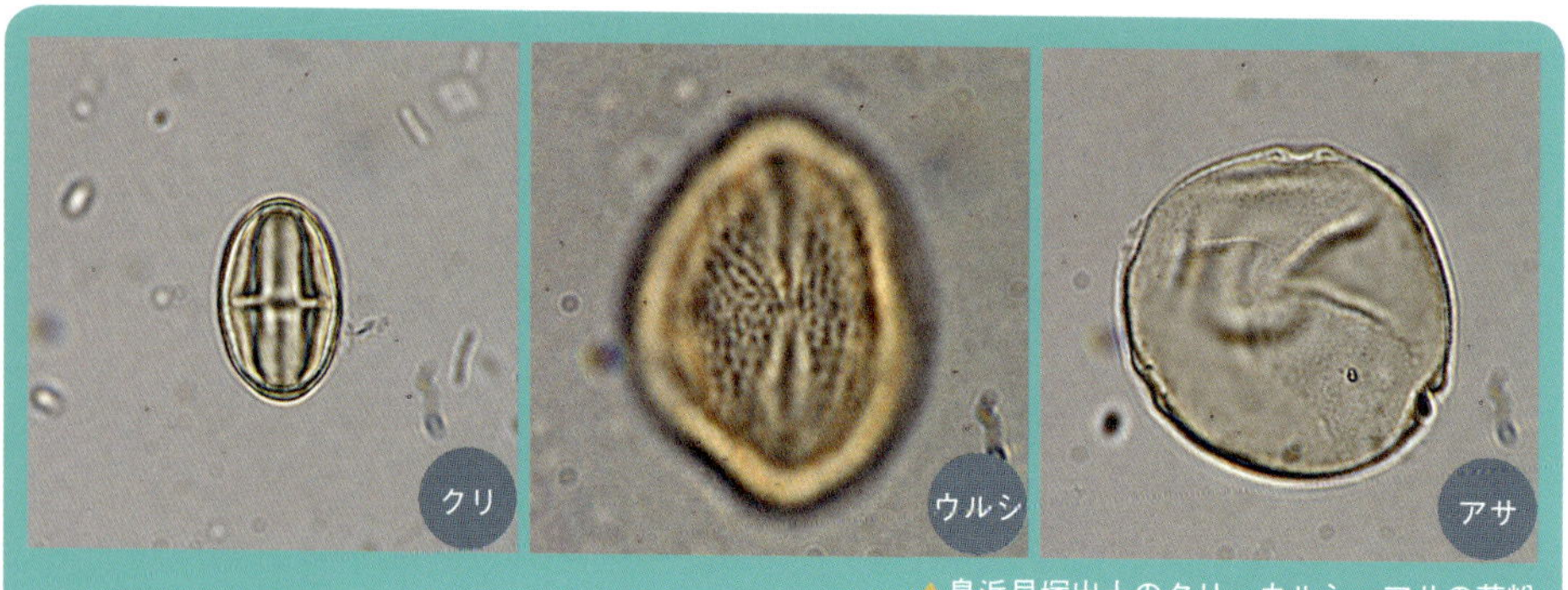

▲鳥浜貝塚出土のクリ・ウルシ・アサの花粉

1 鳥浜貝塚での草創期・早期の木材利用

器種	草創期 隆起線文 S1	草創期 爪形文・押圧文 S2	草創期 多縄文 S3	早期 押型文 S4	早期 S5
石斧柄			3		
弓・尖棒			1	3	
小型弓					
櫂					
容器					
漆器					
杭			98	13	
木器					
板材	4	12	12		
加工材	1	15	56		
割材	1	1	9		
棒材		3	6		

草創期末に木材利用開始：
多数の杭＝水辺になんらかの構築物??

草創期のクリの杭

2 鳥浜貝塚の草創期における木材の選択

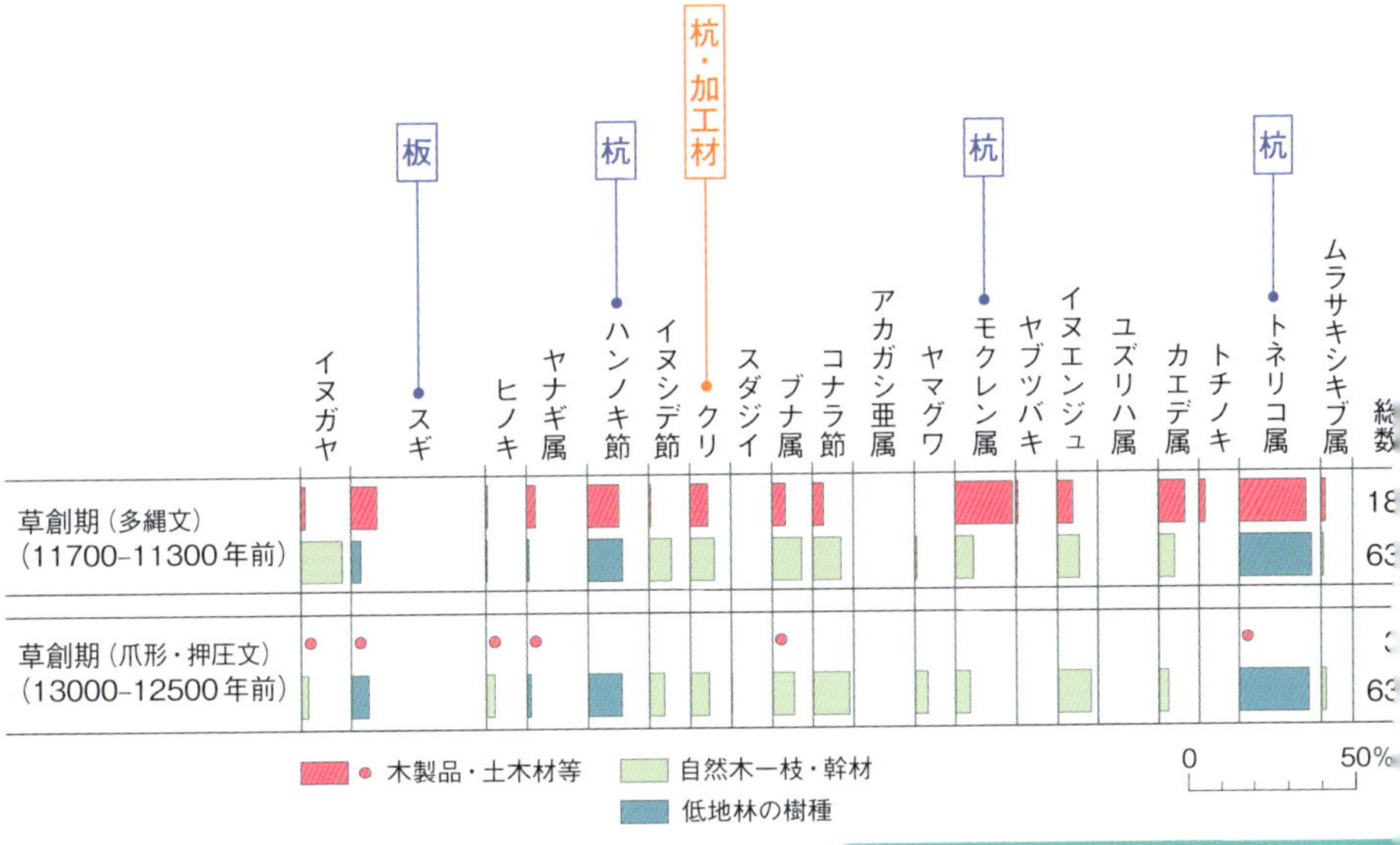

▲低地林のスギとハンノキ節、トネリコ属を杭に多用し、その他にモクレン属を杭に、クリを杭と加工木に使っていた。

●クリの利用は草創期末から始まった
●自然木に近い選択：資源管理は不明

3-4
縄文時代草創期・早期のウルシとアサ

鳥浜貝塚の花粉分析で注目されるのは、ウルシとアサです。縄文時代草創期後葉から早期中葉にかけてウルシ花粉が検出されています。ウルシは二〇〇〇年代になってから木材でまず識別できるようになり、ついで花粉でも識別できるようになりました。また、アサの花粉が縄文時代早期中葉から前期にかけて断続的に検出されており、周辺にアサが成育していたこともわかりました。

ウルシの本来の天然分布域は、中国の長江中流域から東北地方にかけての地域です。現在では、天然分布域のほかに日本列島や朝鮮半島、山東半島、長江下流域でも栽培されています。天然分布域である長江中流域の湖北省に行くと、畑の縁にウルシを植えている一方、周辺の二次林の中にもウルシが生えています。鳥浜貝塚ではウルシの木が一本出土し、年代測定の結果一万二六〇〇年前の縄文時代草創期のものとわかりました。縄文時代草創期の堆積物にもウルシ花粉が伴っていることから、鳥浜貝塚の周辺にはこの頃にウルシが生えていたのは間違いないと思います。したがって、植物学的には、中国大陸からこの時期にはすでにウルシがもたらされていたことになります。

ところが、鳥浜貝塚周辺で漆器が製作されるようになるのは縄文時代前期中葉からであって、このウルシの木とは六〇〇〇年のギャップがあります。鳥浜貝塚以外で現在一番古い漆器は石川県七尾市三引《みびき》遺跡の漆塗り櫛で、縄文時代早期末葉の約七三〇〇～七一六五年前のものです。この櫛でも、鳥浜貝塚のウルシの木とは五〇〇〇年のギャップがあります。このようにウルシの木の存在と漆器製作との間にはまだ大きな齟齬がありあります。この大きな矛盾の説明としては、最終氷期にはウルシが日本列島に自生していたが、その後日本から一旦消滅したとする説と、縄文時代早期末葉以前の漆器はまだ見つかっていないが、日本列島での漆器製作はもっと遡るとする説などがあります。[*7]

では現在の日本でなぜウルシが自生しないのでしょうか。岩手県二戸市浄法寺や茨城県北部は、現在日本で最もウルシが植栽されて漆液が採取されている地域ですが、ウルシ畑の周辺の山にはウルシは生えていません。なぜなら、さきに縄文時代草創期の半ばには後氷期的な温暖で湿潤な環境が成立したと書きましたが、そうした環境ではウルシは在来の植物に負けてしまい、人手をかけて管理しないと生育できないのです。これらの点から鳥浜貝塚のウルシも、やはり人間が管理したものだと考えています。

一方、アサは中央アジアが原産地で、繊維や、香辛料、油の生産などに使われます。[*8]ネパールでは畑の脇に野生のアサが生えていたりします。現在、北海道ではアサが畑から逃げて野生化したりしていますが、アサは大麻ですので許可なしには栽培できません。

鳥浜貝塚では、アサは花粉が縄文時代早期中葉から前期に見つかっているほか、前期に果実が見つかっています。鳥浜貝塚以外では、現在日本で最古とされるアサ果実が、千葉県館山市の沖ノ島遺跡で見つかっており、約一万年前の縄文時代早期とされています。秋田県由利本荘市菖蒲崎《しょうぶざき》貝塚では、土器に付着したアサ果実が出土しており、約七七〇〇年〜七五六〇年前とされています。これらの事実からみて、アサは一万年前頃には中央アジアから日本に将来されて栽培されていたと考えられます。

では、鳥浜貝塚における人間活動と資源利用はどのように捉えられるのでしょうか。この点に関しては、共同研究者の間でも意見の一致はみていません。

3 鳥浜貝塚でアサが出土した意味

＊かつては日本には1世紀頃に渡来したとされていた。(星川 1992)

鳥浜貝塚および沖ノ島遺跡におけるアサの存在：この図と異なり、実際は約1万年前には日本に将来され栽培された。

4 出土したアサ果実と、現在の野生のアサと栽培のアサ

現生のアサ果実(鹿沼市)

沖ノ島遺跡出土のアサ果実

蒲崎貝塚出土のアサ果実

ネパール西部の野生アサ

栃木県鹿沼市の栽培アサ

1 ウルシの分布

草創期以降の後氷期的環境にウルシがもたらされた？
氷期にはウルシが日本列島にも野生した？

2 日本にはウルシは野生しない？

岩手県二戸市浄法寺町

草創期末以降に後氷期的環境が成立してからは、ウルシは在来種に負けてしまい、人の管理がなければ生育できない。

工藤雄一郎さんは、鳥浜貝塚では、縄文時代草創期から縄文時代早期の間の土器の出土量が、縄文時代前期と比べて圧倒的に少ないため、人間は周辺には定住していなかったと考えています。[*9] 縄文時代草創期末葉にはクリ材の利用が見えてくるのですが、もっぱら天然林のクリを利用していると考えるのが、この段階では順当であるというのが工藤さんの意見です。

同様に西田正規さんは、草創期から早期の鳥浜貝塚からは秋に採集できる堅果類とヒシが出土する一方、二次植生を示す種実を欠くことから、ここは秋に種実を採取するためのキャンプ地であったと考えました。[*10] それに対し前期になると、二次植生の種実が増加し、人工遺物が圧倒的に増えることから、この時期の鳥浜貝塚は年間を通じた生業活動の場であって、近傍で定住していたと考えています。

このように縄文時代早期から周辺で定住していた確証はありませんが、私は当時から定住は始まっていて、まだ森林資源管理の様相が見えていないだけであると考えています。その理由としては、まずアサが縄文時代早期の早い段階に大陸から将来され栽培されていたこと、そしてウルシが同様に将来されて、縄文時代草創期末の段階で、周辺に植えられていたことがあります。いずれも恒常的な管理を必要とする栽培植物です。

また鳥浜貝塚以外での様相をみると、縄文時代草創期から早期にかけて土器の出土量が圧倒的に増加します。[*11] また、地域は異なりますが、東北地方における住居跡と遺跡数を見ると、縄文時代草創期から早期前葉段階ではまだ住居が出土していませんが、早期中葉になると縄文時代前期や中期と同じぐらいの住居跡があり、遺跡数も増えています。[*12]

こういう情報から考えると、やはり早くから定住が始まっていて、鳥浜貝塚の周辺でも縄文時代草創期末頃からどこかに定住していたのではないかと考えています。

では、集落はどこにあったのでしょうか。二〇一二年に、縄文時代前期以降の集落と資源利用のあり方をモデル化した図では、三内丸山遺跡と下宅部遺跡にならって、居住域があるとそのごく周辺にクリ林を擁し、水はけの良い所にウルシ林を育てていて、そういう中で彼らは適宜植物資源を管理して利用していたのだろうと考えていました。しかし鳥浜貝塚での研究成果から考え直してみると、これでは視野が狭く、もう少し大きなレベルで見るべきではないかと考えるようになりました。すなわち居住域があると、おそらくそのごく近傍の空き地ではアサを栽培し、その周辺にひろがる二次林あるいは天然林の中にあって、一日に行動できる範囲内の好適な所にクリ林およびウルシ林を育てていた。そして、それ以外に、一日の行動圏の中に植物資源の加工と利用をする場所が散在していた。こうした広い行動圏を維持していたというのが、縄文時代前期も含めて、当時の人びとの生活のあり方ではなかったかと考えるようになりました。

縄文時代草創期・早期の鳥浜貝塚は、居住域の近傍ではなく、こうした一日の行動圏の中にある、居住域から離れた作業場所が残ったものと捉えればよいのではないでしょうか。すなわち、この時期の鳥浜貝塚では確かに道具類も出土していますが、そこに水場遺構といった施設が構築されたあとはなく、果実の廃棄の痕跡もほとんどなく、生活全般とのかかわりが見えにくいのです。こうした点から考えて、鳥浜貝塚は居住域から少し離れている作業空間であったと捉えるのが順当だろうと今のところは考えています。

3 鳥浜貝塚における人間の活動とクリの出現傾向の変遷

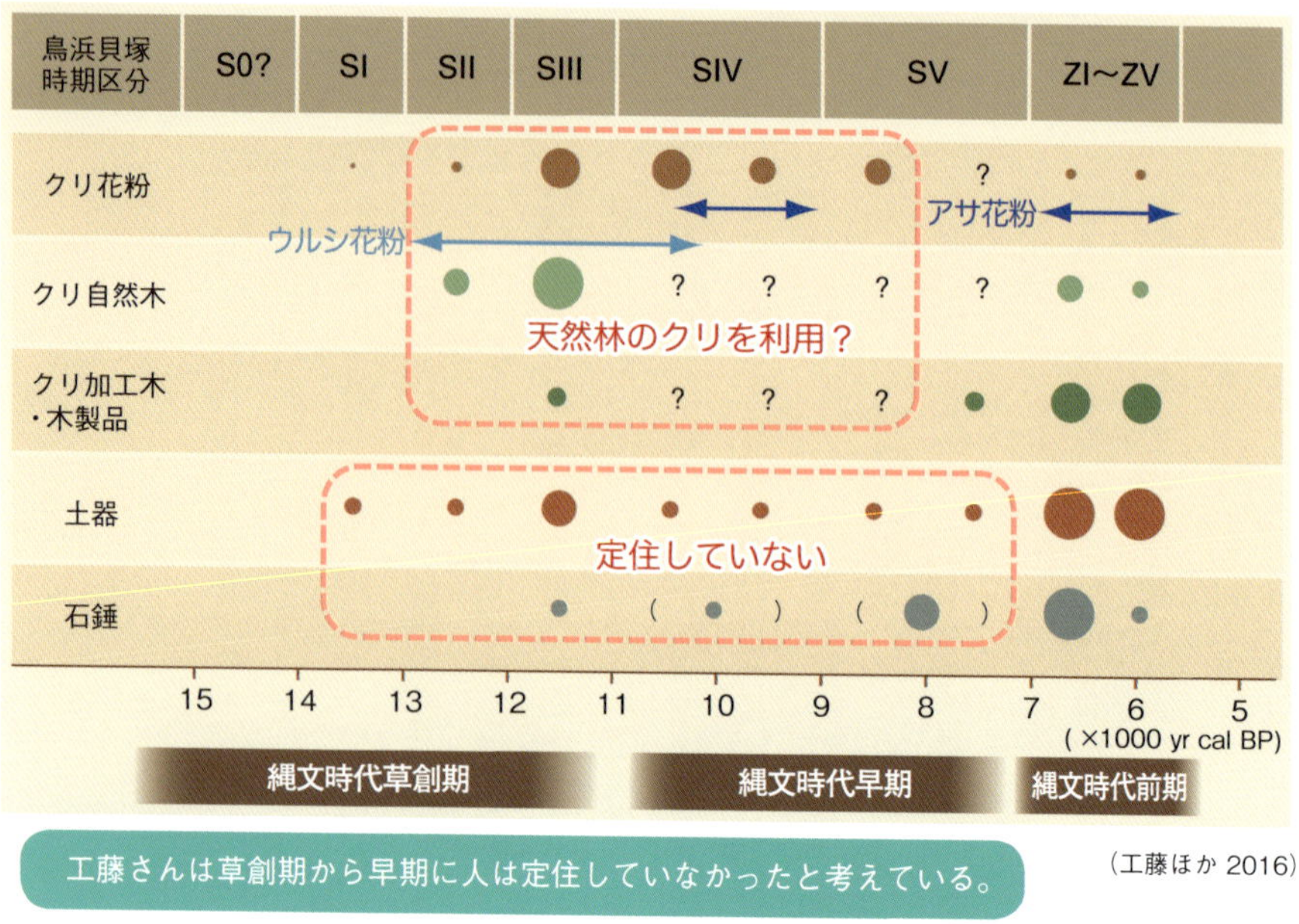

工藤さんは草創期から早期に人は定住していなかったと考えている。

（工藤ほか 2016）

4 鳥浜貝塚：居住域から離れた活動域

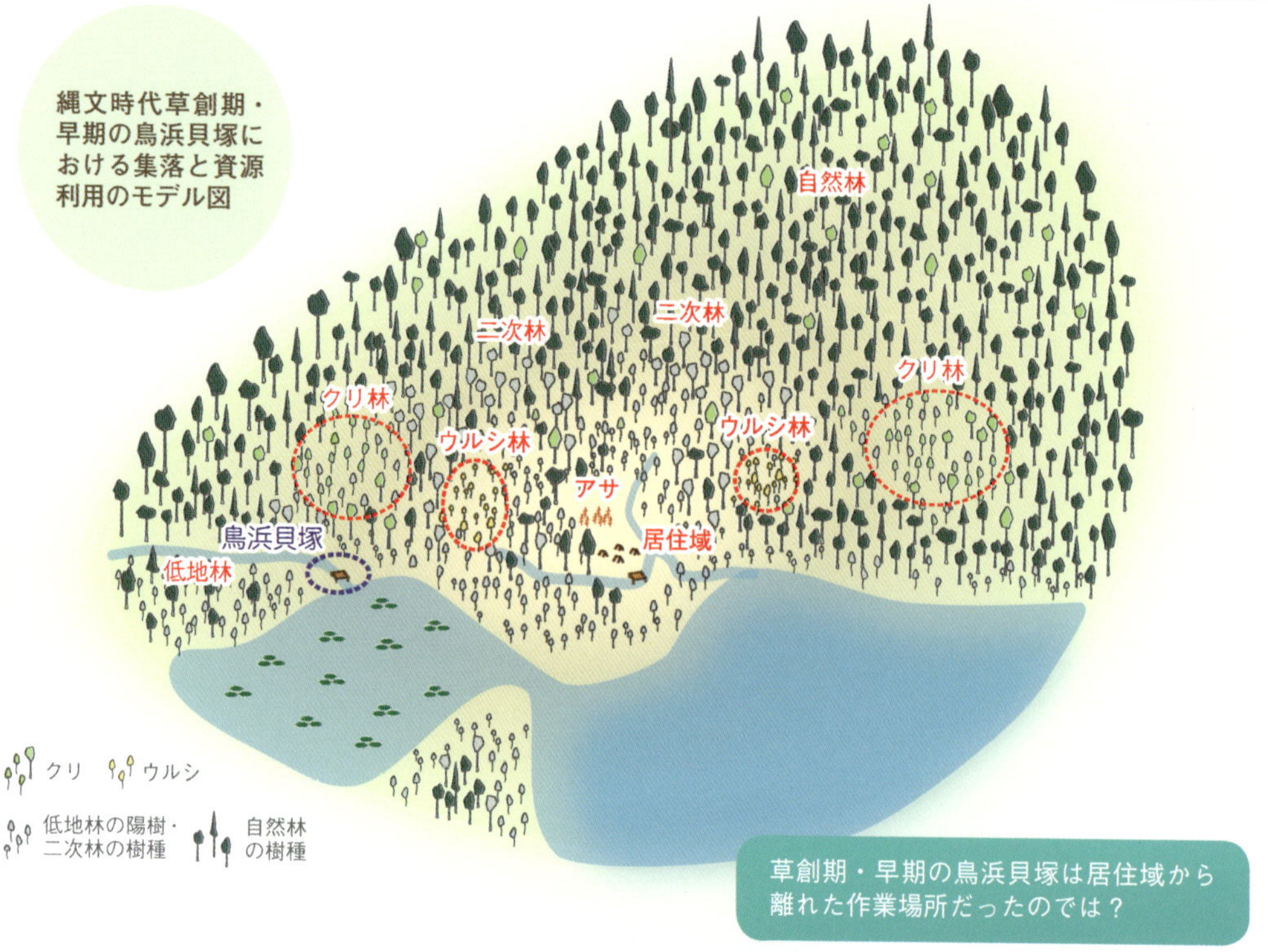

1 日本列島全体の縄文時代草創期〜早期にかけての土器出土量

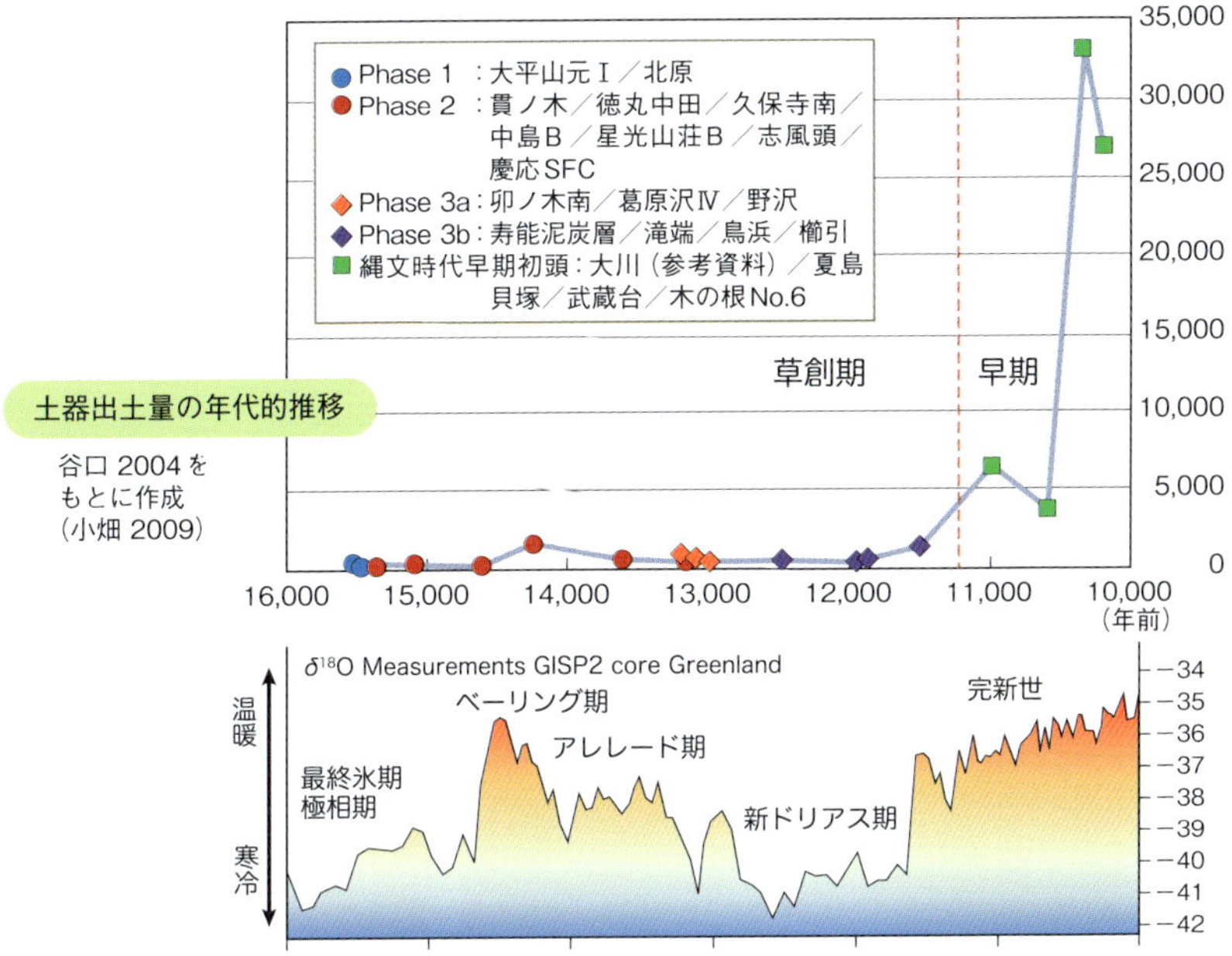

縄文時代草創期の土器出土量はそれ以降と比較してきわめて少なく、人は定住していない。

2 東北地方の縄文時代草創期〜早期における定住化の例

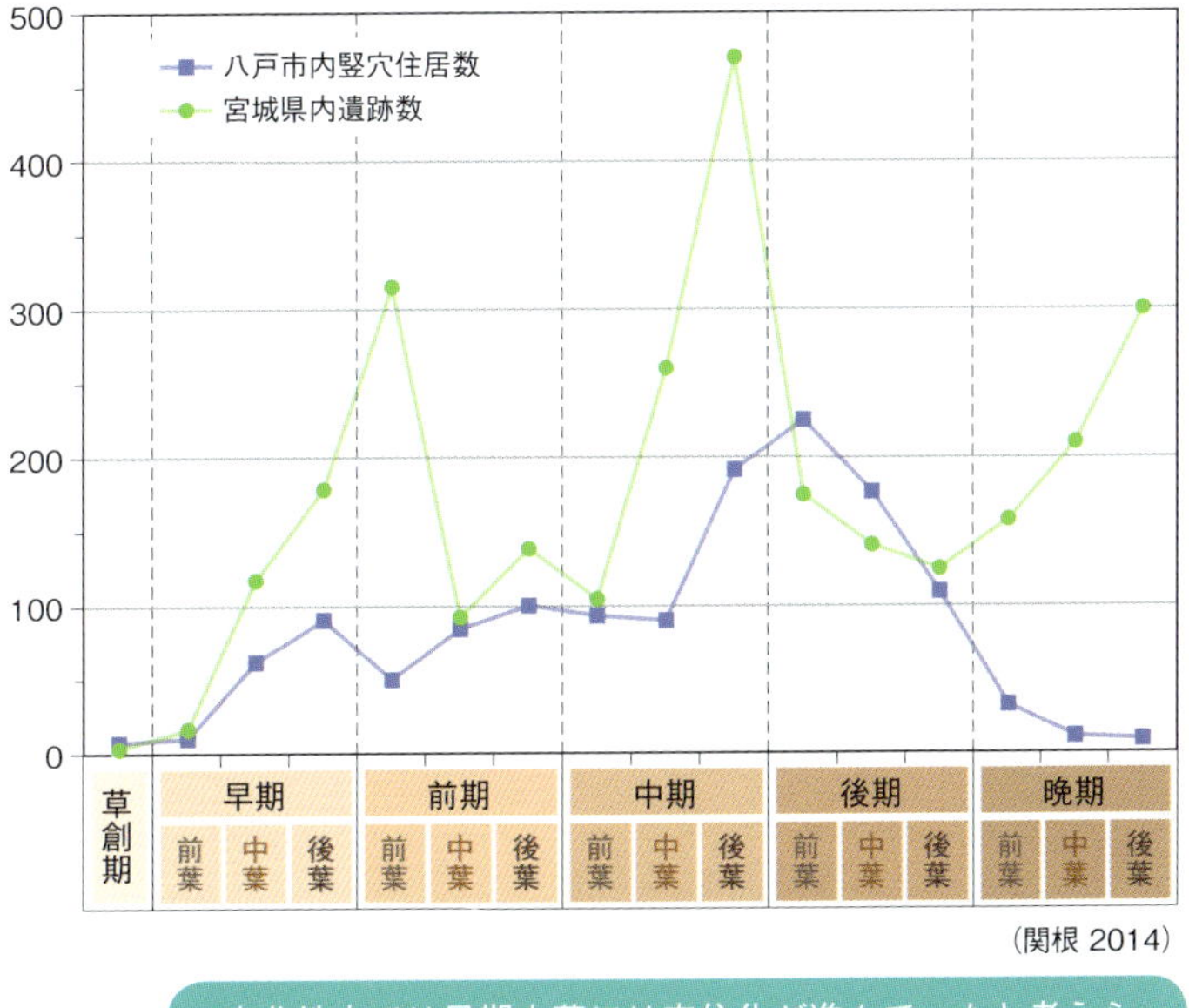

（関根 2014）

東北地方では早期中葉には定住化が進んでいたと考えられる。北陸や近畿での動向も調べてみる必要がある。

4　編組製品の技法と素材植物　佐々木由香

4-1
編組製品の特色

編組製品《へんそせいひん》は「編む」「組む」という技術によって製作される製品で、縄文時代にはかご や敷物、縄や紐、編布《あんぎん》などがあります。編組製品には、木本植物《もくほん》（樹木）の木材（木部）や樹皮、草本植物の茎、木本性または草本性のツル植物の木部や樹皮、ササ類の稈《かん》、シダ植物の茎（葉柄《ようへい》）など、植物のさまざまな部分が使われます。材料は、素材植物を そのまま使うか、細く割り裂いて「へぎ材」にしたものです。編組製品は縄文時代以降、現代に至るまで、日常の生活用具として長く使われてきました。

編組製品は以下のような特徴をもっています。[*1] ①技法と素材植物が単一のものから複合的なものまで多岐にわたる。②素材植物の特性を生かして、大きさと形状を自由に設定しやすい（たとえば、目の隙間を調整してザルあるいはフルイとして使うなど、多様な用途に使える）。③素材植物を身近な生活空間で入手して製作するため、同一の地域では時代を経ても製作技法や製品の形態の変化が少ない。④通気性・通水性があって軽く扱いやすいため材料や食料などの採取や運搬に適している。

同じ技法が使われていても素材植物が異なると編組製品は機能が異なります。飛騨市宮川町の民具の例では、ござ目編みのかごのうち、マタタビ製のかご（しょうけ）は表面がツルツルしているため米研ぎに使い、水に強く強靭なササ（ネマガリダケ）のかごは水切りに使っています。マタタビ製のかごは水に弱く、水切りかごには向きません。これに対して、ササのかごで米を研ぐと、ささくれだったところが爪に入ってしまって痛いそうです。このようにかごの機能を決めるにあたっては、技法も大事ですが形状や素材植物の選択もひじょうに重要だということを民具は教えてくれます。

縄文時代の編組製品については一九二〇年代から多くの研究が行われています。[*2] 大きく分けて「実物資料」（植物がそのまま残った資料）と土器底部にくぼみ（圧痕《あっこん》）として残る「間接資料」（敷物圧痕[*3]）の研究があり、また民俗資料との比較なども行われています。しかし、出土した編組製品は破片が多く、敷物圧痕も製品の一部のため、編組製品の本来の形を復元することが難しく、用途を推定するのは困難でした。したがって、これまで考古学ではもっぱら編組技法が研究されていました。

一方、編組製品の材料となる素材植物は、出土資料ではほとんど明らかにされてきませんでした。編組製品の素材植物は若年《じやくねん》枝や木材を一～二年輪の幅に割り裂いたものが多いため、薄くてもろい出土資料から植物組織の標本をつくるのが難しかったのです。また、素材植物の種類は組織構造から判断しますが、編組製品に使われる若い組織の比較標本は少なく、植物の種や属を詳細に検討することは困難でした。

また、出土する編組製品は一般に遺存状況が悪く、出土状態を維持するのが難しいことも問題です。これまでは、出土した編組製品を取り上げた後に、素材植物の調査をせずに保存処理を行う例が多く、保存処理までに劣化が進んでいる場合もあるなど、遺跡調査側の対処方法にも問題がありました。

しかし、近年では素材植物を樹脂に埋め込んで切片を作製する「樹脂包埋切片法《じゆしほうまいせっぺんほう》」が開発され、植物組織の観察ができるようになりました。[*4] この方法と、若い植物の標本の収集がなされ、保存処理された編組製品や脆《もろ》い遺物でも素材植物が同定できるようになり、多くの素材植物が新たに判明したのです。

縄文時代の編組製品の素材植物

①秋田県角館市
②岩手県一戸町
③岐阜県揖斐川町
④岩手県一戸町：
石器による割る実験
⑤岩手県一戸町

編組製品の素材植物の形状

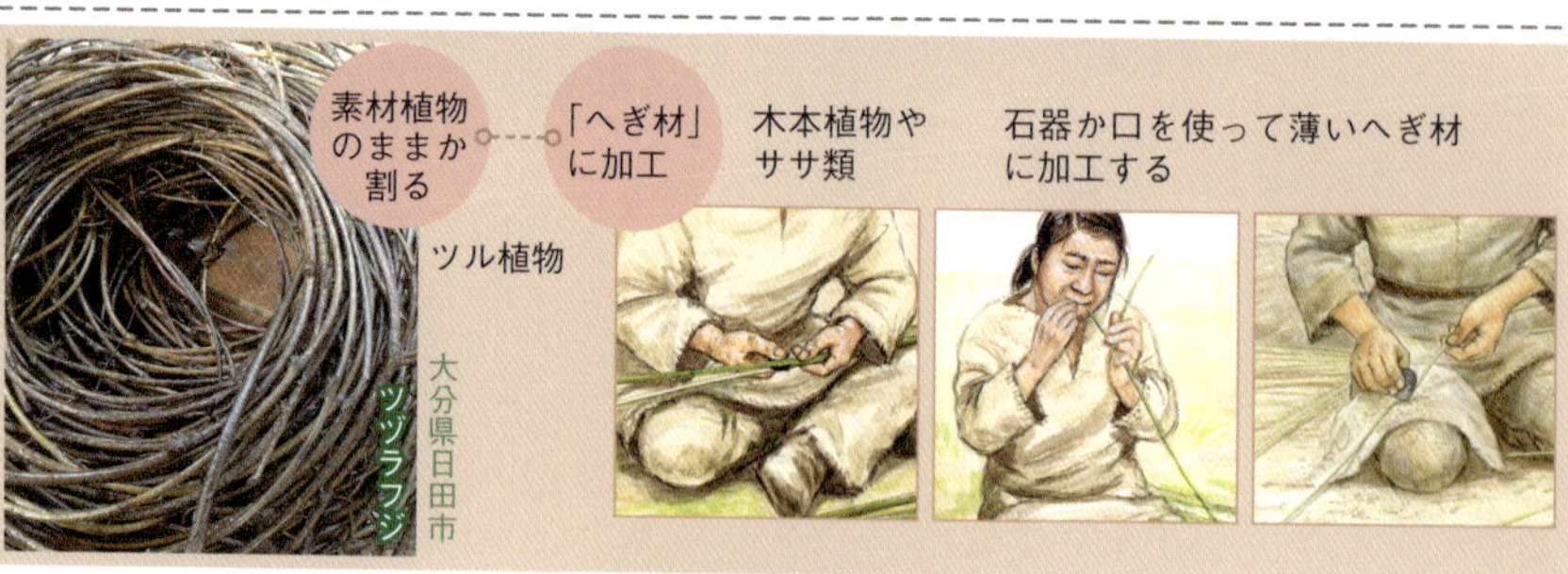

素材植物の分析法

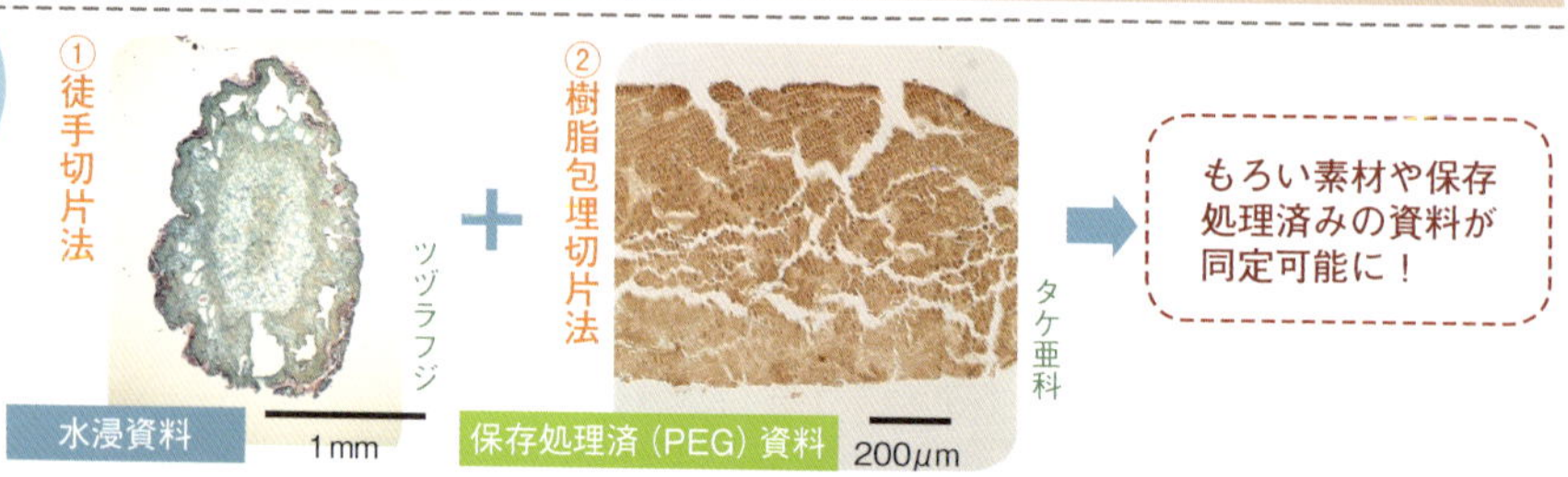

1 編《へん》組《そ》製《せい》品《ひん》とは

編組製品の特色

- **生活に密着**し、**さまざまな用途**に使える道具
- **採取・運搬用具**（軽く扱いやすい）
- 目の**隙間**を利用したザルやフルイ（通気性・通水性）

➡ こうした理由で編組製品が現代まで残る

編組製品の構成要素

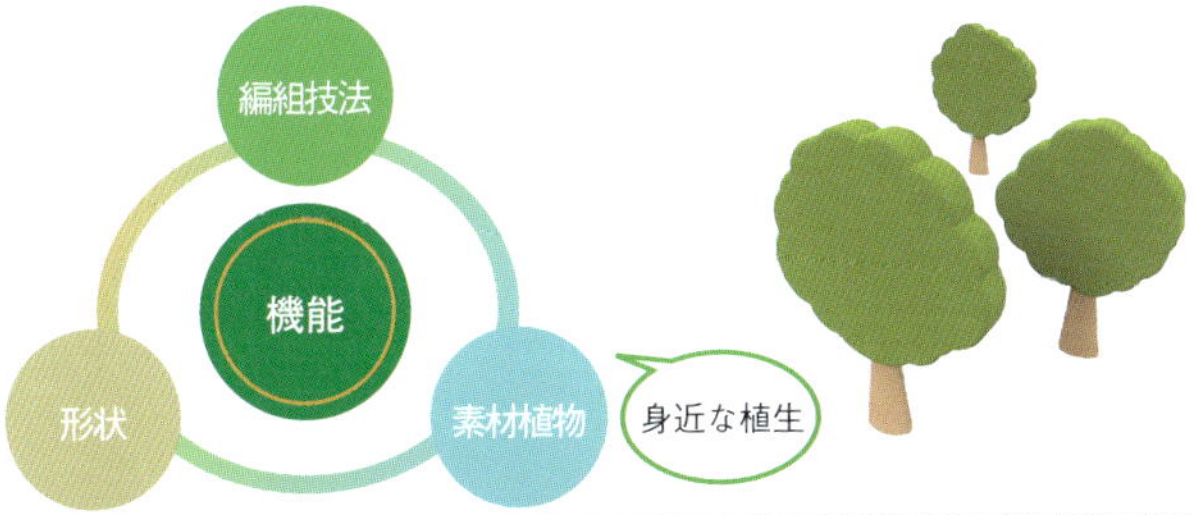

素材と機能の違い

岐阜県飛騨市宮川町森安

◀マタタビ：表面がツルツル➡米とぎザル

▶ササ（ネマガリダケ）：表面がガサガサ➡洗い物の水切りカゴ
加重に耐える

岐阜県飛騨市宮川町種蔵

編組製品研究の枠組み

実物資料

青森県青森市三内丸山遺跡（縄文時代前期）
「縄文ポシェット」

比較

考古学：技法研究が主流

民具

岐阜県飛騨市宮川町
戦後まで現役の編組製品

比較

間接資料

岩手県一戸町御所野遺跡（縄文時代中期）
土器底部敷物圧痕

4-2

縄文時代の編組製品の研究法

4　編組製品の技法と素材植物　佐々木由香

「編む」と「組む」には研究者によって異なる捉え方がありますが、素材と製作技法の視点から分けてみます。[*5]

「組む」技法では、二方向の素材がそれぞれ動いて組み合わさっていきます。復元画では二方向の素材が組み合わさって、中央部から周囲に大きくなっていきます。縄文時代の編組製品ではかごの底部や、縄、紐に用いられます。それに対して「編む」技法では、タテ材は固定され、横方向の編み材のみが一定の方向に動きます。粘土紐を使い輪積《わづ》みで土器を作っていくような動きです。「組む」技法でも素材を斜め方向に交差して体部を組み上げることはできますが、組む場合には二方向の素材が均等な力で組み合わさってそれぞれ別な方向に動かなければなりません。つまり、「組む」技法では、かごを立ち上げた後も、同じ幅で同じ厚さの素材を使わないと組み合わさっていかないのです。「編む」技法では、タテ材は動かずにヨコ材だけが動いていくため、タテ材とヨコ材の素材や、素材の幅が異なっても大丈夫で、素材選択の自由度が高くなります。

縄文時代のかごの側面（体部）は、ほとんど「編む」技法で作られています。そこに縄文時代のかごの大きな特徴があると考えています。「編む」技法で作られているからこそ、途中で素材植物を変えたり、編み方を変えることが可能となるのです。

日本列島で一番古い編組製品は、縄文時代早期初頭の約一万二〇〇〇年前の、琵琶湖の湖底から発見された滋賀県粟津《あわづ》湖底遺跡の編組製品の断片です。一番古い完形のかごは、有明海に面した低湿地貝塚として有名な佐賀県東名《ひがしみょう》遺跡の縄文時代早期後葉の約八〇〇〇年前のかごです。東名遺跡はかご研究の上で画期的な遺跡であり、かごの部位ごとに異なった素材植物や技法が使われていることが明らかになりました。

　たとえば七六頁の東名遺跡のかごは、体部の上部は「ござ目」、中央の色が異なる部分は「もじり」、体部の下部は「網代《あじろ》」という技法で作られ、一つのかごに三つの技法が使われています。そして、このかごの体部は、イヌビワという木材を薄く割り裂いて「へぎ材」にして編んでいて、「もじり」を使う帯状の部位にはツヅラフジというツル植物を使っています。このように、このかごでは異なる技法をつかって異なる素材植物が編み込まれています。このかごも体部は「編む」技法で作られており、途中で素材植物や技法が変わっても対応できる製作方法が採られているわけです。

　編組技法の表現方法の研究は古く、一八九九年に坪井正五郎が「超《こ》え・潜り・送り」という表現で、実物資料や間接資料の編組製品の技法を記述しました。[*6] 坪井は、ヨコ材がタテ材を何本超《こ》（越）え、何本潜り、次の段に行くときにタテ材何本分ずれているかに注目し、「二本超え、一本潜り、一本送り」などの表現方法を提示しました。民具では伝統的に「ザル編み」や「ござ目編み」などの編組パターンで表現します。[*7] たとえば前述した東名遺跡のかごの技法は坪井方式で読むと、「二本超え、二本潜り、一本送り」、編組パターンで読むと「二本飛び網代」となり、同じ技法を指しながら二つの呼び方があるのです。坪井方式では、素材の動き方を重視しているため、素材の幅や間隔は問題にしていません。しかし、そうなると、「四つ目」や「ござ目」など、異なる編組パターンの技法も一括してしまいます。また、タテ材とヨコ材を区別していないため、本稿では技法の呼称に編組パターンを基本的に用いたいと思います。

2 東名《ひがしみよう》遺跡のかご：部位ごとに技法や素材が異なる

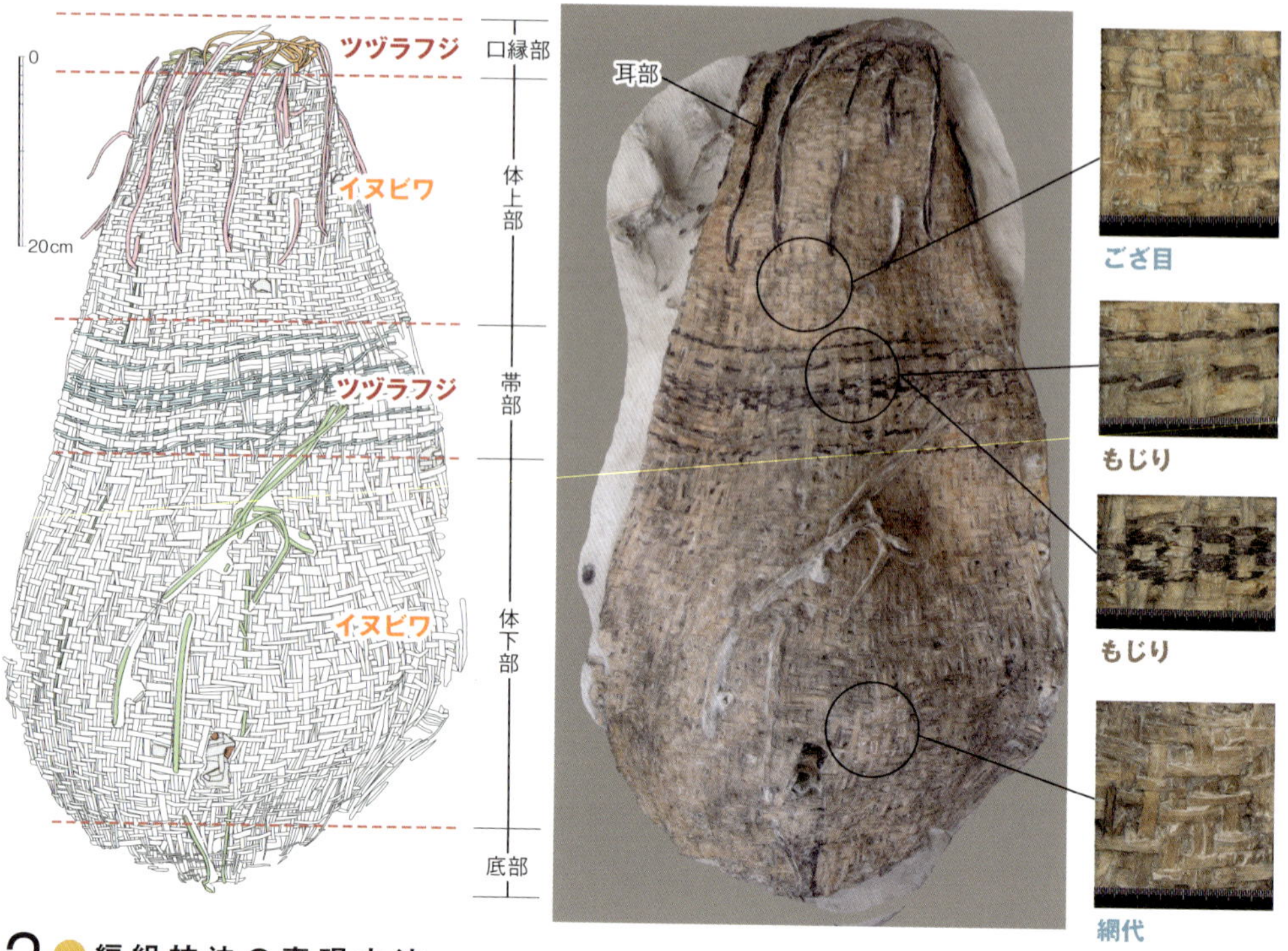

3 編組技法の表現方法

坪井正五郎

タテ材に対してヨコ材が何本越え、何本潜っているか、また次の段でタテ材が何本分ずれているかで表現。

坪井方式（松永 2003を改変）

「超（越）え・潜り・送り」で表現（坪井 1899）

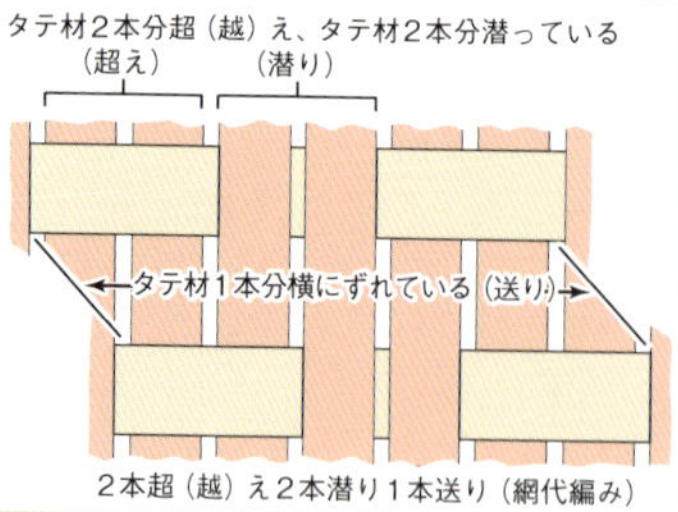

編組パターン：2本飛び網代

民具の竹製品等で用いる「ござ目編み」・「網代編み」など編組パターンで表現（名久井 2004ほか）

坪井方式だと編組パターンで異なる技法も「1越え・1潜り・1送り」になってしまう。

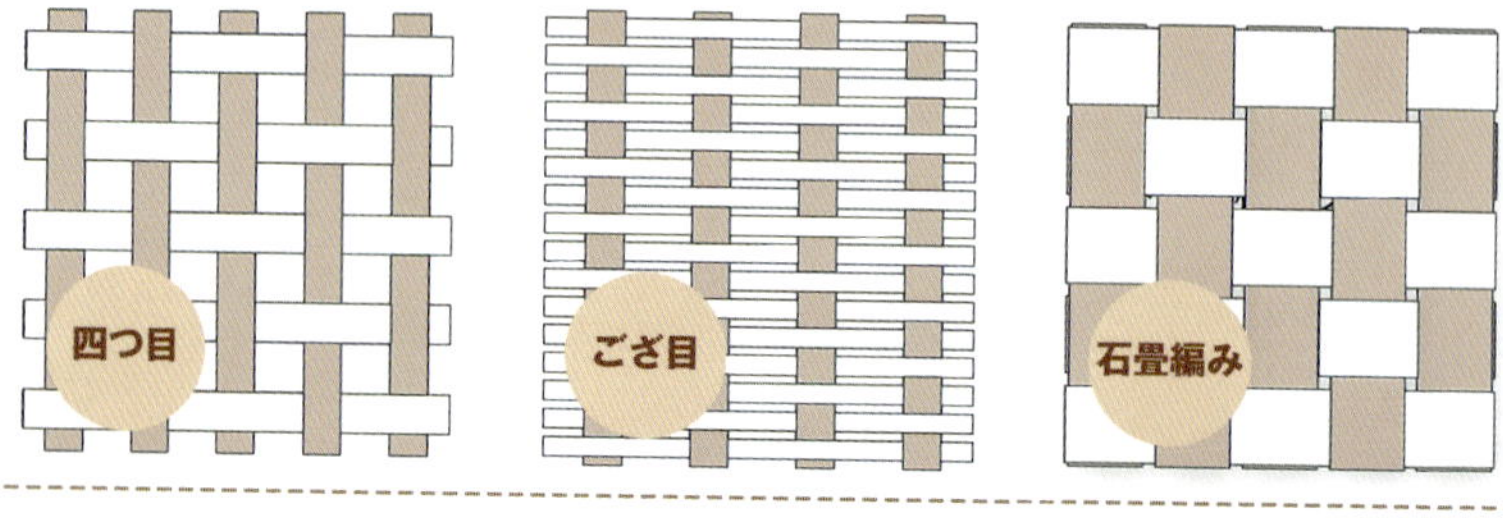

1 「組む」と「編む」の違い

組む	編む

同じ太さ、厚さの素材でないと組むことができない。

異なる太さ、厚さの素材、さらに異なる素材を編むことができる。

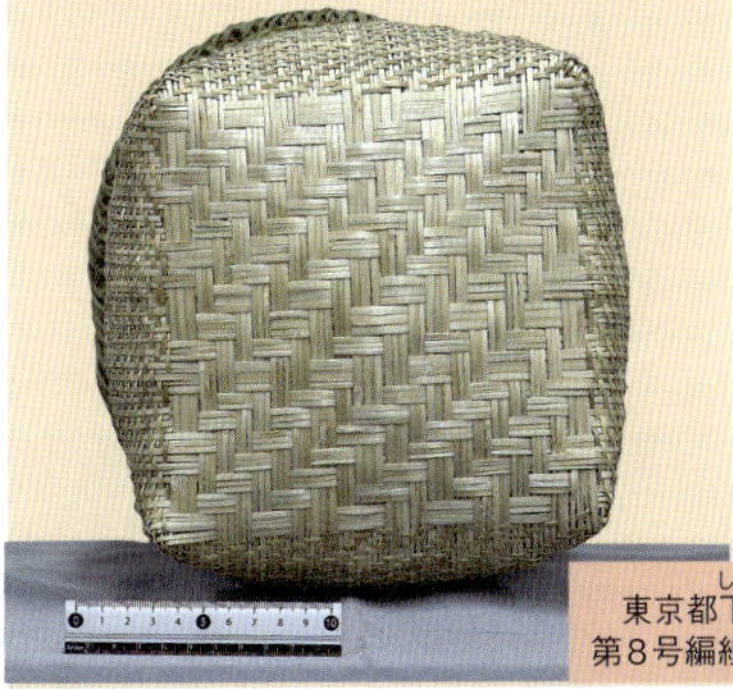

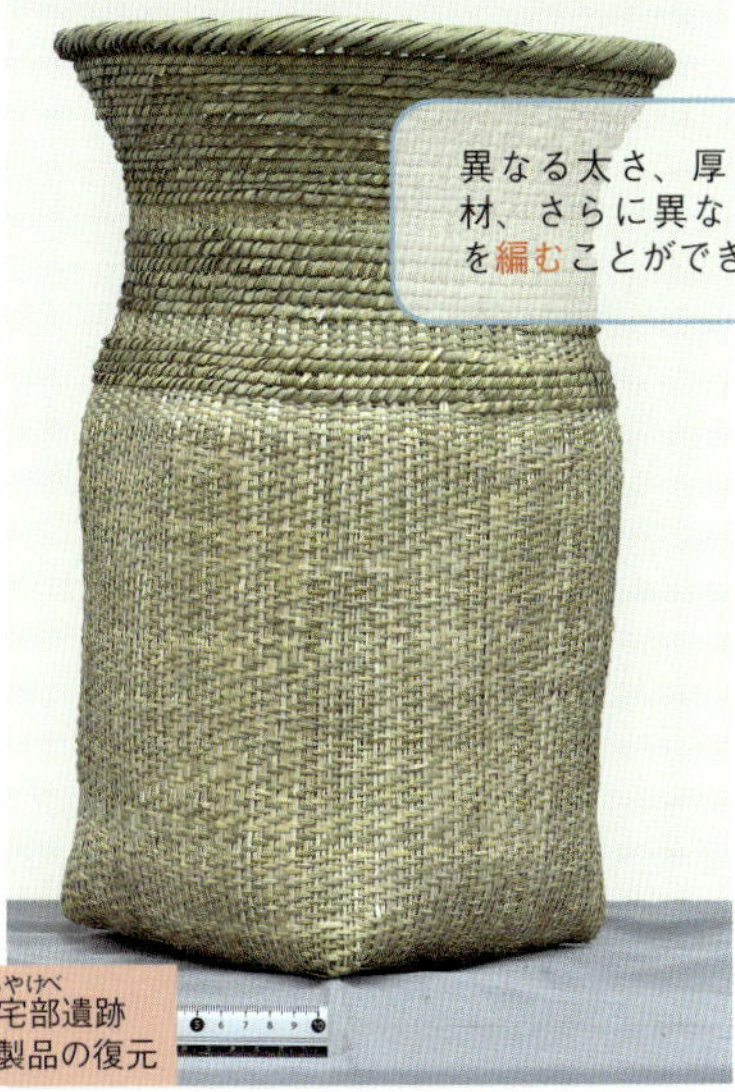

東京都下宅部《しもやけべ》遺跡
第8号編組製品の復元

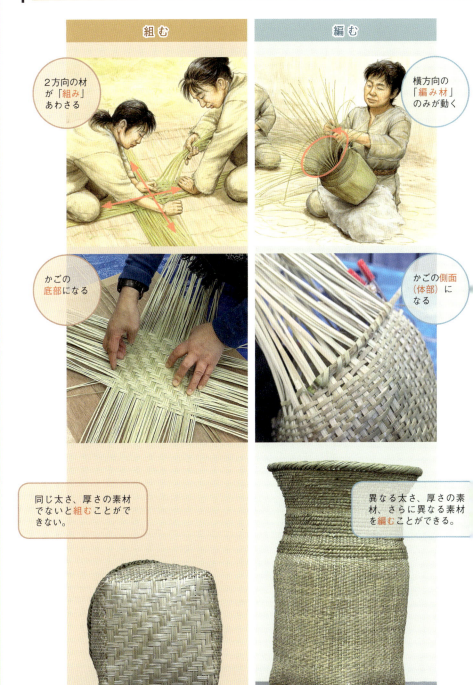

二〇一六年現在、縄文時代のかご類は八三遺跡から出土していますが、これまでの研究で四三遺跡の実物資料の素材植物が判明しました。この結果、九州や四国ではイヌビワやカシ類などの常緑広葉樹の木材を割り裂いてへぎ材にしたものや、ツヅラフジやテイカカズラなどのツル植物が利用されることがわかりました。北陸ではヒノキやサワラ、アスナロといった針葉樹のへぎ材や、マタタビのようなツル植物を割り裂いて利用しています。東北では落葉広葉樹のカエデ属のへぎ材が多く、北海道ではカエデ属やトチノキを割り裂いてへぎ材にしたり、ヤマブドウなどの樹皮も使っています。関東と沖縄ではタケ亜科（ササ類）を割り裂いて使っています。[*8]

このように、縄文時代の編組製品の素材植物には地域性がみえてきました。ササ類は全国に分布していますが、使われているのは概ね太平洋側に限られています。現代でも太平洋側ではネマガリダケやスズタケなどのササ類がかごの材料に使われています。また、日本海側ではヒノキなどの針葉樹のへぎ材やマタタビなどのツル植物が使われる民俗例が多く残っており、縄文時代の素材植物の分布圏との対応関係がうかがえます。

縄文時代は植生が少しずつ変化していきますが、素材植物の地域性は縄文時代を通じて概ね以上の五つの地域で維持されたようです。唯一異なるのは九州で、縄文時代早期の終わり頃まではムクロジなどの落葉広葉樹のへぎ材が使われていたのが、この頃にツヅラフジなどの常緑のツル植物も使われるようになり、次第に常緑のツル植物が九州各地で使われるようになります。これは八〇〇〇年前頃に拡大した常緑広葉樹林の拡大と対応しており、植生の変化と対応して素材植物が多様化したことを示しています。[*9]

全国的に素材植物の傾向が大きく変わるのが縄文時代の後期中葉から晩期にかけてです。約三五〇〇年前頃になると「籃胎漆器《らんたいしっき》」という、ササ類のかごに漆を塗った容器が増えてきます。この籃胎漆器で一番古い資料は縄文時代後期中葉頃で、一番新しいものは縄文時代晩期後葉になりますが、晩期に多く出土します。判明している籃胎漆器の素材はすべてササ類です。籃胎漆器に使われるササ類は素材植物の五つの地域性を超えて、道南から琵琶湖の辺りまで広がります。つまり、籃胎漆器の分布の拡大と共に、ササ類が使われるかごの分布が拡大したと言うことができます。

籃胎漆器は容器の上に漆が塗られているため、外側から編組技法を観察できません。これまでは表面の漆膜が剝がれた破片や、X線などで透視して内部の構造を調べてきましたが、最近、画期的な方法が開発されました[*10]。X線CTで籃胎漆器の内部を撮影する方法です。籃胎漆器では、本体のかごの素材の部分は分解してなくなって籃胎の漆の型だけが残っている場合がほとんどです。そこで、CT画像を反転して画像処理をする方法が開発されました。籃胎の部分を逆転させて、空洞として残るササ類の部分を可視化してかごの技法を見てみると、失われたかごの細部の技法までよくわかります。青森県亀ヶ岡遺跡出土の籃胎漆器では、底部と体部（側面）、口縁部近くに後述する「ヨコ添《ぞ》え巻き付き編み」があることがわかります。このような三次元CG像から、今まで調査できなかった籃胎漆器の内部構造を知ることができるようになりました。このかごを上面から見た図から、底部は「二本飛び網代」で、側面は「二本飛びござ目」で製作されたことがわかります。

3 藍胎《らんたい》漆器の内部構造

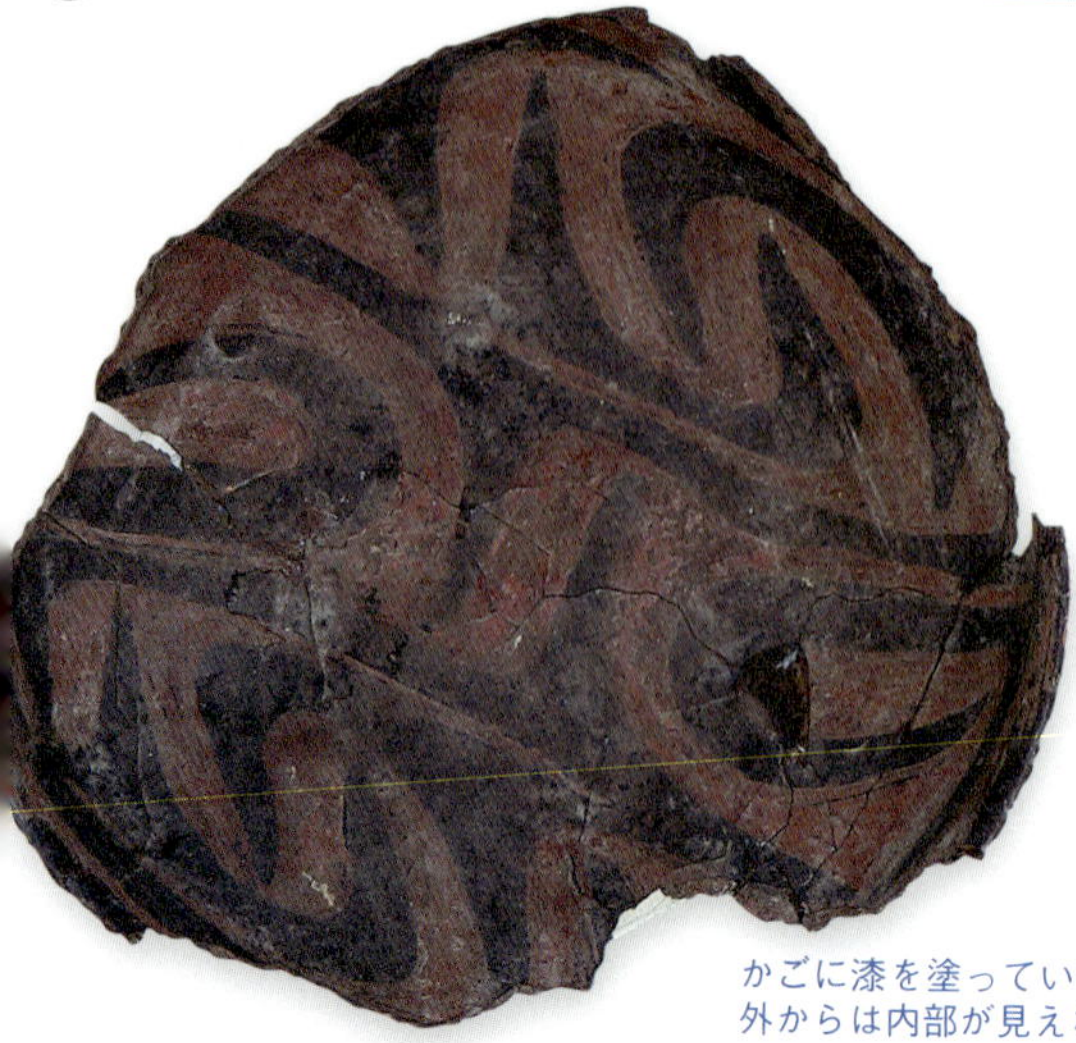

青森県亀ヶ岡遺跡出土藍胎漆器
（縄文時代晩期中葉）

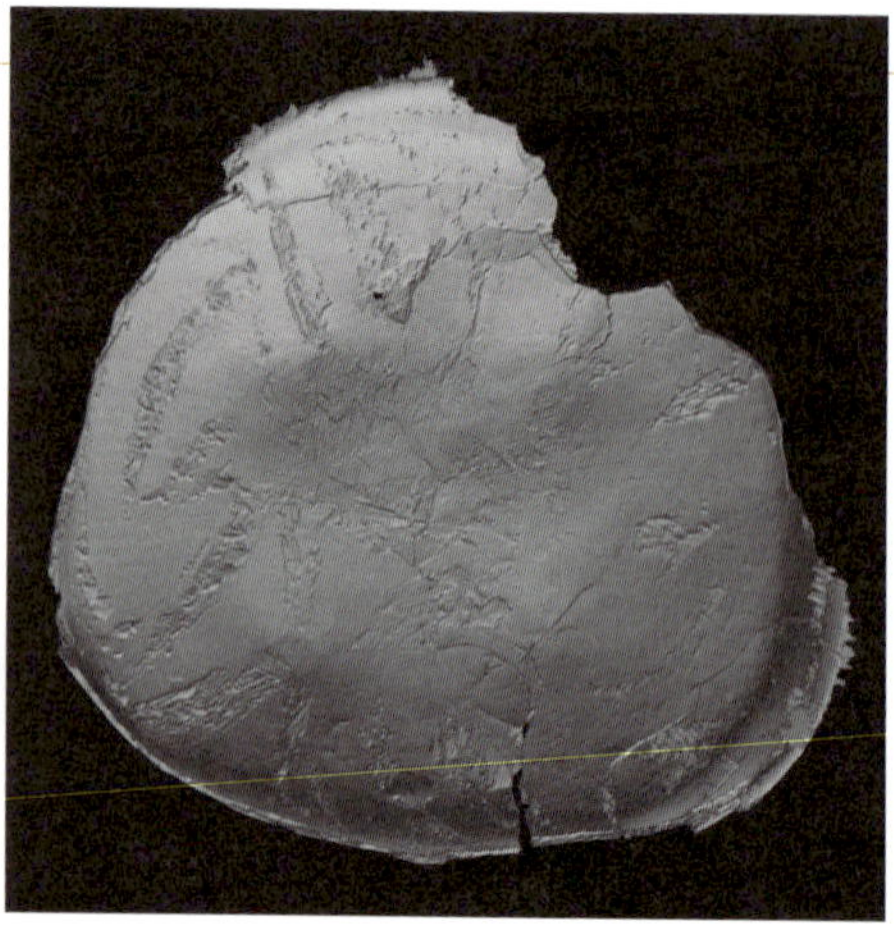

X線CT像（表面）

かごに漆を塗っているため、
外からは内部が見えない！

内部構造の
可視化

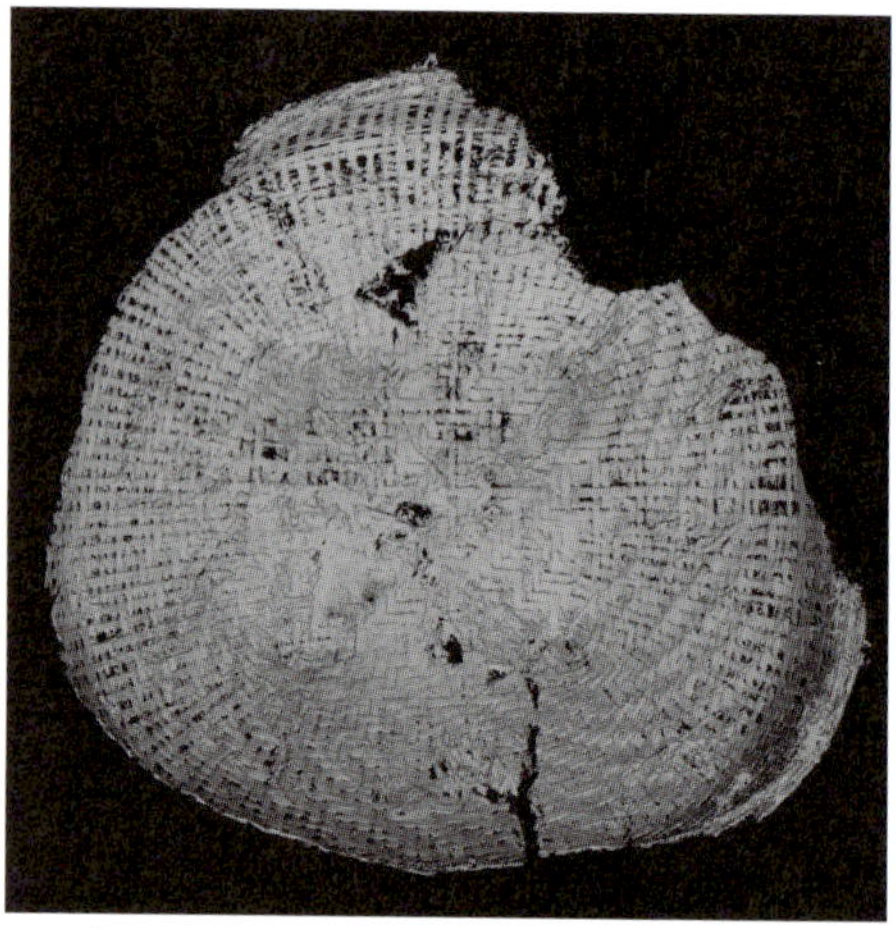

画像処理したX線CT像（内部）

藍胎の技法の解明ができる画期的な方法！

編み方の
実測

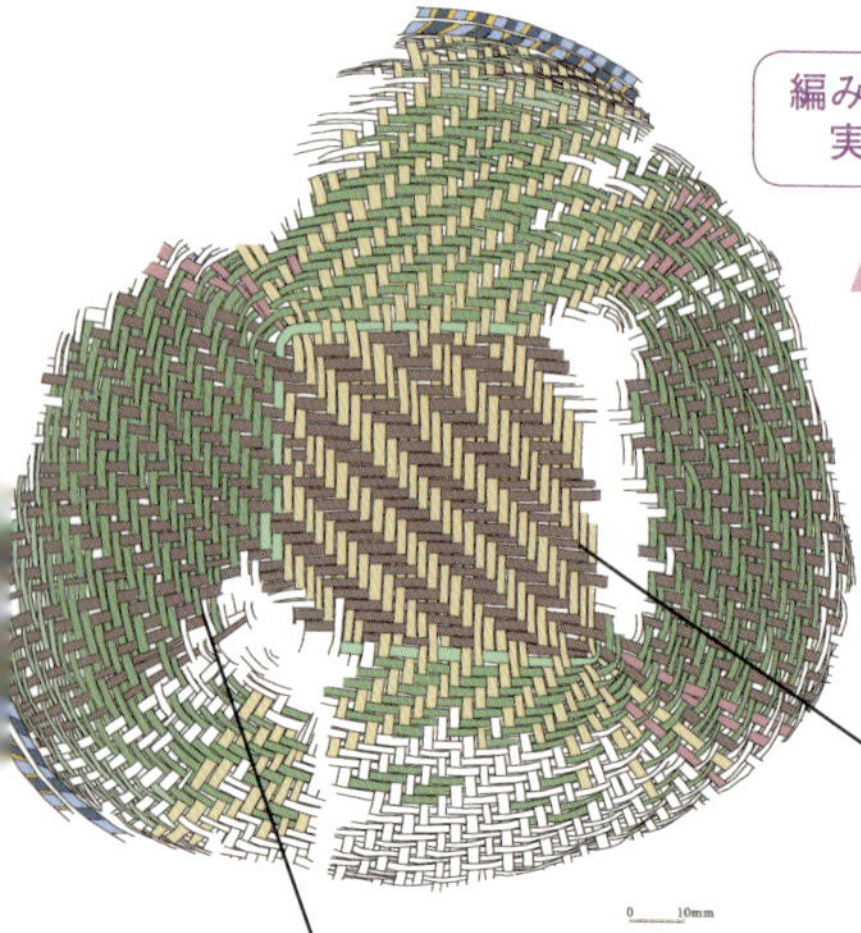

（片岡・上條編 2015、図は元図を改変して着色）

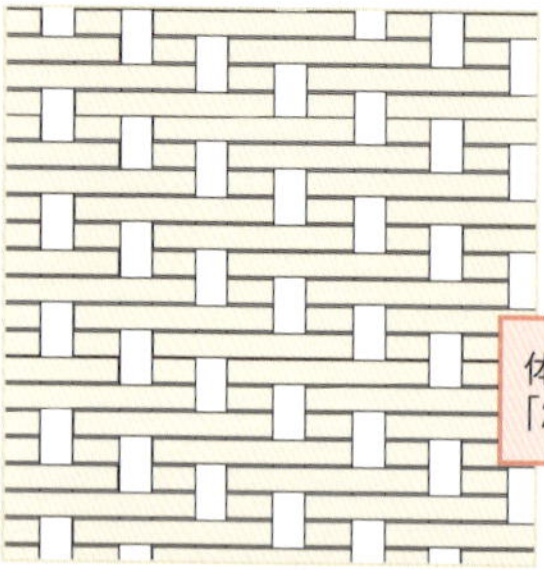

体部：
「2本飛びござ目」

底部：
「2本飛び網代」

1 縄文時代編組製品の素材植物の地域性

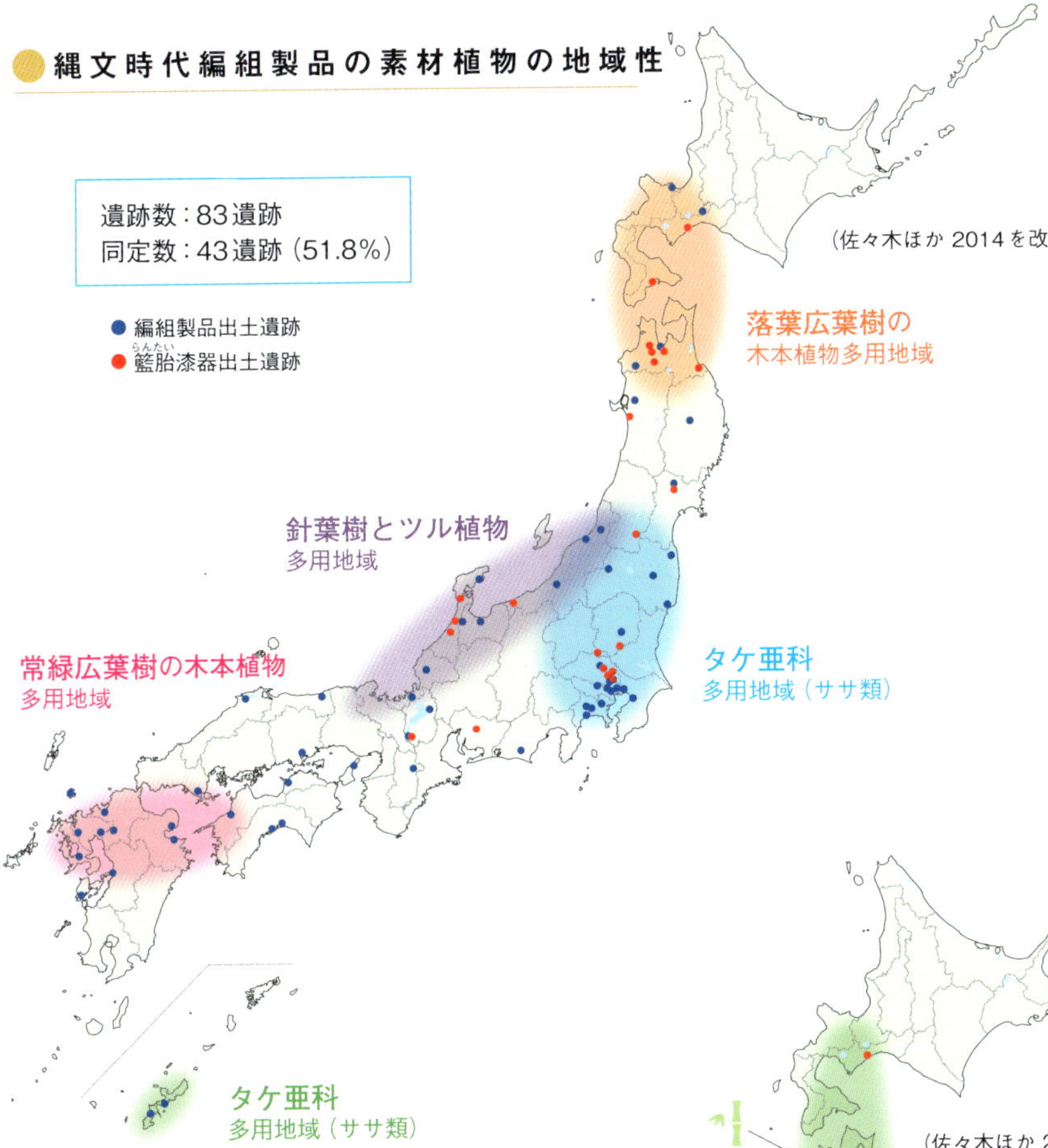

2 編組製品の素材選択の画期 —後期中葉〜晩期

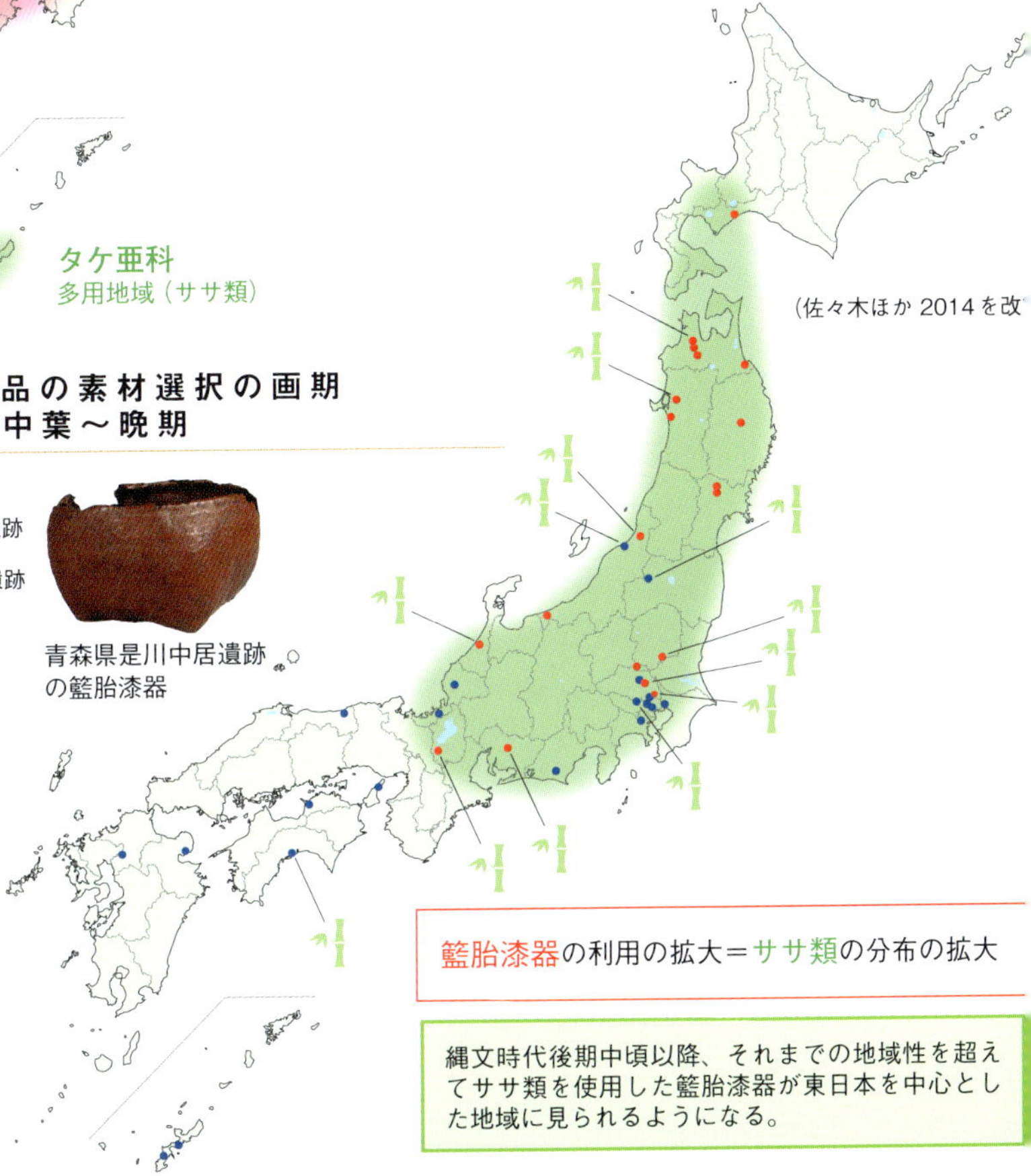

青森県是川中居遺跡の籃胎漆器

4-4 縄文時代の編組技法

縄文時代の編組技法には、さきに紹介した「網代」、「ござ目」、「もじり」のほかに、「ござ目系」に分類される技法としては、タテ材とヨコ材の間隔を開ける「四つ目」やヨコ材を二本以上超える「飛びござ目」やヨコ材を二本以上超えて途中で本数を変えてタテ方向にジグザグ文様を作る「木目ござ目」があります。いずれもタテ材の間隔があく技法です。これに対して「網代」はタテ・ヨコ材が隙間なく密な技法です。「網代系」に分類される技法としては「波形網代」や「(連続)桝《ます》網代」があります。「六つ目」は三方向の素材が交差して六角形をなす技法です。このほかに、タテ材を二本以上のヨコ材でもじっていく「もじり」や、ヨコ方向に添えたヨコ材を別のヨコ材で巻き付けて留めていく「ヨコ添え巻き付け」の技法が確認されています。

これらのほとんどの技法が縄文時代早期、八〇〇〇年前頃の東名遺跡で確認されました。八五頁左の東名遺跡のかごは当初単純な「二本飛び網代」と捉えましたが、よく観察すると間違っていて、ムクロジのかごの体部下部は「連続桝網代」で作られていました。網代の方向が途中で反対になり、桝のような形を描いています。体部上部はタテ材を数本束ねてタテ材の間隔をあけ、「ござ目」で作られています。タテ材の本数を減らすことで全体の幅が狭くなり、全体の形がなすび形になるように工夫されています。このように、縄文時代早期には複雑な編組技法が確立し、形状に対応して用いられていました。[*11]

八五頁右のツヅラフジが使われている小型のかごは、側面中央だけ「桝網代」で、横方向に「く」の字形に広がる凝った技法で作られています。同じ位置で山形に折り返すように素材をずらす必要があるので、編む数を数えた設計図のようなものが欲しくなりますが、縄文人はどうやって編む数を数えて作っていたのでしょうか。

このような複雑な技法は、全国的にみて縄文時代早・前期のかごに多く見られます。青森県三内丸山遺跡の前期のかごである「縄文ポシェット」は、ヒバの樹皮で作られていることがわかったのですが、[*12]詳細に観察すると、ジグザグになる網代の技法である「波形網代」で作られていることがわかりました。底部は「開き網代」という×字形を呈する凝った技法で作られていました[*13](第6章参照)。体部を波形網代に編むには、網代の方向を変えるために、通常「二本超え、二本潜り」で動くヨコ材がある場所で「三本超え」になり、その上段は「一本超え」にならなければなりません。決められた場所で異なる動きをすることにより、文様のようなパターンを作り出しているのです。

もうひとつ縄文時代に特徴的な技法は、ヨコ方向に施される付加技法です。大きな製品や技法の変換点に多く、ヨコ材を添えて別のヨコ材で巻き付けていく「ヨコ添え巻き付け」の技法がかごの各所に見られます。[*14]マダケやモウソウチクといった強固な素材がない時代において、かごを補強するために施した技法で、形状の維持とともに装飾的な効果もあったと考えています。この技法の一番古い例も、東名遺跡の資料に見られます。

この「ヨコ添え巻き付け」と似た文様が土器にもあります。縄文時代草創期の土器が大量に出土した鹿児島県三角山《さんかくやま》Ⅰ遺跡からは、ヨコ添えをして巻き付けたような文様のある土器が出土しています。[*15]土器の形もかごと似ており、かごと土器は密接な関係にあったことを想像させる資料です。三角山Ⅰ遺跡では、底部に「ヨコ添え巻き付け」と推定される敷物圧痕もあります。

2 付加技法

「ヨコ添え巻き付け編み」の技法

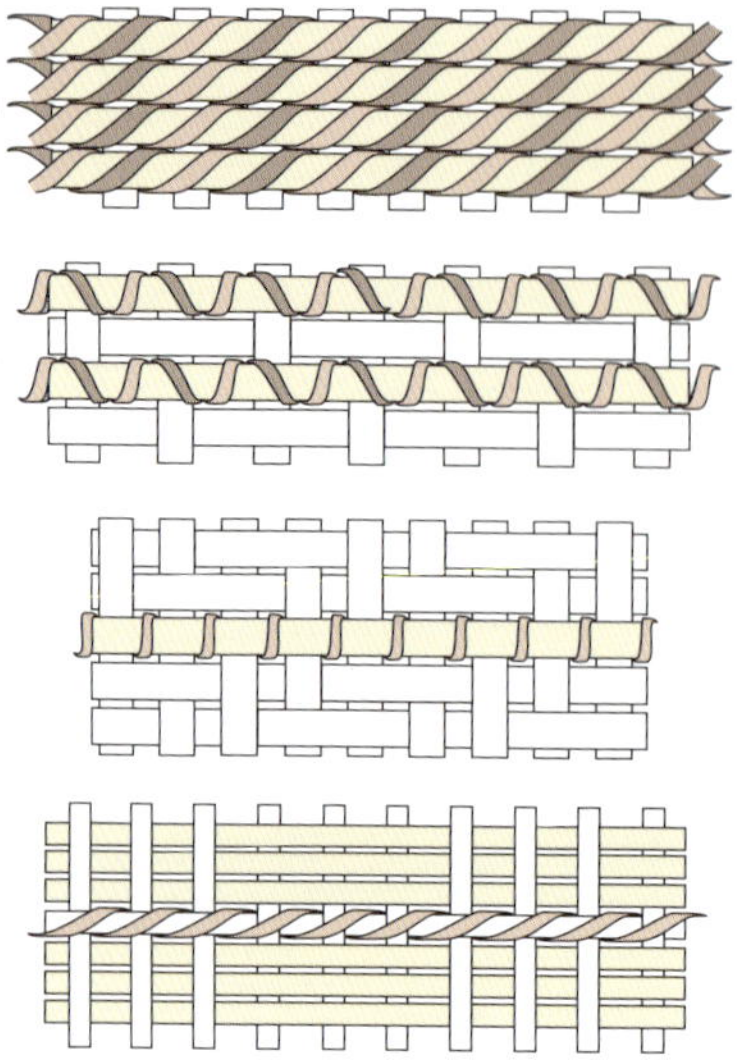

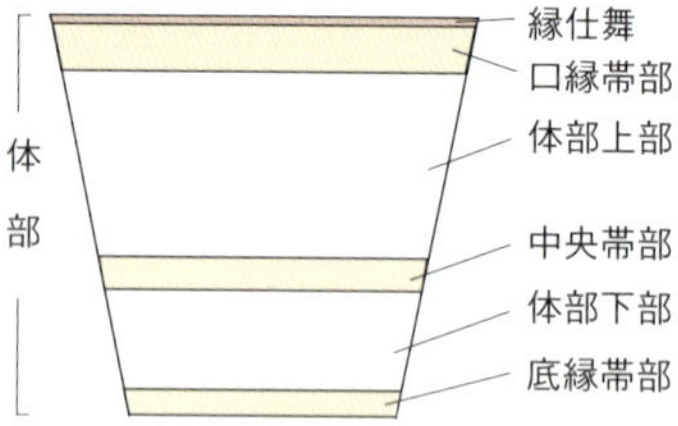

◀「ヨコ添え巻き付け編み」は底部と体部との移行部や技法の切り替え部など、「帯部」として用いられることが多い。

◀①タテ材にヨコ材を1本重ね、材の交差部を同方向の2本の巻き付け材で留める技法。
②タテ材にヨコ材を1本重ね、材の交差部を逆方向2本の巻き付け材で巻き付けて留める技法。
③タテ材にヨコ材を1本重ね、材の交差部を1本のヨコ材で巻き付けて留める技法。
④ヨコ材に別素材を横方向に挟み込み、部分的に2本の巻き付け材で留めていく技法。

▶付加技法③の使用例：
東名遺跡 ツヅラフジのかごの底部

3 かごと土器の類似性

縄文草創期—三角山Ⅰ遺跡

◀隆帯文土器底部の敷物圧痕の図と拓本
付加技法①にみられるヨコ添え巻き付けの巻き付け材が2段ごとに間隔をあけてみられる。

▲隆帯が1本の紐のようにつながっている。付加技法①にみられるヨコ添え巻き付け編みのようにみえる。

1 縄文時代の主な編組技法

四つ目
［1越え1潜り1送り］
タケ亜科
木部割り裂き
ツル植物

網代
［2越え2潜り1送り］
［3越え3潜り1送り］
など
タケ亜科
木部割り裂き
ツル植物

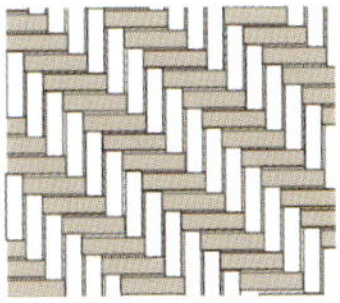

六つ目
［1越え1潜り］
タケ亜科
木部割り裂き

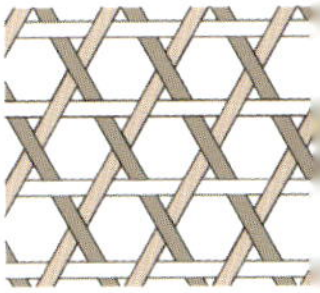

石畳（市松）
［1越え1潜り1送り］
樹皮

波形網代
タケ亜科
木部割り裂き
樹皮

もじり（縄目）
ツル植物
タケ亜科
針葉樹
樹皮

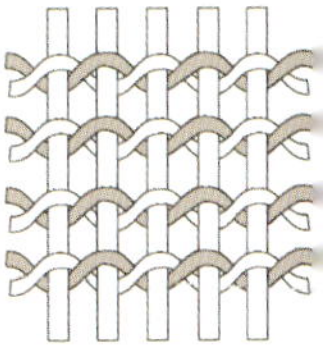

ござ目
［1越え1潜り1送り］
タケ亜科
木部割り裂き
ツル植物

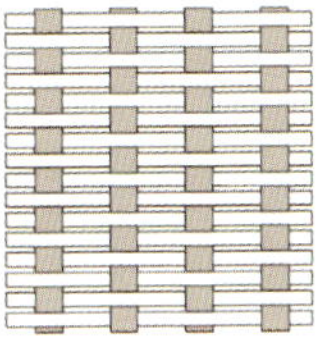

連続桝網代
タケ亜科
木部割り裂き
ツル植物

ヨコ添え巻き付け
タケ亜科
木部割り裂き

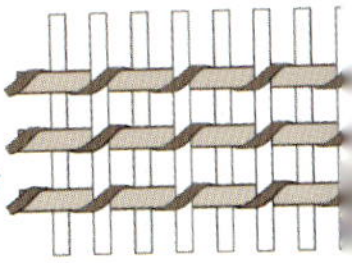

飛びござ目
［2越え1潜り1送り］
［3越え1潜り1送り］
［3越え3潜り1送り］
など
タケ亜科
木部割り裂き

複雑な編組技法が縄文早期の東名遺跡ですべて確立している。

縄文早期—東名遺跡

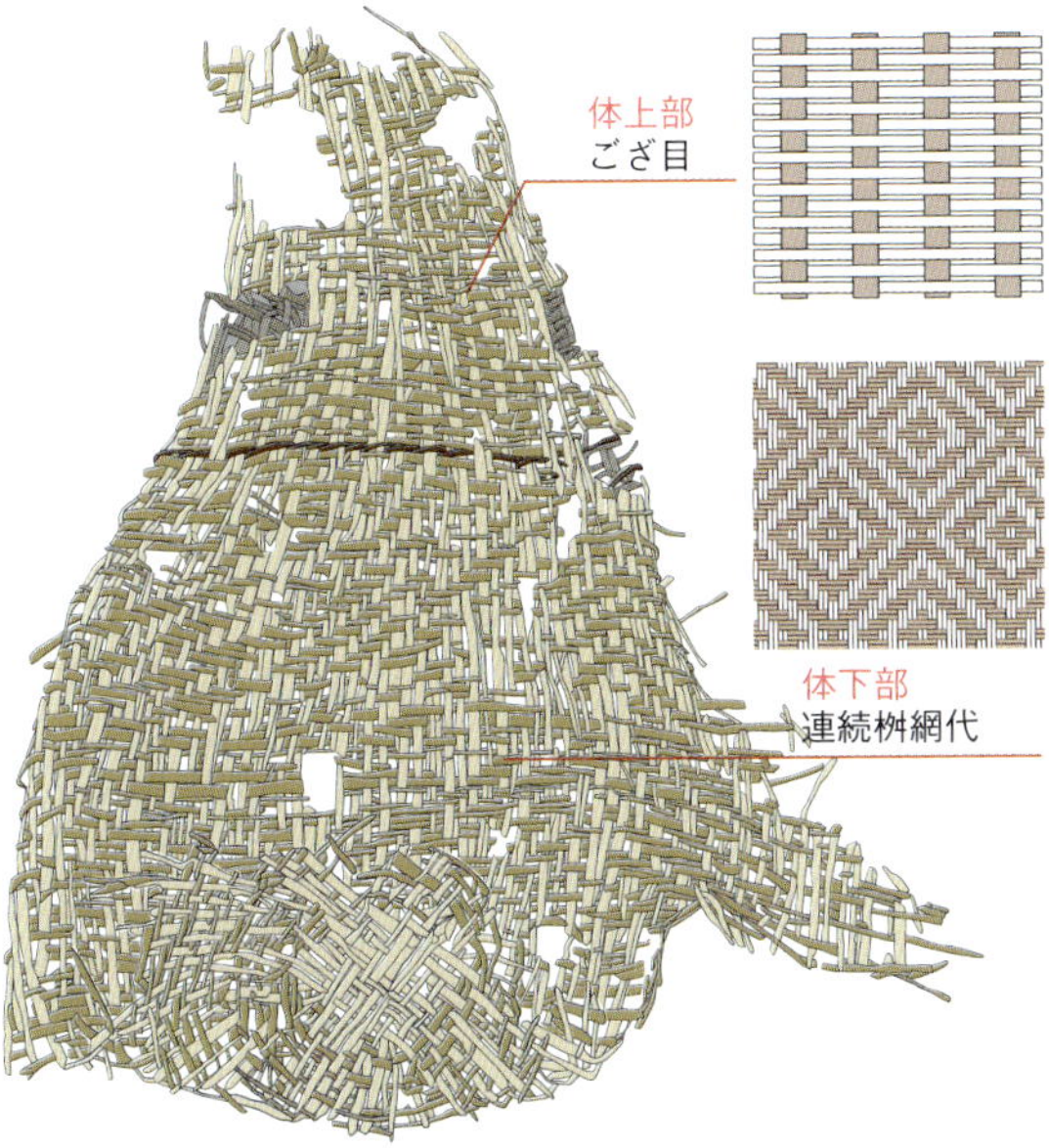

ムクロジ

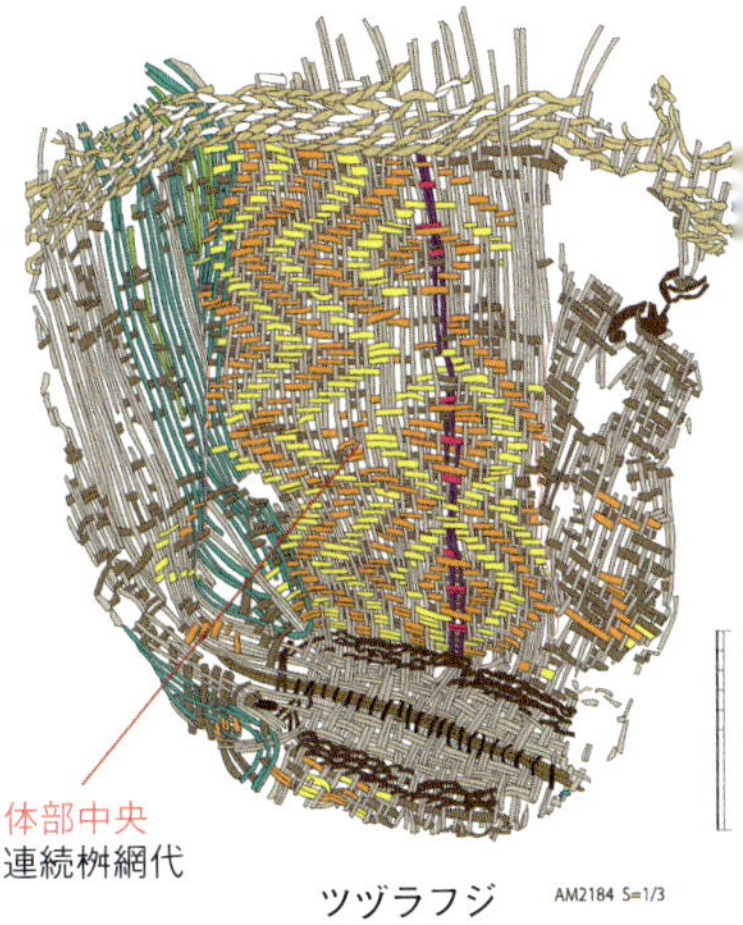

ツヅラフジ

4-5 アズマネザサのかごとへぎ材の厚さ

関東地方の縄文時代のかごの素材植物はどの遺跡もタケ亜科、すなわちササ類です。植物の組織の特徴ではタケ亜科（タケ・ササ類）より詳細な分類はできません。マダケなどのような太いタケは民俗学的にも植物学的にも中世以降、もしくは近世以降に日本列島に持ち込まれたと言われており、関東地方では、縄文時代や弥生時代の編組製品の素材植物にはもっぱらササ類が使われていたと考えられています。*[16] こういったタケ・ササ類の素材同定に有効な分析方法にプラント・オパール分析法があります。*[17] 縄文時代中期から晩期にかけての水辺の遺跡である東京都下宅部《しもやけべ》遺跡の編組製品の例では、素材であるタケ・ササ類の稈に葉の付け根（葉鞘《ようしょう》）が残っており、葉の植物珪酸体《けいさんたい》から、ネザサ節《せつ》であることがわかりました。下宅部遺跡は狭山丘陵に位置しますが、狭山丘陵に一般的なネザサ節はアズマネザサですので、素材植物はアズマネザサと推定しました。

下宅部遺跡では縄文時代後期の三五〇〇年前頃のかごが多数出土しています。それらの素材の切片のプレパラートを見て興味深かったのは、へぎ材がきわめて薄く長細いことです。アズマネザサの稈《かん》の中心は空洞ですが稈は肉厚です。現代のかご作りでもアズマネザサは内側の肉を取り、外側の硬く緻密な部分をかご作りに使います。タケ・ササ類の稈では、内側の維管束《いかんそく》は大きく、外側は小さいという特徴がありますが、これをもとに下宅部遺跡の素材を見てみると、維管束が小さく密な所、つまり外側の部分だけが人為的に削ぎ残されて使われています。つまり、下宅部遺跡のかご類も内側の柔らかくて粗いところを削ぎとって、薄いへぎ材を作ってから作られていることがわかりました。*[18]

さらに、細かく密に編まなければいけないかごでは薄いへぎ材を使い、六つ目のようにざっくり編んだかごではわりと厚いへぎ材を使うというように、技法と材料の厚みに関連があることもわかってきました。たとえばタテ材とヨコ材を密に編む網代のかごはへぎ材が一番薄く、表皮側だけを残した、厚さ〇・二ミリぐらいのへぎ材で編んでいます（八八頁上）。

現代ではかご作りの際に、採取して乾燥保管している素材をそのまま使うのではなく、素材を水漬けして柔らかくしてから加工していきます。下宅部遺跡ではまず丸いままのアズマネザサを採集して、皮（稈鞘）を剝いだ状態で水に漬けて保管していたことがわかってきました。おそらく出っ張っている節を剝ぎ、芽なども取って、水漬けしておくのでしょう。そして稈を割って、内側の肉を剝いで削っていました。この段階で厚さは元の厚さの三分の一ぐらいになっています。そして編む直前にさらに薄く調整していたと考えられます。この最後の作業で、へぎ材の厚さを元の稈の厚さの八分の一ぐらいに薄くしていることがわかりました*19（八八頁下）。その厚さは技法や用途によっても違っていたと思います。このように調整した材料が使われていました。

植物の性質上、素材を取ってすぐに、薄く剝ぐというのは無理なようです。素材は水漬けしながら、だんだんと薄くしていく必要があり、そういった作業をするにあたって水辺にある下宅部遺跡は好都合でした。下宅部遺跡では、編組製品を製作する過程を遺物でも追うことができたのです。今後、素材植物の種類を調べるだけでなく、素材をどのように加工したのかという視点でもかご類を調べると、素材ごとの使い方や遺跡でのかご作りの製作工程を追える可能性があります。

4 アズマネザサのかごとへぎ材の厚さ

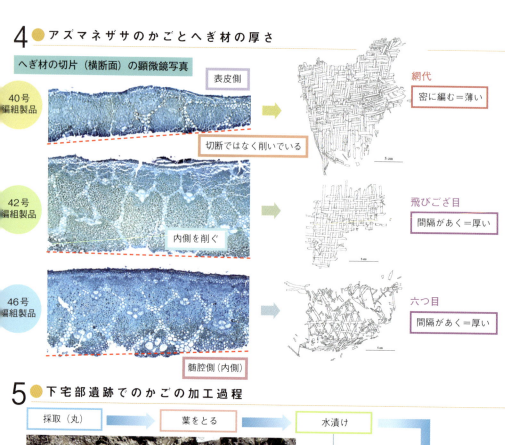

へぎ材の切片（横断面）の顕微鏡写真

40号
編組製品

42号
編組製品

46号
編組製品

網代

密に編む＝薄い

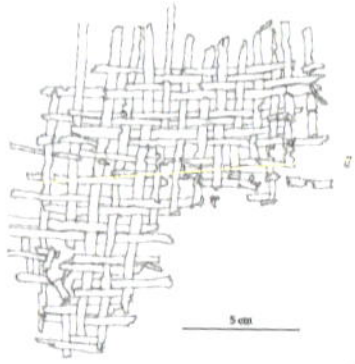

飛びござ目

間隔があく＝厚い

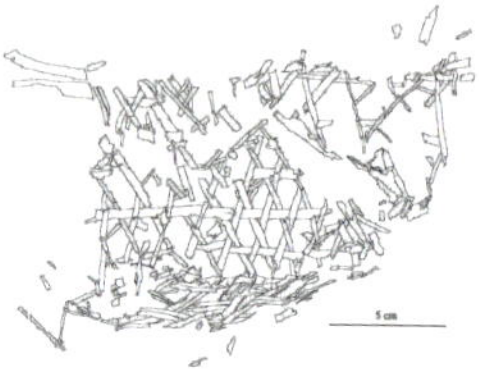

六つ目

間隔があく＝厚い

5 下宅部遺跡でのかごの加工過程

採取（丸）→ 葉をとる → 水漬け → 素材調整（割り・肉削ぎ）

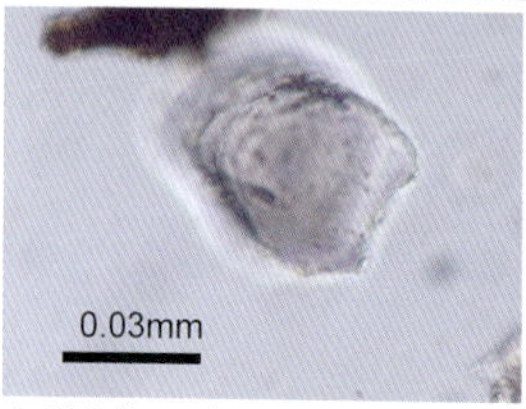

ネザサ節のプラント・オパール

葉鞘（稈鞘？）が残る

肉取りした素材束
（写真は中央部分のみ）

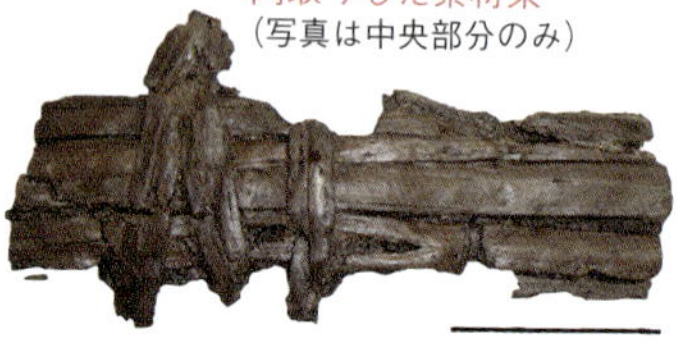

1/3の厚み

水辺・集落内

素材調整・製作
（薄はぎ）

→ 製品

1/3から1/8
程度に薄く

編組製品の遺物は残りにくい

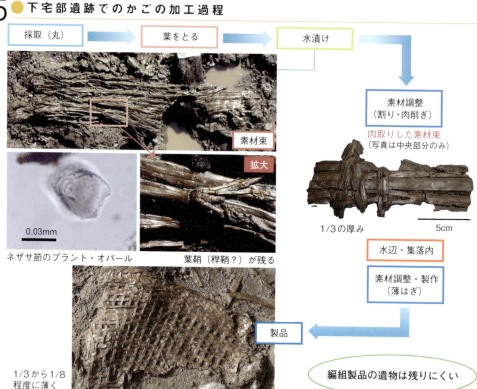

1 縄文時代の関東地方の編組製品

東京都下宅部遺跡43号
編組製品（後期）

関東の遺跡ではどこもかしこもタケ亜科（ササ類）が使われている。

2 ササ類の構造（横断

表皮側：維管束鞘《いかんそくしょう》発達
道管小さい

髄腔側：維管束鞘薄く、
（内側）　道管大きい

▲現代のアズマネザサ

3 タケ亜科（竹笹類）の同定

狭山丘陵のアズマネザサ

●解剖学的にはタケ亜科より詳細には区別できない。
●マダケは中世以降、モウソウチクは近世以降
→縄文～弥生の編組素材にはササ類を利用

ササ：生長しても皮（稈鞘《かんしょう》・葉身がほとんどなく稈につく葉鞘）が残る（宿存性）
例：メダケ、ヤダケ、スズタケなど
タケ：生長すると皮がとれる（早落性）
例：マダケ、モウソウチクなど

鈴木貞雄（1976）

4-6
土器底部敷物圧痕とスズタケのかご

4　**編組製品の技法と素材植物**　佐々木由香

もうひとつ取り上げたいのは、縄文時代の土器底部に残る「敷物圧痕《しきものあっこん》」です。実物のかご資料は多くありませんが、土器底部についた編組製品の痕跡は多数出土しています。敷物圧痕は土器を作るときに敷物を敷いて作ったことを示しています。シリコーンを用いたレプリカ法で敷物圧痕を採取し、そのレプリカから技法を分析する方法が最近鹿児島の真邉彩さんらによって積極的に行われています。[*20] この方法を用いて、岩手県一戸町《いちのへちょう》の御所野《ごしょの》遺跡（縄文時代中期後半）で敷物圧痕の技法を検討したところ、ほとんどが「ござ目」で作られていました。[*21] よく見ると素材に節《ふし》がありました。レプリカを見た一戸町の現代の竹細工の職人さんは「一戸町で今も使っているスズタケの節に違いない」と断言されました。この地域に分布する八種類のササ類を集め、圧痕の節がどのササの節かを調べた結果、職人さんの言うようにスズタケの節とレプリカの節の形が一致しました。径が細く、節に段差があり、節が膨らまず一段しかないといった特徴は、スズタケとその近縁種ナンブスズに類似しています。ナンブスズは葉が稈《かん》の一部にしかかぶっていません。葉がかぶらない部分に陽が当たると変色し、弱くなってしまうため、かご作りには向かないと言われています。これに対し、スズタケは葉が稈を覆っており、編み目や色もきれいに作れるためによく使われると一戸町では言われています。

一戸町に生えているササ類であるスズタケとアズマネザサ、トウゲダケ、クマザサ、チシマザサ（ネマガリダケ）、ヨシ、ススキなどを集めて、御所野遺跡で得られた敷物圧痕の素材の形に調整する実験を行いました。この結果、クマザサは割ると節の所でボロボロと割れてしまうためへぎ材を作ることができず、候補から除外されます。かごに編むには長く薄く削ぐことができ、曲げに強い素材でないと作れないのです。ヨシやススキも分割段階で割れてしまい、圧痕のような材料は作れませんでした。

つぎに、割り裂いてへぎ材を作れた素材を用いて、敷物圧痕と同じ「ござ目」で編む実験を行いました。御所野遺跡の土器圧痕の技法はござ目で、「一本超え、一本潜り、一本送り」ですが、タテ材間隔も狭く、ひじょうに密に作られています。メダケやネマガリダケでは節が高く出っ張っているため密に編めません。節と芽の特徴や、編めるかどうかという技術的な方面からも、スズタケが最も適した材料とわかりました。

さらにこの敷物圧痕のレプリカをタテ方向に切ってへぎ材の厚みを計測したところ、〇・二〜〇・三ミリの厚さでした。現代のスズタケのかご作りでは節を取って二つ割り、四つ割りにしたのちに、道具で薄く剝ぐ作業を行います。自然状態のスズタケは肉厚ですが、肉取りをするとある程度厚みが削げ、さらに編みはじめる段階では〇・二〜〇・三ミリ程度の厚さにします。下宅部遺跡のかごも、素材束の状態ではまだ厚いのですが、製品の段階までいくと〇・二〜〇・三ミリの厚さになり、現代のかごと遺跡のかごのへぎ材の厚さはほぼ同じであることがわかります。つまり、そこまで薄く削ぐ技術がないと密なかごは編めないのです。

薄く剝ぐには、素材の素性や生育年数、採取季節が重要なことが復元製作実験からもわかっています。良い素材を一定量得るためには、素材選択に加えて、素材植物の管理が重要な作業になります。縄文時代の編組製品の背景には、良い素材が得られる環境があり、材料を確保するための植物資源の管理技術の高さがうかがえます。

2 現代のササ類の節と芽の比較

▲御所野遺跡出土編物底レプリカの素材植物の節

節の段差があり、節は膨らまず1段

➡ スズタケ・ナンブスズに類似

ネマガリダケ　メダケ（トウゲダケ）　スズタケ　ナンブスズ

（スズタケ・ナンブスズ：近縁種）

3 現生スズタケの加工方法

現生スズタケの横断面

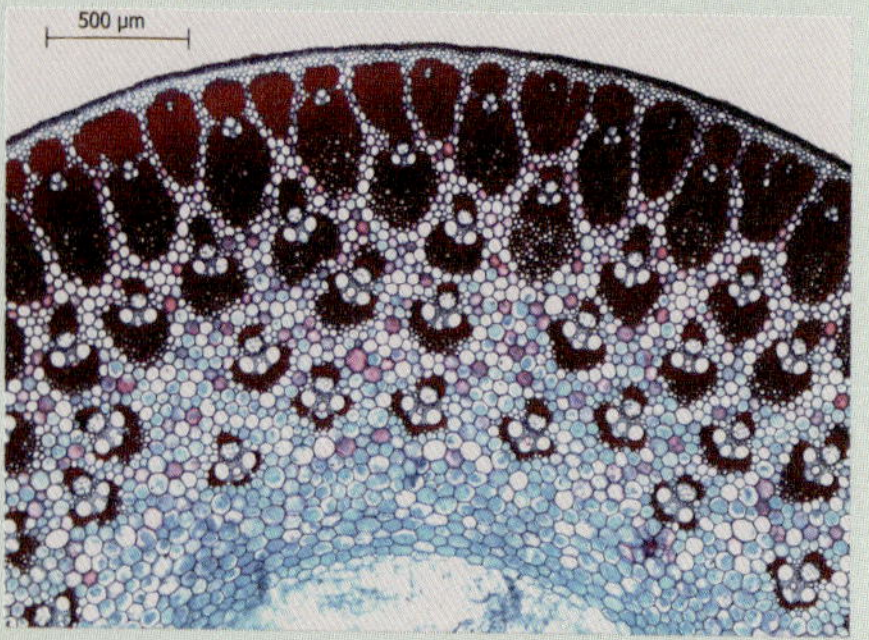

肉取り

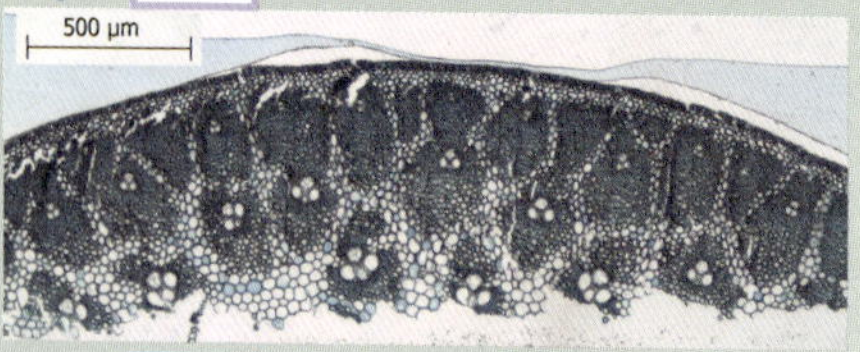

薄はぎ　0.2～0.3mmの厚さ

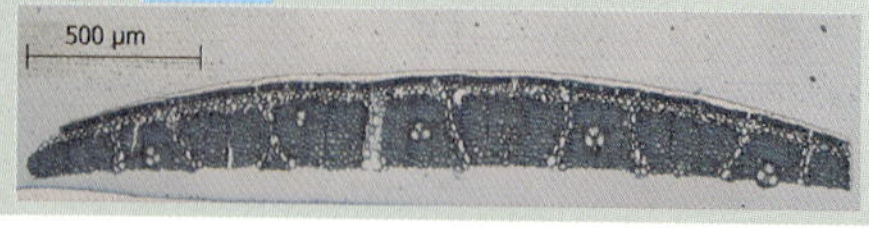

4 下宅部遺跡における素材の加工方法

下宅部遺跡素材束

肉取り　2つ割り→肉取り

薄はぎ　0.2～0.3mmの厚さ

1 土器底部敷物圧痕とスズタケのかご

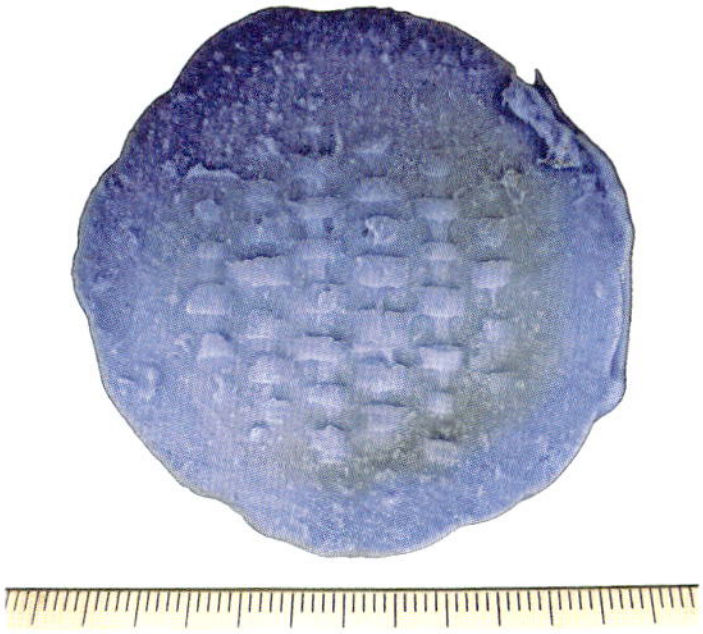

底部の敷物圧痕のレプリカ

シリコーンで型取りしてレプリカを作る

土器底部破片（御所野遺跡）

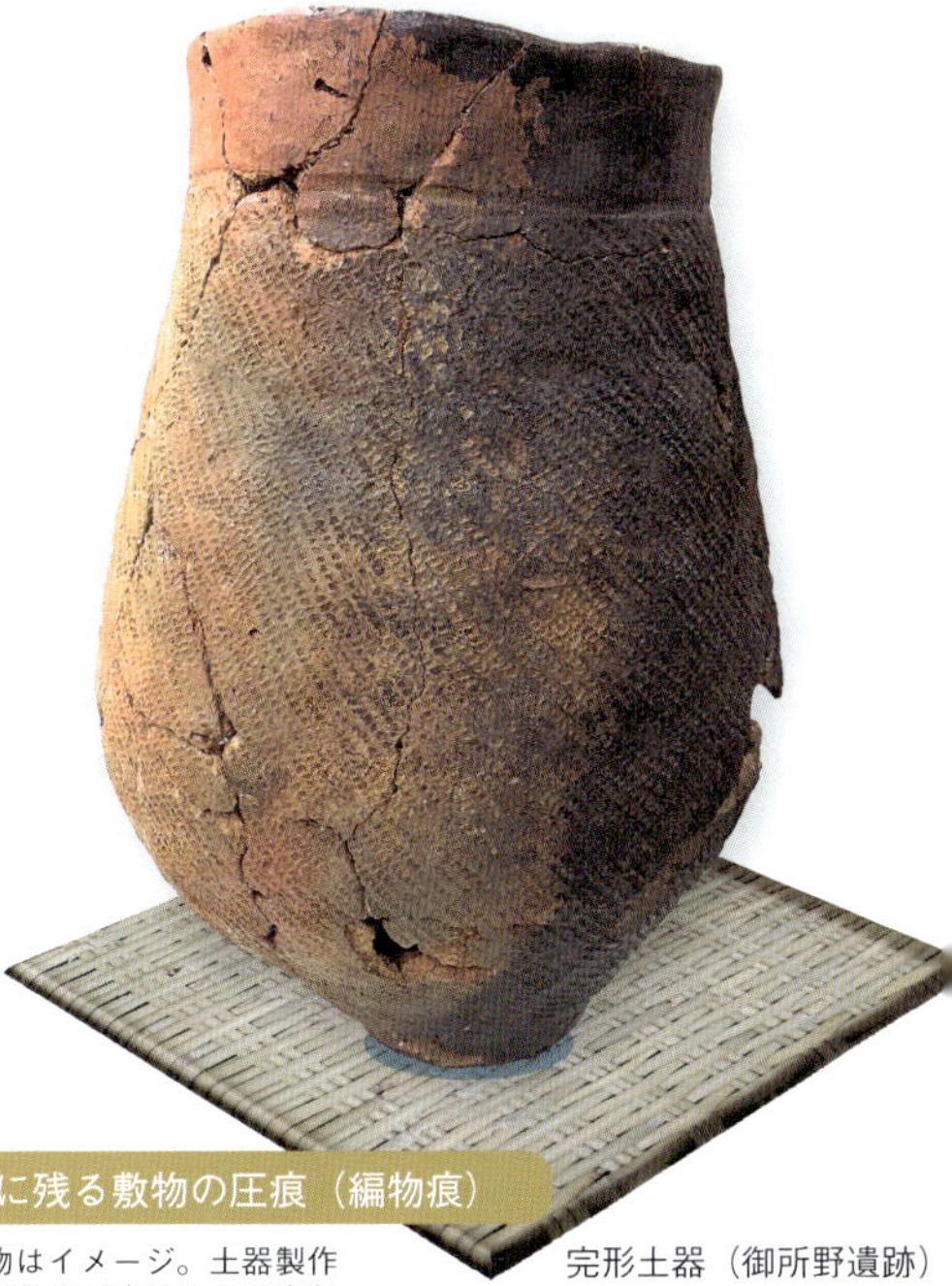

土器に残る敷物の圧痕（編物痕）

＊敷物はイメージ。土器製作時の敷物が痕跡として底部につく場合がある。

完形土器（御所野遺跡）

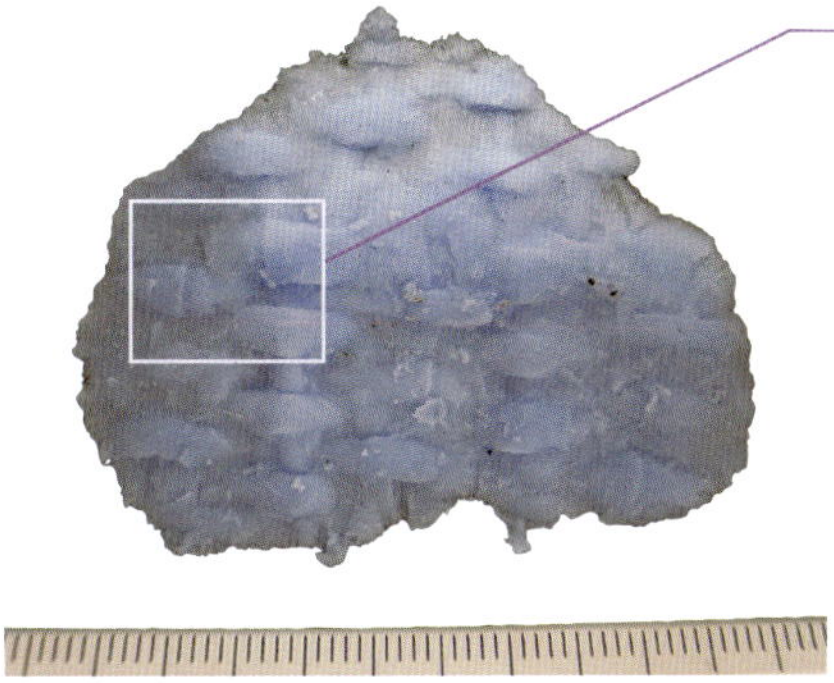

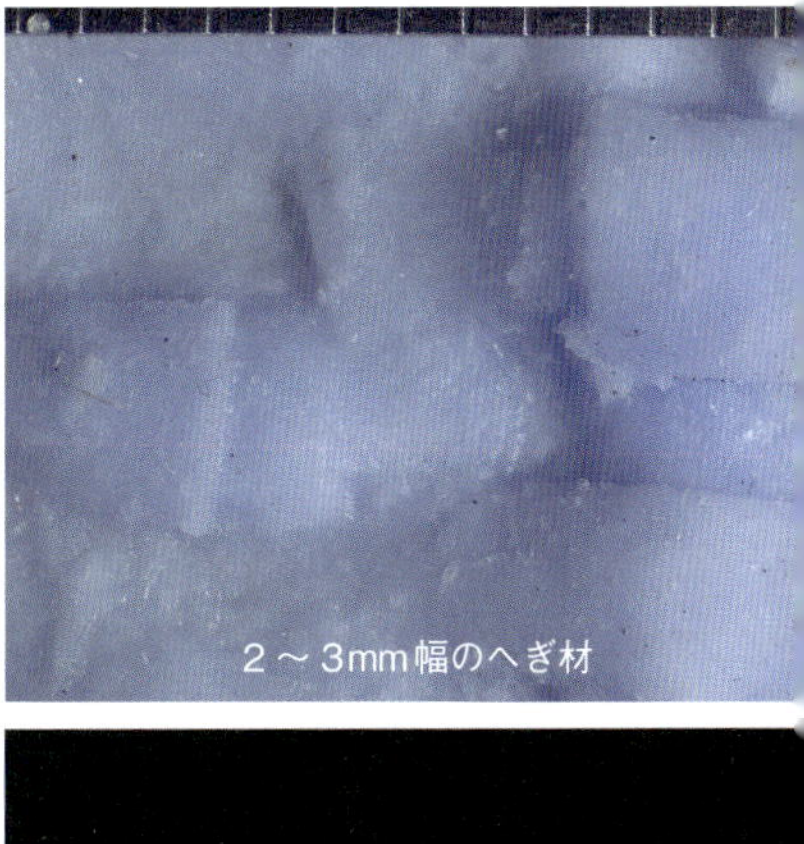

底部の敷物圧痕のレプリカ

土器底部破片（御所野遺跡）

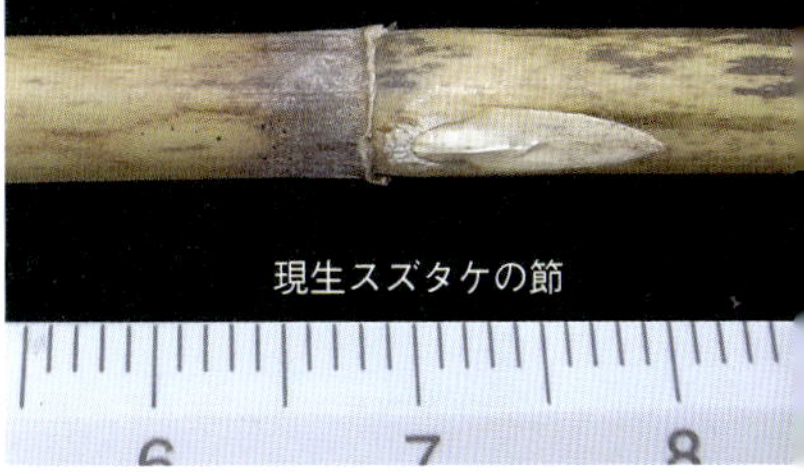

現生スズタケの節

節は1段で段差がある＝スズタケに見える特徴的な節

5　8000年前の編みかごから何がわかるのか？—佐賀県東名遺跡—

西田 巌

5-1

東名遺跡とは？

一九九〇年、佐賀市の中央部で東名遺跡《ひがしみょう》が発見されました。今からおよそ八〇〇〇年前の六〇〇〇年間ほどの短い期間に営まれた遺跡です。遺跡は、国土交通省による巨勢川《こせがわ》調整池というドーム球場が八個ほど入るような、平野部に造られた洪水対策用の調整池建設にともなって発見されました。東名遺跡の成果については『縄文の奇跡！東名遺跡』[*1]という概説本を最近刊行しました。重複する点もありますが、本書では「植物利用」に関係する点を中心に概要を紹介します。

八〇〇〇年前は縄文時代の前半期で、早期という時期に当たります。前半期はまだ気候が安定しておらず、温暖期と寒冷期が繰り返し訪れていたようです。八二〇〇年前には「8・2K」と呼ばれる寒冷期がありますが、東名遺跡はそれから少しずつ温暖化していく中で営まれるようになり、大きく二つの時期に貝塚が形成されたことがわかっています。[*2]前半が二八〇〇年、後半が一四〇〇年程度です。なぜかその間に一九〇〇年ほど貝塚が形成されていない時期があります。貝塚が形成されている間は同じ場所に定住していたことが考えられますが、形成されていない時期は定住が困難で、再び遊動生活に戻った可能性があります。その原因として、寒冷期が訪れたのではないかと考えています。

その後七四〇〇年前以降に、急速な海面上昇によって遺跡は有明海に水没してしまいます。また、七三〇〇年前に九州では鬼界カルデラ火山の噴火（アカホヤ火山灰の降下）があり、大きな打撃を受けますが、その頃までにはこの遺跡は地中に埋没してしまいます。なお、遺跡の中心となる時期には塞ノ神B式土器という貝殻文系土器が多数出土しているのですが、断絶期（3期）を挟んだ後、縄文時代前期につながる轟A式土器が出現します。断絶期の前後で土器の様相も変わってくることがわかりました。[*2]

筑紫平野における海面上昇ピーク時期の海岸線を見ると、現在の海岸線から十数キロ奥まで海面が浸入していたことがわかります。[*3] この頃は平均気温が二度ほど高くなり、海面が三メートルくらい上昇したと言われています。東名遺跡は現在山手に近い所に位置していますが、当時は山にも海にも近く、縄文人たちにとっては非常に暮らしやすい場所だったようです。最終的に海面の上昇によって遺跡は完全に水没し、彼らの生活の痕跡は粘土層中に埋没してしまいます。貝塚部分は現地表面から五〜六メートル下に、集落部分は二メートルほど下に埋没します。現在の航空写真を見ると、八〇〇〇年前にあった丘や川といった起伏のある地形は完全に粘土で埋まって平らな土地になってしまったことがわかります。

遺跡周辺の当時の地形は、旧地形図の茶色部分に丘があり、水色の部分に川が流れていたことがボーリングデータなどからわかっています。[*4] 貝塚は地形の傾斜面に沿って点々と六カ所発見されています。実際に発掘調査を行ったのは、第一・第二貝塚とそれに伴う居住地になります。残りの第三〜第六貝塚については現地に保存をしています。

当時の遺跡の周辺環境をイメージするために、現在の佐賀市嘉瀬川《かせがわ》の河口付近と比較してみましょう。満潮時と干潮時の写真からもわかるように、有明海は干満の差が約六メートルもあるため、河口では大きく水位が変わります。上流から流れてきた土砂は、満潮時には水流が逆流してくるため、岸のほうにどんどんたまっていき、アシ原が形成されます。貝塚が形成された当時も周辺はこのような環境だったものと思われます。

3 東名遺跡周辺の旧地形

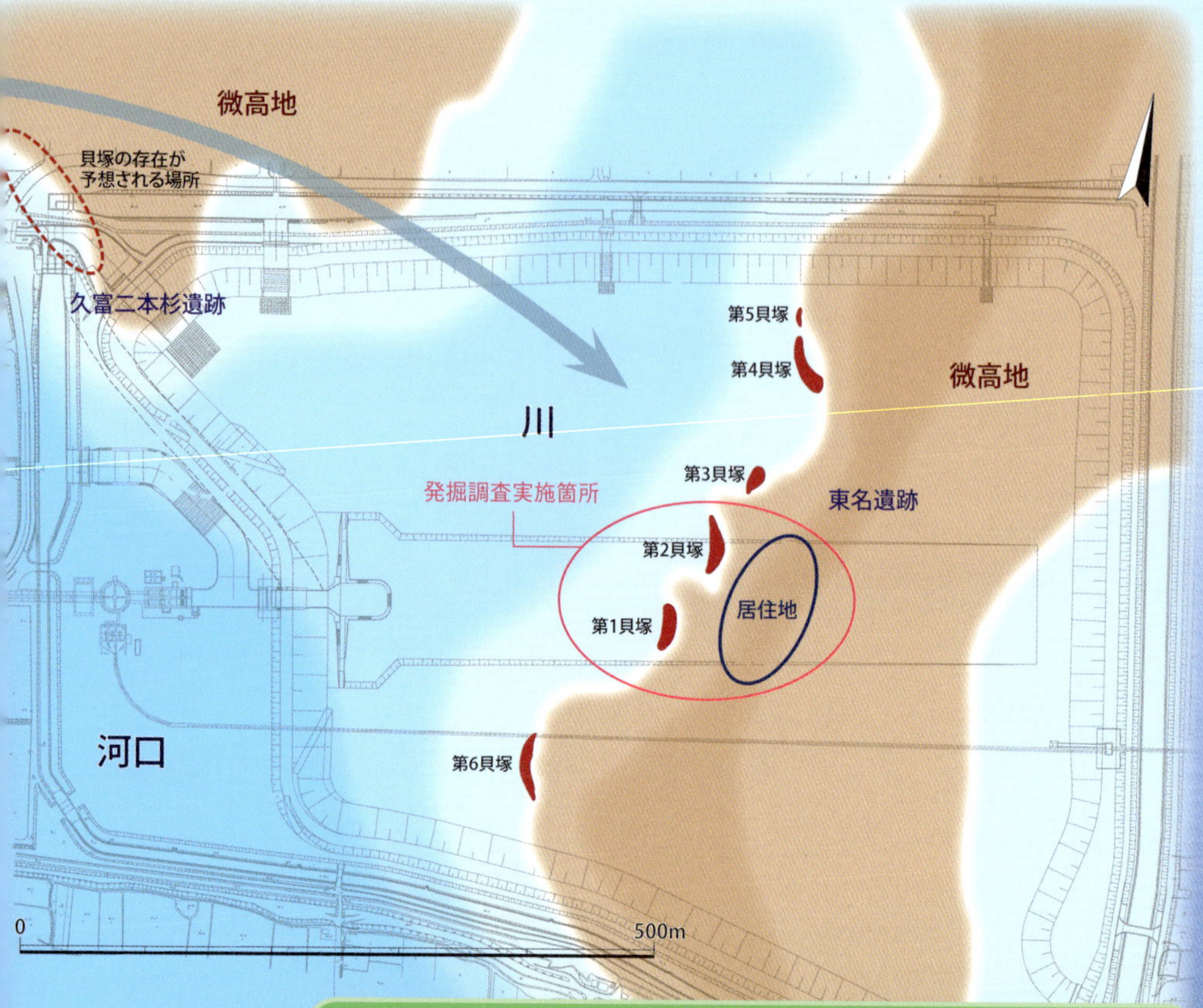

微高地上には居住地、その落ち際には6つの貝塚が形成される。川を挟んだ対岸にも同時期の貝塚（久富二本杉遺跡）の存在が予想される。

4 感潮河川（佐賀市嘉瀬川河口）

満潮時▲　▲干潮時

東名貝塚が形成された当時もこのような環境だったと考えられる。

1 縄文海進ピーク時期の有明海と東名遺跡の位置

2 東名遺跡の変遷

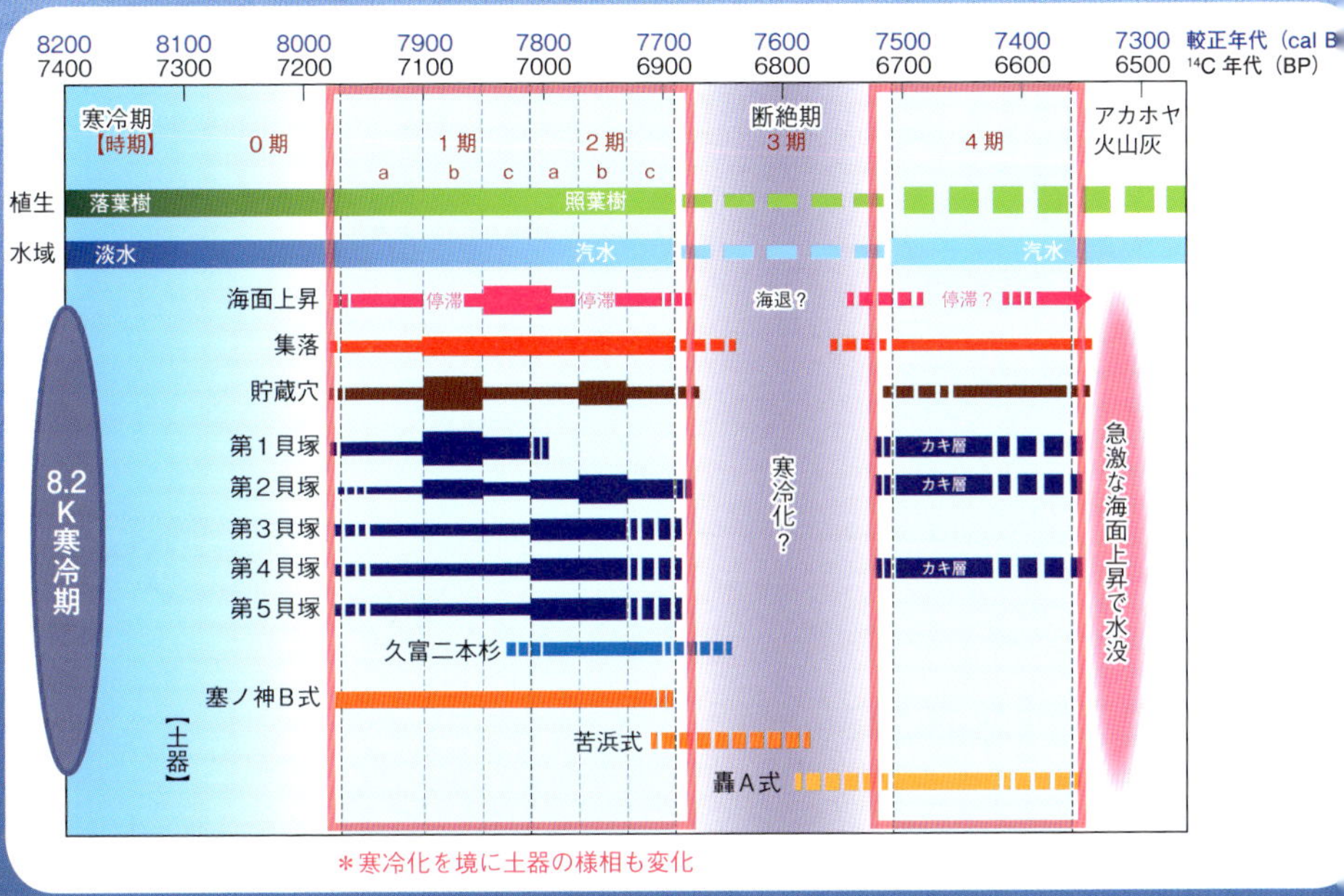

5-2
東名遺跡で発見された遺構と遺物

東名遺跡の縄文人たちは丘の上に住み、一六七カ所の炉跡（集石《しゅうせき》遺構）と墓地、それと大量の土器や石器を残しました。川縁の傾斜面に貝塚を形成し、第二貝塚の窪地にあった湧水点を中心に一五〇基あまりの貯蔵穴をつくりました。そして「湿地」には植物性遺物が水漬け状態で良好に残され、「貝塚」には貝殻のカルシウムにより、獣骨など動物性遺物が良好に残されました。さらに海面上昇で厚く堆積した粘土層により「パッキング」され無酸素状態となりました。東名遺跡ではこの三つの条件が奇跡的に揃ったため、編みかごをはじめとした通常の遺跡では残らない動植物性遺物が良好に残存し、当時の生活様式や文化をより鮮明に、より具体的に知ることができます。しかも遺物の多くが国内最古級のもので、きわめて重要な遺跡なのです。

　丘の上の墓地からは三体同時に埋葬された人骨が見つかっています。貝塚ではなかったためかなり保存状態は悪かったのですが、いずれも成人男性で、屈葬状態で葬られていたことがわかりました。[*5] これに対し貝塚から発見された人骨は非常に残りが良いものの、埋葬された状態ではなく散乱状態で発見されています。

　集石遺構は一〇～三〇センチ大の大きな礫を焼いて寄せ集めて、この中で肉などを蒸し焼き調理したようなものと、五～一〇センチほどの川原石を寄せ集め、その上で直接火を焚いたと考えられる二種類が確認され、全体で一六七基見つかっています。[*5]

　貝塚からは、縄文人に食されたヤマトシジミ・ハイガイ・アゲマキ・カキなどの貝類の他、ニホンジカ・イノシシをはじめとした獣骨、スズキ・ボラ・クロダイなどの魚骨が大量に出土しました。また貝殻や動物骨でつくったさまざまなアクセサリー類も発見されています。貝製アクセサリーとしては、貝輪（ブレスレット）やクチベニガイ・タカラガイなどに穴をあけたペンダント、ツノガイや小型巻貝でつくったビーズ状の玉類など八〇〇点以上を確認しています。骨角製アクセサリーとしては、シカ角でつくった腰飾りやヘアピン、イノシシの牙に穴をあけたペンダント、サメの椎骨に穴をあけたピアスなど三〇〇点以上を確認しています。中でもシカ角でつくられた腰飾りは、直径一ミリほどの無数の穴で文様を描くような造形的にも優れたもので、縄文人の高い技術と豊かな感性をうかがい知ることができます。その他、動物骨は刺突具や針、ヘラなどの道具に加工されたものも見つかっています。[*4]

　湿地では貯蔵されたドングリ類や木器、編組製品などが出土しています。中でも編組製品が最も多く、そのほとんどが編みかごで七〇〇点以上を確認しています。また、ツヅラフジやワラビを使ったさまざまな形態の縄類や把手なども見つかっています。その他、編組製品の素材であるツヅラフジやワラビなどを束ねて水漬けにした素材束も貯蔵穴を中心に出土しています。木器には容器類をはじめ、掬《すく》い具・竪櫛《たてぐし》・掘り棒・櫂状製品・弓・板状製品・尖棒《とがり》（杭）などがあります。容器類は未製品がほとんどで、その多くは貯蔵穴内に水漬けにされていました。整形が簡単な木の瘤《こぶ》を多用し、加工をしやすくするため水漬けしたり焦がしたりして中をくり抜いて容器をつくっていたようです。櫂状製品は水かきの幅が狭く厚みがあり、断面が三角形に近いものもあるため、干潟を突いて進むように使用されたのかもしれません。竪櫛は、細いヒゴ状の素材を束ねてつくったものです。現状では日本最古の櫛になります。[*4]

▲炉跡（集石遺構）

▲埋葬人骨

▲縄（2本撚り・ツヅラフジ）

▲縄（3本組み・ワラビ）

▲竪櫛（全長：11.5cm・ヒサカキ）

▲竪櫛（残長：6.2cm・ツバキ属）

1 遺跡に残されたもの

▲貝製アクセサリー

▲骨角製アクセサリー

▲把手付皿
（長33.5cm、樹種不明）

▲円形皿
（径33cm、ニレ科？）

▲貝塚

▲貯蔵穴

5　8000年前の編みかごから何がわかるのか？―佐賀県東名遺跡―

西田 巖

5-3
東名遺跡の編みかご

東名遺跡では編みかごが数多く出土し、良好な状態で残存していたことから、さまざまな編組《へんそ》技法の存在や、編みかごの用途にまで言及できる、希少価値の高い資料が得られました。また約二七〇個体に及ぶ編みかごの素材同定（試料約一二〇〇点）によって、特定素材の利用と形態による使い分けがわかり、復元実験からは製作技術や厳選された素材の利用など、これまでの研究には見られない画期的な成果が得られています。[*2]

編みかごは全体で七三一点出土し、貯蔵穴の中から出土したものが一七九点、堆積層中から出土したものが五五二点（約七五・五％）ありました。編みかごが発見されたＳＫ２０５６貯蔵穴は、平面円形で直径約一・四メートル、深さ約七〇センチで、東名遺跡の中では湧水を利用した標準的な貯蔵穴のタイプです。編みかごはつぶれた状態で二個体見つかっており、細い木棒が立てられていました。一方で平面楕円形で長さ二メートル以上の大型貯蔵穴の中に、複数の編みかごがつぶれた状態で発見されている増水を利用した例もあります。また粘土層中からも単独の編みかごが数多く発見されています。大型かご（ＡＭ１００３）は底が抜けてしまっていますが、杭で固定されており、直接川の流水に漬けていた可能性があります。大型広口かご（ＡＭ２２７２）のように、粘土層や貯蔵穴以外に、川の流水で流された状態で砂層の中から発見される場合もあります。編みかごは復元品を見てわかるように、魚を入れるビクのような形をしていますが、かごの中にはドングリが入った状態のものや、かごの周囲にドングリが散在している場合が多いため、主にドングリを入れて使っていたことがわかっています。

出土したかごの形態を分類すると、大きさから大型（高さ六〇センチ以上）と小型

（高さ五〇センチ以下）かごの二種に大別され、割合的には大型かごが約八六％、小型が約一四％になります。大型かごは、体部下半に最大径がある袋状を呈し、口が窄《すぼ》まる狭口タイプ（九〇％）と窄まらない広口タイプ（一〇％）に分けられ、前者が圧倒的に多く出土しています。基本的にへぎ材で構成される体部以外に、口閉紐、耳部、帯部があり、これらはツヅラフジを使用しています。機能性をもたせるために必要な部位ではありますが、白っぽいへぎ材と黒っぽいツヅラフジとのコントラストは、装飾的な要素を多分に含んでいます。

小型かごは最大径が口縁もしくは口縁付近にあるもので、口径が高さと同じかそれ以上の広口タイプ（九三％）と、高さが四〇センチ以上の胴長タイプに区別できます。素材はツヅラフジ・テイカカズラ属のツル植物を多用し、ムクロジ・イヌビワのへぎ材も少数ですが使用しています。ツル植物に限られるもじりを主体とするものと、ござ目・網代を主体とするものがあります。なかには見事な連続桝網代を描く装飾的要素が強いものや、透かしが六角形の六つ目も三点認められます。

体部の技法にはさまざまなものがあり、これまでに縄文時代の編組製品で確認された技法のほとんどが縄文時代早期後葉段階から存在していたことがわかりました。編みかごの大多数を占める大型かご（狭口タイプ）の基本的な技法は、底部から体下部は網代で立ち上げ、中央やや上部にもじりで帯部を設け、体上部はござ目で締めていくもので、一つのかごでも複数の技法が用いられていることがわかっています。また、網代編みでも波形網代や連続桝網代など非常に装飾性に富んだ編み方が多く見つかっています。

2 編みかごの形態

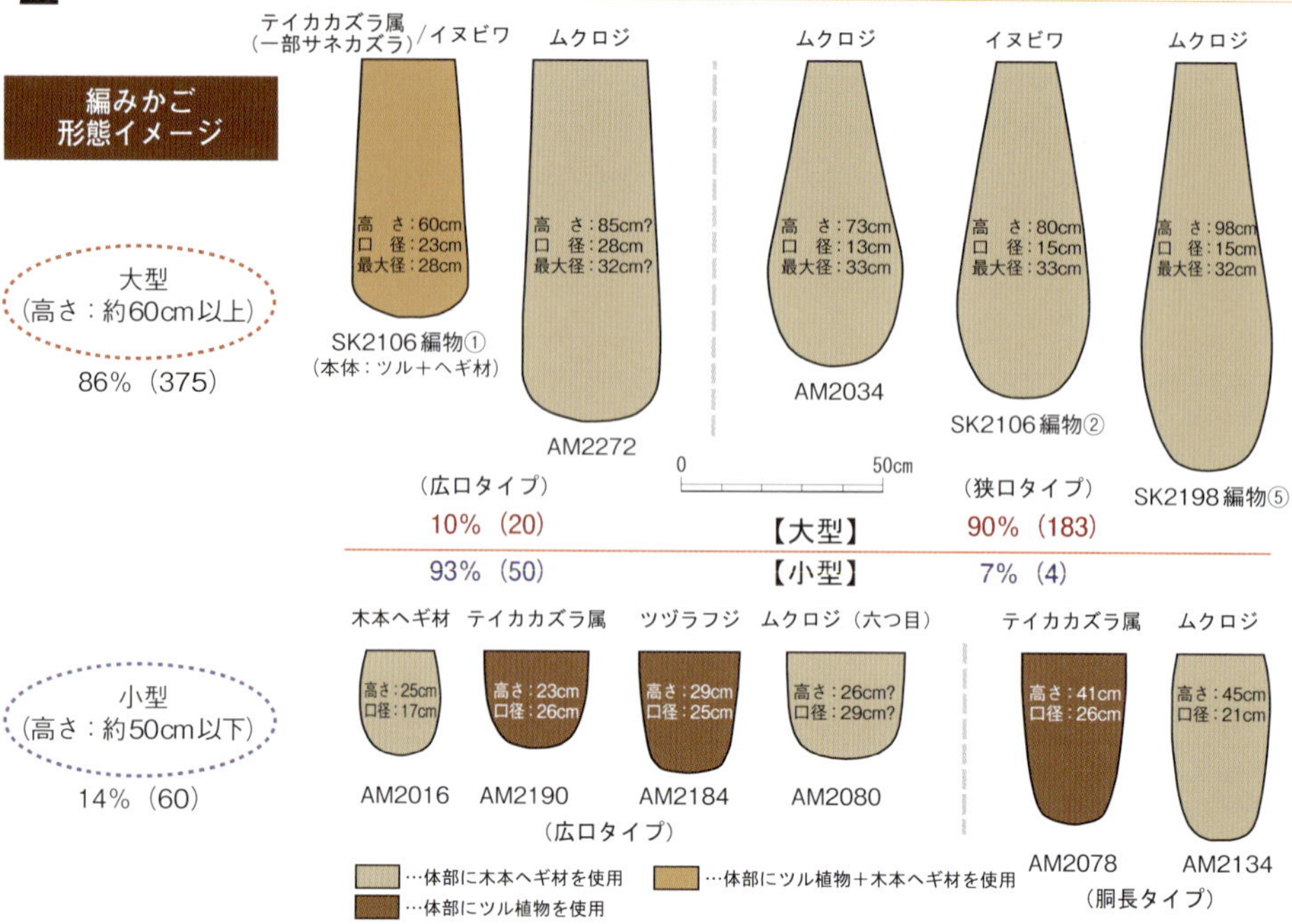

堆積層（粘土層・砂層）出土

小型広口（A22476）

大型狭口（AM1003）

大型広口（AM2272）

大型狭口（AM1015）

1 編みかごの出土状況

編みかご出土分布

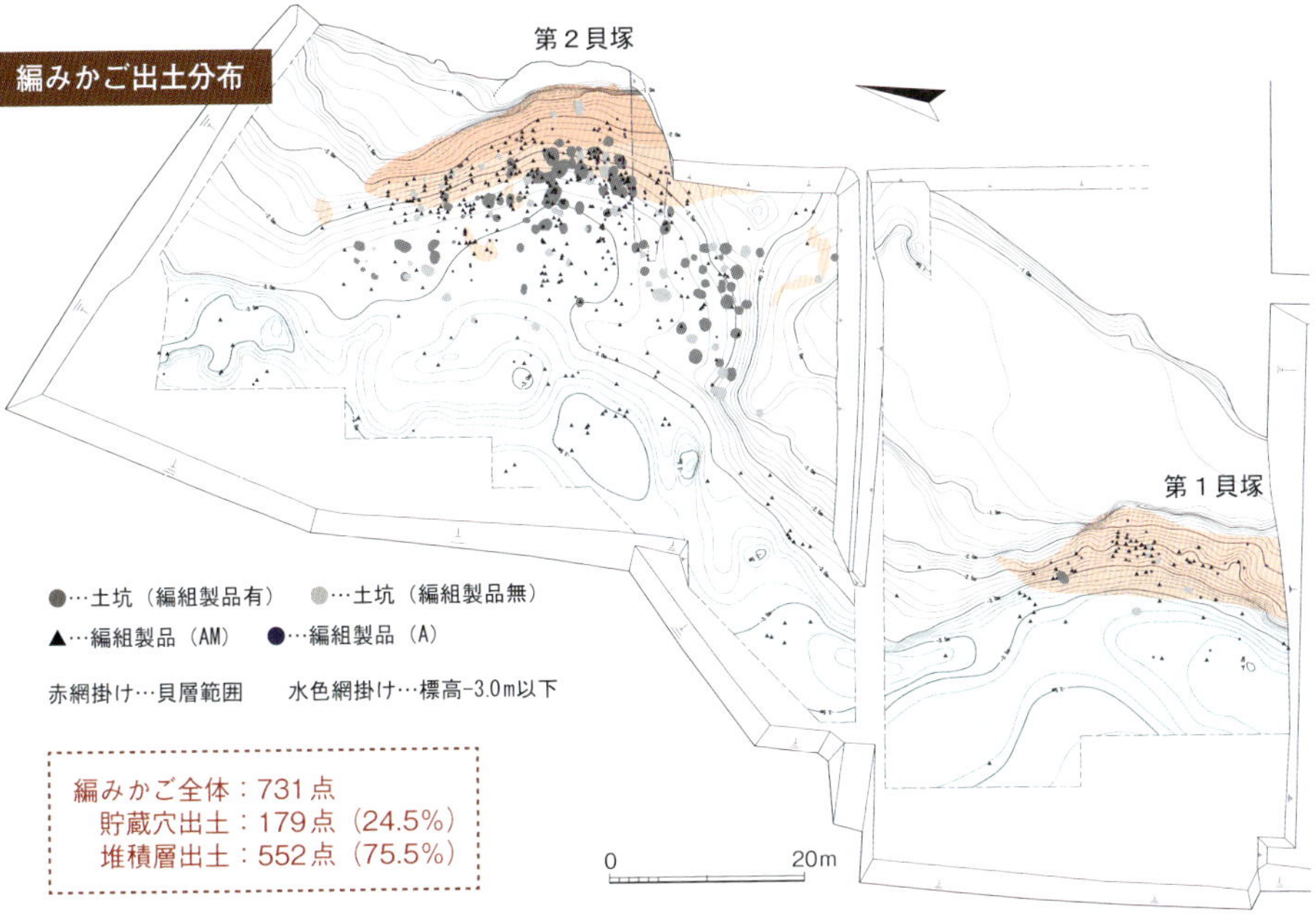

編みかご全体：731点
貯蔵穴出土：179点（24.5%）
堆積層出土：552点（75.5%）

貯蔵穴出土

湧水利用貯蔵穴（SK2056）

増水利用貯蔵穴（SK2106）

増水利用貯蔵穴（SK2154裏面）

増水利用貯蔵穴（SK1008）

東名遺跡の編みかごについて、これまでに一二〇〇点以上の素材を同定した結果、大型かごの体部素材は、ほとんどが木本植物のへぎ材で（一部にツル材を使ったものもある）、樹種はムクロジとイヌビワが大部分を占めます。小型かごの体部素材はツヅラフジやテイカカズラというツル植物を主に使っていて、一部ムクロジのへぎ材と混ぜて使っているものもあります。割合的にはツル材を使ったものが七五％以上、大型かごに主に使用されているへぎ材だけを使っているものは二五％ぐらいです。このことから、かごの形態に合わせて素材の使い分けをしていることがわかってきました。

大型かごに使われたへぎ材の素材ですが、直径が約一〇センチ以下で、根から一～一・五メートルぐらいの高さまでの節のない真っすぐな幹を選んで使うようです。それは根から一メートル以上になってくると、次第に材の粘りがなくなって使いづらくなることと、枝分かれすることも多くなるため、長くてもせいぜい一・五メートルほどの材料しか採れないということがわかってきました。ツル植物については、木に巻き付いていない、地面を真っすぐ這うように伸びていて、くせがなく、一～二年生のかなり細い材を選んで使っていることが見えてきました。これらのことから、編みかごの素材は、非常に厳選されたものを使用しているということがわかってきました。

東名遺跡の大型かごの標準的なタイプには、三種類の編み方が見られます。ＳＫ２１６０編物②は体部にイヌビワのへぎ材を使っていますが、黒い部分にはツヅラフジのツルを使っています。ムクロジやイヌビワのへぎ材は、基本的に一～一・五メートルの長さのものしかつくれないので、最初に十字に組んで底をつくり、それをタテ材として立

5-4 編みかごの素材と技法

ち上げて編んでいくと、途中でタテ材が足りなくなるので継ぎ足す必要が出てきます。継ぎ足した部分は強度的に弱くなるため、ツヅラフジのもじり編みで補強し、その部分が帯部となることも見えてきました。帯部は装飾的な意味だけでなく、形態を維持するためという機能的な意味もあることがわかりました。ちなみにＳＫ２１６０編物②の復元品（以下イヌビー）では、イヌビワのへぎ材を一六〇本ほど使っています。ＳＫ２１３８編物②は底部の状況が良くわかる資料で、編みはじめの技法が観察できます。復元品（以下ムクロー）はムクロジのへぎ材を二〇〇本ほど使っています。

小型かごでも、体部素材にへぎ材を使用する資料があります。ＡＭ２０１６がそれで、高さは三〇センチほどで、耳部・帯部にはツヅラフジを編み込んでいます。実測図のタテ材とヨコ材を色分けすると体部の編み目が菱形（連続桝網代）に見えるのがわかります。おそらく、つくった当時はタテ材とヨコ材の見た目が違っていて、見方によっては編み目模様が浮き出て見えていたのではないかと考えています。

小型かごのＡＭ２１８４（一一三頁）では、楕円形に非常に強固な底部を形づくっていて、さらに中央には補強材を足している様子がわかります。復元品はツヅラフジのツルを一六〇メートルほど使っています。編み方は連続桝網代です。小型かごのＡＭ２０７８（一一三頁）は、テイカカズラの二本もじりでつくったかごです。復元品はテイカカズラを一八〇メートルほど準備してつくりました。

その他、透かしが六角形になる六つ目編みのかごは、東名遺跡では三点確認していいます。ＡＭ２０８０の素材はムクロジで、高さ三〇センチほどの小型広口かごです。

2 編みかごの形態と編み方

大型かごの形態と編み方（SK2160編物②）

【ござ目】

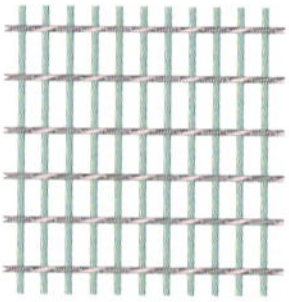
【もじり】

【網代】

高さ：約80cm
（イヌビワ・
へぎ材約160本）

小型かごの形態と編み方（AM2016）—連続桝網代—／（AM2080）—六つ目—

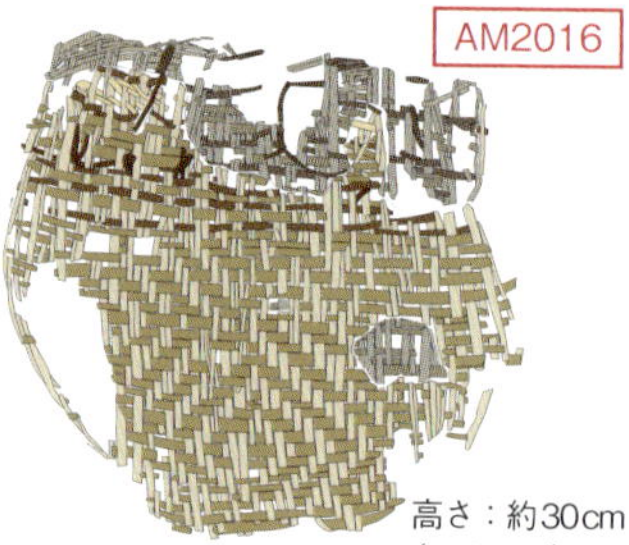

高さ：約30cm
（ムクロジ）

【口縁部】返し巻縁
【 体 部 】六つ目
【 底 部 】網代

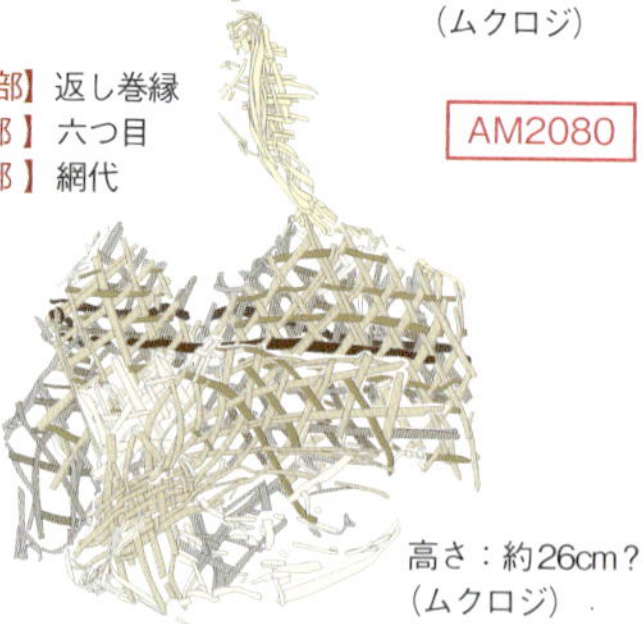

高さ：約26cm？
（ムクロジ）

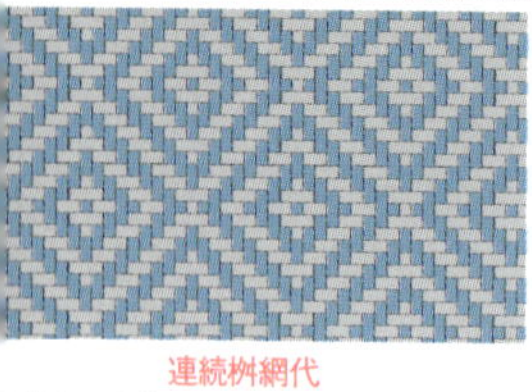
連続桝網代
越え2本潜り1本送りの飛び目を桝形折り返し、それを繰り返すことで桝形連続する

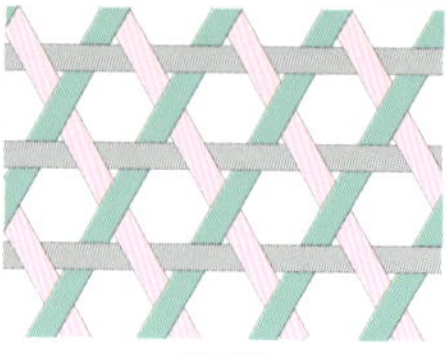
六つ目
水平と左右斜め方向の3方向から組まれ、六角形を形成、1本越え1本潜り

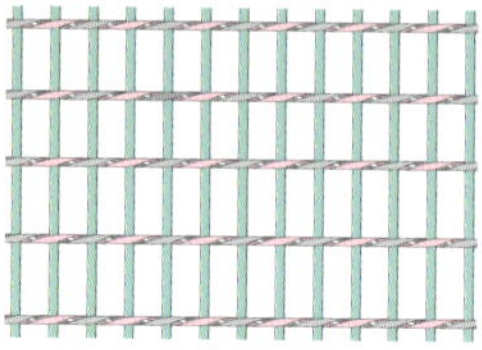
2本もじり
タテ材を2本のヨコ材で上下から挟み、タテ材間でもじっていく

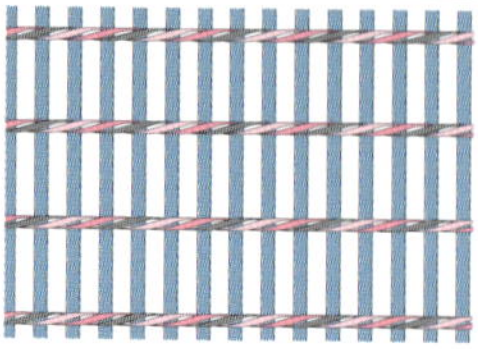
3本もじり
タテ材を3本のヨコ材で上下から挟み、タテ材間でもじっていく

1 編みかごの使用素材の違い

1200点以上の素材同

主に大型かごに採用された素材 木本植物のムクロジとイヌビワのへぎ材を主に使用。

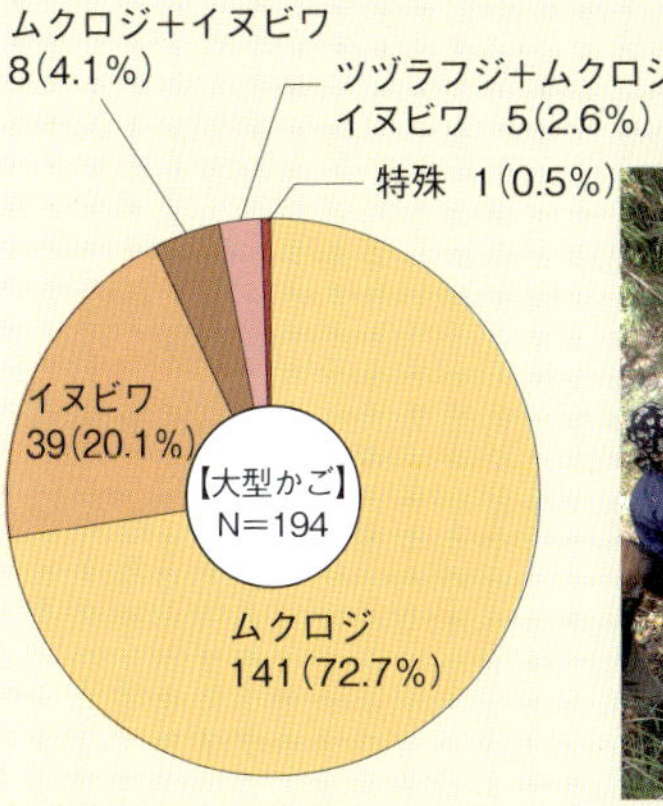

木本へぎ材（ムクロジ）
＊胸高直径10cm以下、通直で無節の幹を選択（長さ1～1.5m）

大型

主に小型かごに採用された素材 ツヅラフジとテイカカズラというツル植物を主に使用。

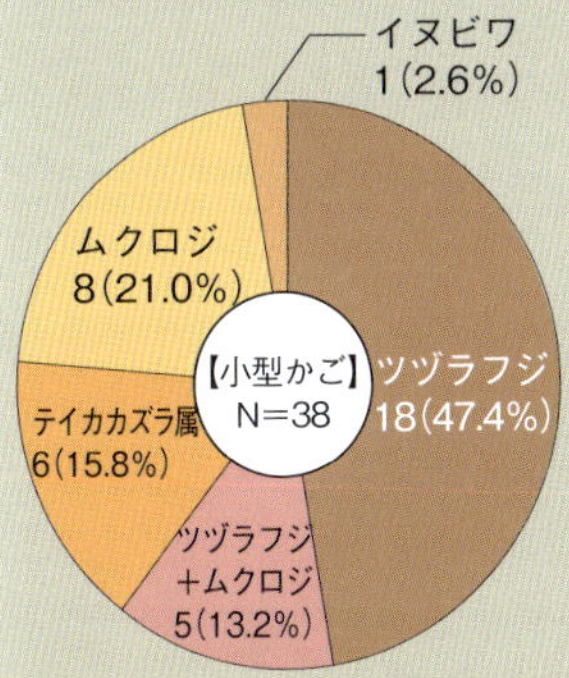

ツル材（ツヅラフジ）
＊1～2年生の細い、木に巻き付かずに地面を這う素材を選択

小型

3 編みかごの技法

縄文遺跡で確認されたほとんどの編み方が縄文早期（8000年前）から存在していた!!

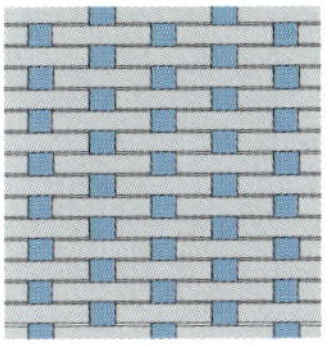

ござ目
1越え1潜り1本送り

飛びござ目
ござ目と同じ形状で、ヨコ材がタテ材を2本以上越え潜りする

木目ござ目
2本越え2本潜り1本送りなど、飛び目を途中で折り返す

2本飛び網代
2本越え2本潜り1本送りが基本

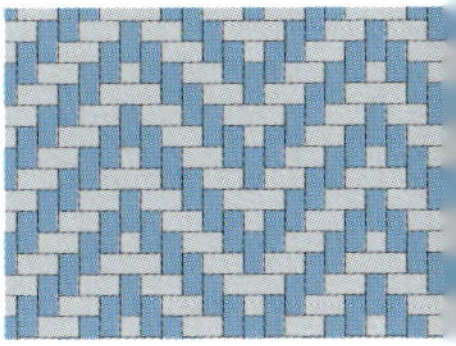

波形網代
2本越え2本潜り1本送りの飛び山形に折り返し、それを繰り返とで波形状を呈する

5-5 編みかごの用途

これらのかごがどのような用途に使われたのかを知るため、復元品でドングリの収納実験を行いました。イヌビーは耳部下までアラカシを収納したところ、重さは二六キロ程度で、ムクローでは重さが三五キロほどになりました。かなり重く運搬には不向きで、運搬以外の用途に使われたのではないかということが見えてきました。

また編みかごの出土状況から、貯蔵穴に直接ドングリを入れると泥が混じって取り出しづらくなるので、ドングリをかごに入れて、そのまま水漬けする形で使っていたものと考えられます。かごの大きさから、使用時に貯蔵穴の口から頭が出るぐらいで視覚的にかごの存在が確認でき、ドングリも十分水に漬けることができたようです。細身の形態から設置が不安定であったことが推測でき、転倒防止用に木棒を立てていたのではないかということが見えてきました（木棒は一五五基のうち五三基で確認）。

ドングリを水漬けする理由は諸説ありまだ確定していませんが、①ドングリの中にはゾウムシの卵が産みつけられている場合が多く、放っておくとゾウムシが孵《かえ》って中の実を食べてしまうため水漬けして殺していたのだろう、という考え方と、②短期の生貯蔵のために水漬けしていた、という考え方などがあります。かごはドングリを入れただけでもかなりの重量ですが、水漬けするとさらに重量が増加するので、何回も貯蔵穴から引き揚げてドングリを出すことはかなり厳しいでしょう。したがって、ドングリはある程度まとめて回収していたのだろうと考えられます。それから、複数回に分けて回収するような長期貯蔵ではなかったということが見えてきました。

また、かごは水に漬けると強度的に弱ってきます。底が破けたかごがたくさん見つかっていますので、大型かごは何回も使用できるものではなく、どちらかというと一シーズンの使い捨てのような形で使われていたのではないでしょうか。

編みかごがどのように使われていたのか、早川和子さんのイラストを使って見ていきましょう。小型かごは形態的に見て運搬に使われたものと考えられます。当然、居住地を中心に使われますが、ドングリを拾う場所（採集地）、そしてドングリを水漬けする水場まで運ぶのにも使われたのでしょう。大型かごは水漬け用として使われていたことが見えてきましたので、主に水場周辺で使われていたものと考えられます。出土したかごの割合を見ると、八五％が大型かごでした。大型かごは残りやすい水場や貝塚周辺を中心に使用されていたため、どうしてもその比率が高くなり、小型かごのほうが低くなるものと思われます。居住域では有機質のものは残っていませんでしたが、もし残っていたらもう少し大型と小型かごの割合は変わっていたかもしれません。

そして、最後に日用品の代表格である土器とかごの数を比べてみました。土器の個体数を見積もるのは難しいのですが、底部が三分の一以上残っているものを一個体と数えると、大体二四〇点ほど貝塚部で見つかっています。編みかごも、およそ五割以上残存していると推測されるものを一個体と数えると全体で二四四点ほどでしたので、土器と同じぐらいの個体数となりました。編みかごのほうが残りづらい点を考慮すると、むしろ土器よりも数が多かったのではないでしょうか。このように東名遺跡の調査によって、多様なかごの形態と使用する素材の使い分け、技法と素材の関係や製作技術、厳選された素材の入手や用途に至るまで、縄文かごのさまざまな側面が見えてきました。

編みかごの用途

貯蔵穴の復元図（大型かご使用例）

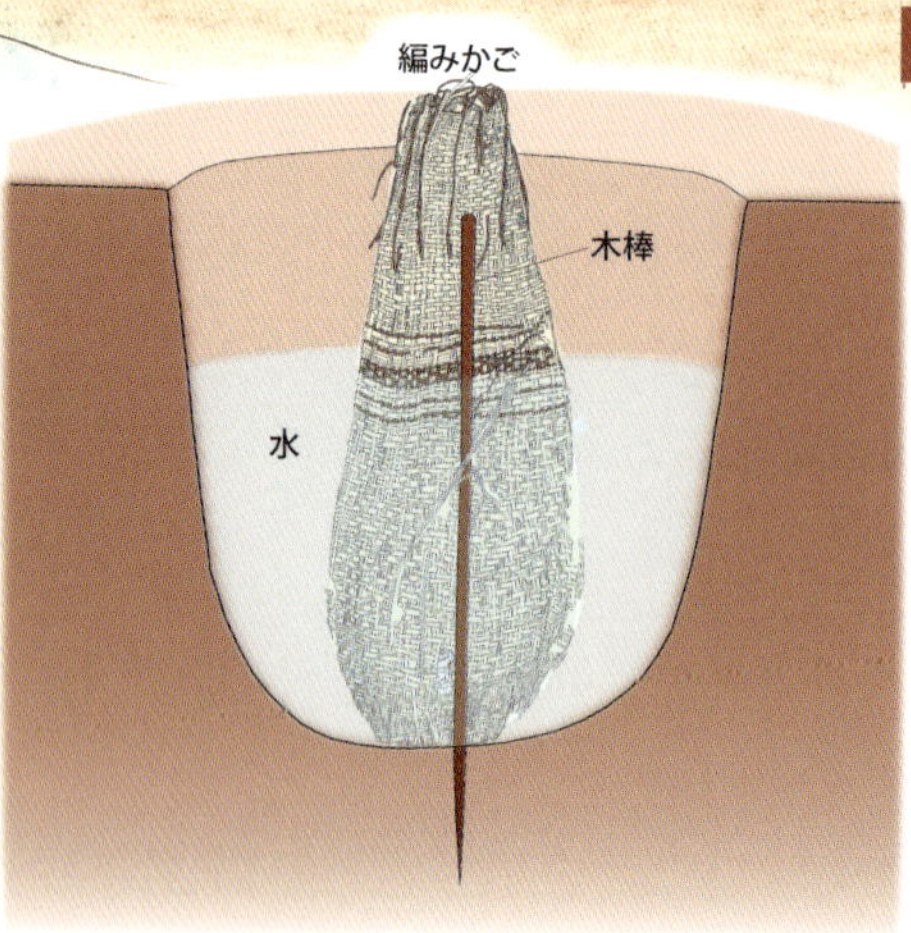

- かごの頭が穴から出る
  →存在確認が容易
- 転倒防止用の木棒設置
  （155基中53基で確認）

- ドングリを水にさらす
  虫殺し？
  短期生貯蔵？

- 重量があり強度的に何度も引き上げられない
  →短期の水さらし
- 大型かごは使い捨てに近い？

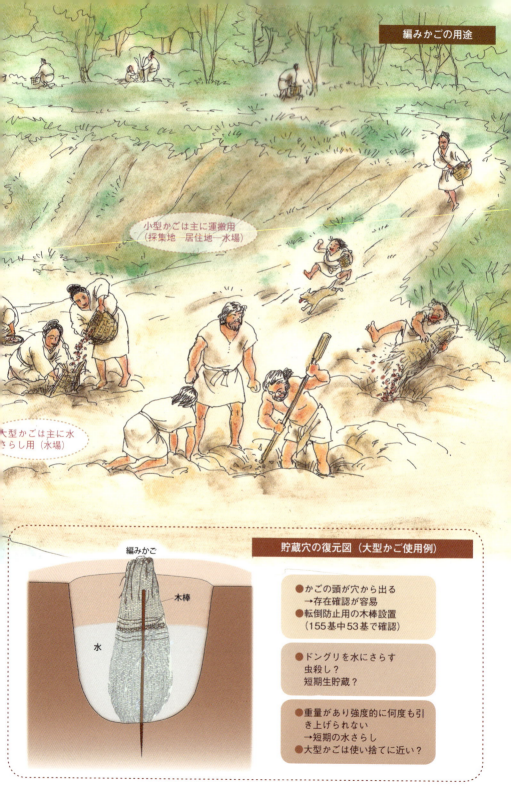

1 編みかごの機能・用途

ドングリ収納実験

●耳部下までアラカシを収納
17,500個、35ℓ、26.5kg

●耳部下までアラカシを収納
23,000個、46ℓ、35.1kg

重くて運搬には不向き

●最小個体数
土器：約240点
編みかご：244点

小型かごの復元（AM2078）―2本もじり―

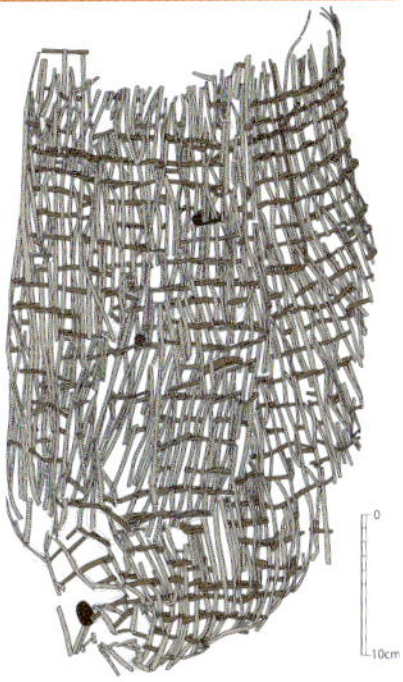

高さ：約50cm
（テイカカズラ・
ツル約180m）

小型かごの復元（AM2184）―連続桝網代―

高さ：約40cm
（ツヅラフジ・
ツル約160m）

6 東名遺跡と三内丸山遺跡のかごを復元する　高宮紀子

遺跡出土の編みかごを復元する意味

6-1

世界中の植物繊維を使ったかご類を編む技術については、地域性や民族性があるものの、共通する点が多く、その技術の誕生や発展には素材となる植物の特性が深くかかわっていると思います。縄文時代のかごも例外ではないと思います。

私は二〇一二年より「あみもの研究会」によるかごの復元に携わり、出土資料で同定された植物素材を用いて復元品を製作してきました。全体の組織構造が残る資料からは、編みの種類や立体方法が推測できますが、実際に同じ素材で製作することで、資料からは判明しなかったこと、たとえば材の性質やそれぞれの編み方の役割などが明白になっていきます。資料の材の厚みや幅、組織密度に近づけて復元することで、縄文時代の編みかごの素材と技術との関係についてより具体的な情報を得ることができました。

まず、復元までのプロセス、そして東名遺跡（縄文時代早期）と青森県三内丸山遺跡（縄文時代前期）の復元実験についてお話しします。

「あみもの研究会」では、復元実験を①から④のプロセスで行っています。

①まず、復元する出土資料を決定し、その植物素材の同定が行われます。

②その後、必要な量の植物を採取し、必要なら加工します。東名遺跡のへぎ材はイタヤカエデのかごの職人さんによるものですが、その他の採取、加工は考古学・植物学の研究者の方々によります。

③植物考古学の研究者（佐々木由香さん）が遺物を詳細に観察して実測図を検討し、その後に具体的な編み方や本数、組織密度、各部位のサイズが確定します。

④水漬けした素材で、実際に編む作業が始まります。

普段から編みかごを作っている私たちでも、初見の資料から復元品を忠実に編むのは難しいことです。しかもイヌビワ、ムクロジの素材は現在、かご作りの素材としては使われておらず、扱った経験がありませんでした。そのうえ、限られた日数で（東名遺跡大型かごの場合だと三日間）復元品を完成させる必要がある場合もあります。そこで、事前に紙バンドや紙紐で一度編んで全体の見当をつけたり、素材が手に入ったときには、それを加工して資料の写真から推定した組織を編み、同じ組織密度になるよう、素材の扱いに慣れておく必要があります。この時点では実際の資料を見ていないため、間違いも多いのですが、そうした準備を経て、素材や編み技術を深く知ることができ、遺跡出土品を復元する際の助けになりました。

復元で使われる植物は出土資料と同じ樹種の植物といっても、その採取時期や生育場所、個体差もあり、資料のそれと同一ではないことがあります。その場合、実際に編んでみると素材の柔軟性が違うために、編み目が広がり、全体のサイズが出土資料よりも大きくなってしまいます。また、堆積した土砂で押しつぶされた平面的な資料から、元のかごの形を推測するので、立体に編んでみて初めて形がわかってきます。そのため、組織の部分ごとに計測を行い、研究者と検討しながら進める必要がありました。また、復元を通じて、素材の植物の採取時期や使う部位、加工の方法など、一つの復元が終わる度に新たな知識が増えていきました。

③遺物の観察に基づく実測図の見直し

④編む作業へ（修正、検討が続く）

具体的な編みについての情報が加わる

水漬けを経て編む

部位ごとに検証、計測しながら完成へ

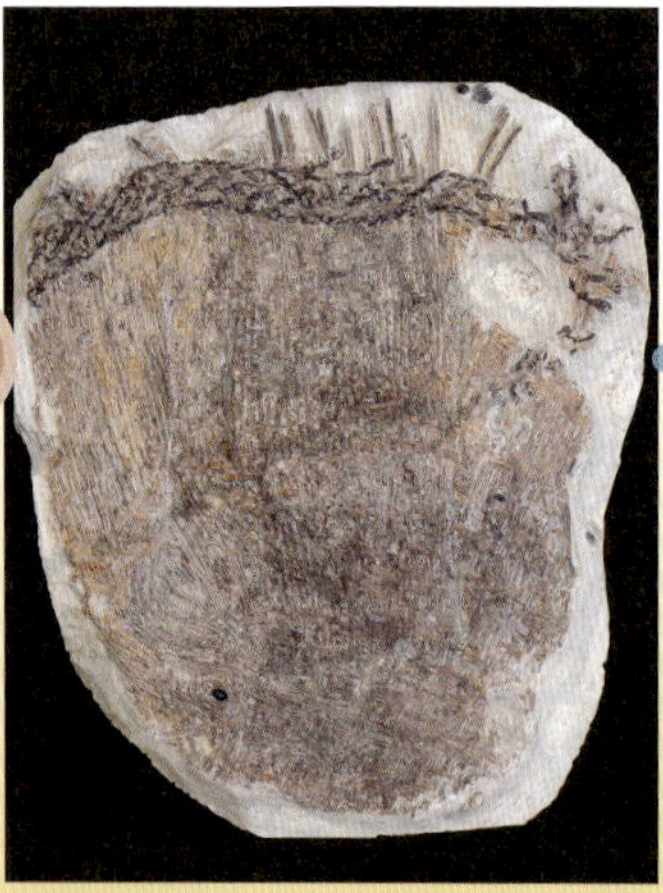

資料：ツヅラフジの小型かご

ツヅラフジ小型かご：資料の写真から連続桝網代の本数を推測して試しに紙バンド・紙紐で編む。

1 復元実験までのプロセス

①同定後に植物を採取する　≫　②加工（イヌビワ、ムクロジ）

東名遺跡大型かごの素材：イタヤカエデのかご
人さんが担当。同じ加工方法で材を整えた。

2 事前準備

紙バンド、紙紐は便利な素材

実際の素材で試す➡部分しか編めないが、素材の柔軟性などの性質がわかり、組織密度が検討できる。

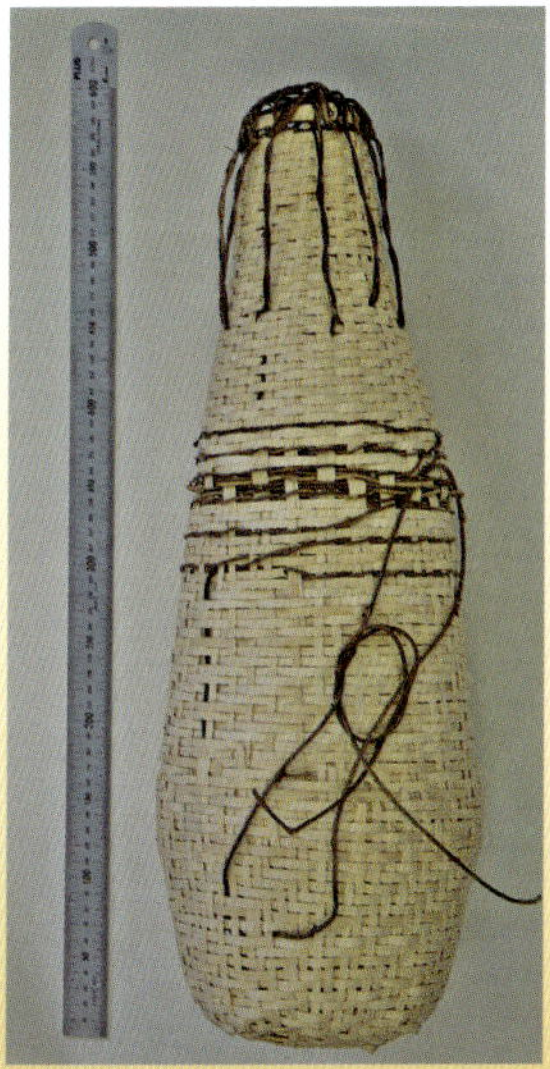

東名遺跡大型小型かご：手
ちの材料で試す。全体のシ
エットを把握し、編み方に
れて作業の見当をつける。

大型かご：
左 トウ材でミニチュアを作り、全体の流れを把握。
右 実際のサイズに編んで押しつぶし、資料の形と比較。

6 東名遺跡と三内丸山遺跡のかごを復元する　高宮紀子

6-2
東名遺跡の復元かご

東名遺跡の編みかごの復元では、大型（袋状）かご二点（イヌビワ、ムクロジのへぎ材）、小型（広口）かご三点（ムクロジ、テイカカズラ、ツヅラフジ）を製作しました。大型かごはへぎ材で底を四角く組んだ後、丸い形の底にするため、多数のタテ材を周囲に足して、そのタテ材を放射状に広げながらヨコ材を入れて編んでいます。体部も底と同じ網代編みですが、この編み方のおかげで、厚みのある材でも目が詰まった組織になり、丸い底からなだらかに立ち上がるかごの形ができています。

復元製作の過程でイヌビワとムクロジの性質の違いが顕著に現れました。イヌビワは柔軟で、容易にタテ材が放射状に広がり丸く立ち上がったのに対し、ムクロジは硬くタテ材が放射状になかなか広がりません。立ち上がり後も毎段、タテ材を足しながら編むため、網代編みの目の並びが崩れないように調整するのが困難でした。なぜ、へぎ材で編んだのかということですが、へぎ材のほうが目の詰まった組織を早く編めますし、カビの発生や虫の被害も少ないのでしょう。へぎ材に加工するのは手間がかかりますが、材料にした後は少しの水を拭きかけるだけですぐ編める状態になります。へぎ材の白い色やできた製品が頑丈であることも優位な点だと思います。

イヌビワのかごの体部では、幅や長さの違う材を足していて、タテ材を斜めにずらしたり、網代編みで上下する本数も自由に変えて粗く編んでいます。それに比べてムクロジの体部では編み目がジグザグに並ぶようなパターン（波形網代）を整然と緻密に編んでいます。ムクロジで復元したかごは縄文の作り手との差が出た結果となり、東名遺跡の縄文人の複雑な編み方へのこだわりや技能の高さを痛感することになりました。二つのかごとも口縁に向けて細くするためタテ材の本数を減らしているのですが、一旦ツヅラフジのもじり編みで途中で継いだタテ材を固定し、その後、一本ずつタテ材を上下する方法（ござ目編み）で組織をしっかりさせ、細くした上部を強化しています。口縁には遺跡出土資料に残る断片から推測された、ツルをかけてネット状に張り、手を入れて広げることができる面白い仕掛けが付いています。複数の技術を駆使し、丈夫に作られた大型かごの復元品の製作を通じて、縄文人の作り手の技巧に近づけたと思いました。

テイカカズラの小型かごは、半割にしたタテ材二本をもじる編み方で、タテ材のペアーを一周ごとにずらす方法で編まれています。復元では採取したテイカカズラの柔軟性が低く、作業中に時々折れるなどの問題が起こりました。

ムクロジ（へぎ材）の小型かごは編み目が菱形に並ぶ連続枡網代で、タテ材の間隔が詰まっています。復元でも編み目を詰めて編んだのですが、資料と同じ間隔にはなりませんでした。その後に行ったツヅラフジの小型かごの復元でも遺跡出土資料のタテ材の間隔が詰まっていたため、タテ材を削って細くしたのですが、半割にしたヨコ材がタテ材の間に入らず編むことができません。そこでヨコ材を柔らかくするため石で叩いた結果、ようやく編むことができました。叩いて柔らかくしたのか、さらに割り裂いて薄くしたのか、どちらにしても手間がかかる方法で、今ではあまり行いません。また、このかごの底には束ねたツルを巻き付けている箇所があります。補強のためなのか、その役目がはっきりしません。現在よりは植物素材をはるかに利用する縄文時代においては、今では失われた加工方法や技法が当時たくさんあったのではと考えています。

2 製作を通じてわかってきたこと

テイカカズラの小型かご

●材が折れて作業が困難、手助けが必要だった。

タテ材がまっすぐでないために次のタテ材を渡してもらい編む。

ムクロジの小型かご

●タテ材間隔が狭くヨコ材を入れても段ごとの隙間があく。

東名遺跡ムクロジの小型かごの拡大

ツヅラフジの小型かご

●タテ材の間隔が狭い。ヨコ材を叩いて柔らかくした。

見かけはそのまま、中は柔らかくなるように叩いて、ヨコ材の柔軟性を高める。

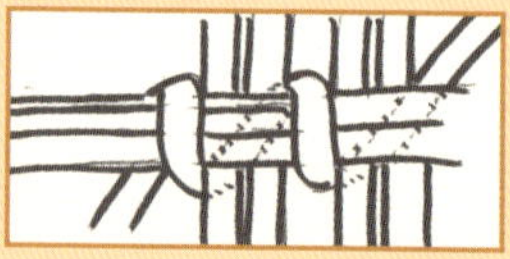

ツルの束を巻いて固定

縄文時代の編む技術、素材加工方法は今よりバリエーションがある。技術、素材のトライ＆エラーの時代なのでは？

半分に割り裂く、それをさらに薄く裂く方法で材をテープ状に近づける。

1 東名遺跡の復元かご

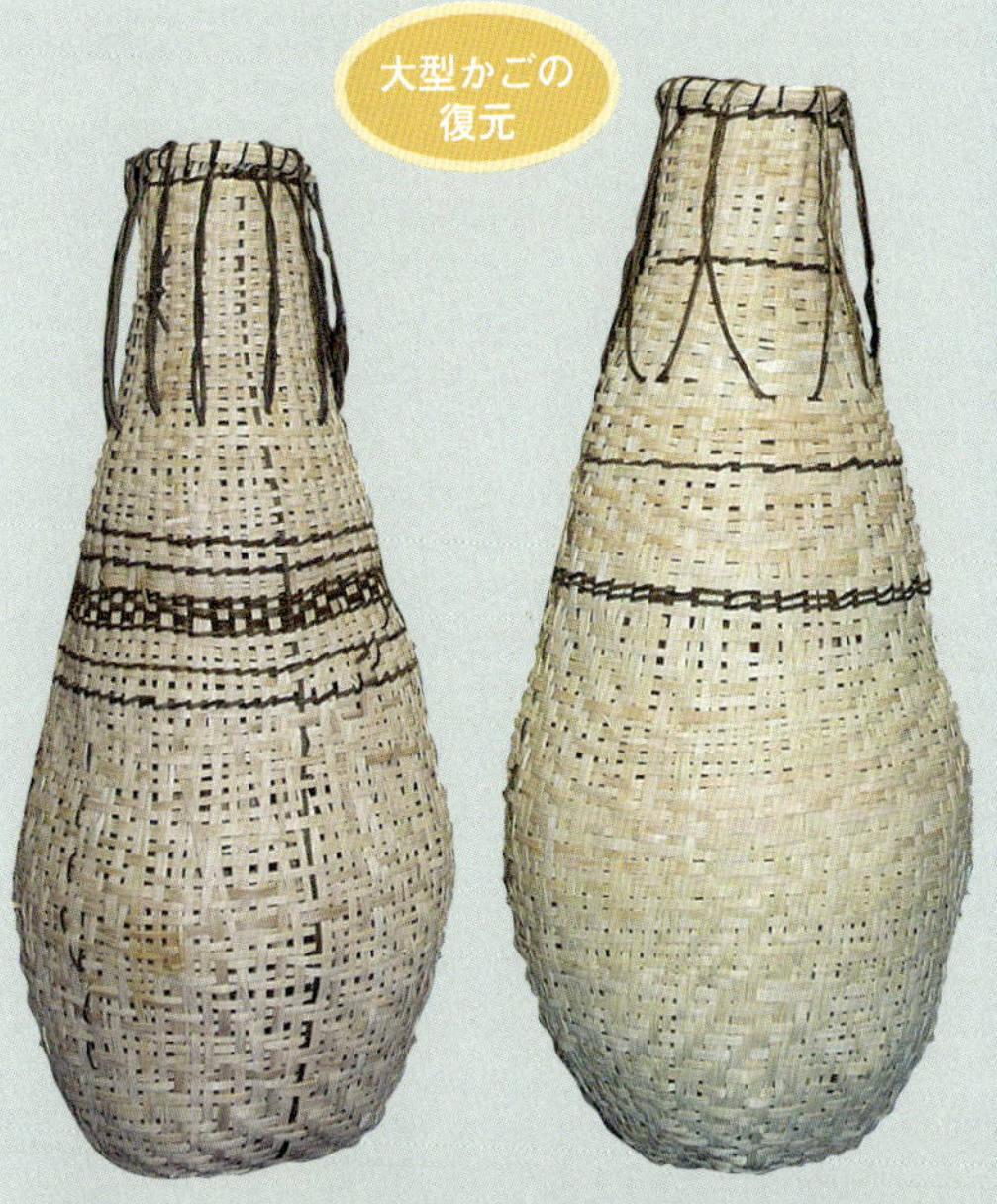

素材―イヌビワ

- 柔らかくコントロールしやすい。
- タテ材を動かして自由に粗めに編んでいる。
- もじり編みで短いタテ材も固定。

素材―ムクロジ

- 硬いが弾力がありしっかりした組織。
- 波形網代でパターンをはっきり出している。
- もじり編みで短いタテ材を固定。

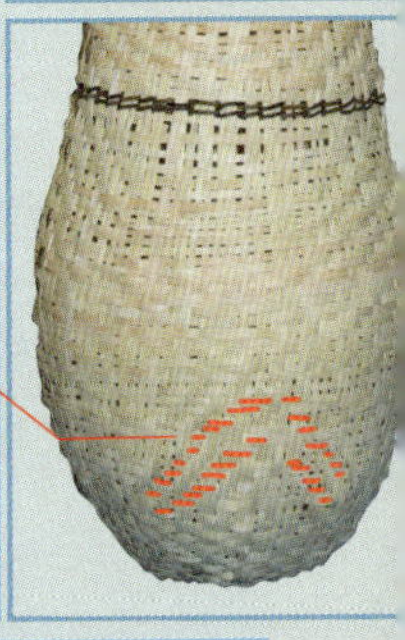

編み方―網代編み

- 底を丸くするため、タテ材を足し、放射状に広げる。
- 厚みのある材でも、詰めて編める。

口縁部―

- 口縁と上部にツルをかけて開閉できるしかけ

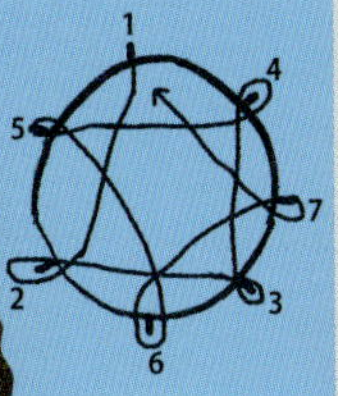

模式図

資料：東名遺跡大型かごの口縁

6-3
三内丸山縄文ポシェットの復元

三内丸山遺跡の縄文ポシェットは東名遺跡の大型かごより小さいかごです。歴史的な価値は周知のとおりですが、私たちにとっては組織構造が非常に面白く、まさに「小さな巨人」といえます。復元実験ではヒノキアスナロ（以下ヒバと表記）の内皮（第9章参照）による小型かごを製作しました。縄文ポシェットは底が四角く、立ち上がり後も東名遺跡のムクロジの大型かごと同じ編み方、波形網代ですがタテ材の増減があまりない分、はるかにシンプルです。

資料が出土した同じ青森県の下北郡で収集された民具を見てみましょう。ヒバかヒノキの厚みのある内皮で編んだ背負いかごです。組織はタテ材一本ずつを上下して編む方法です。縄文ポシェットと同じ経緯の編み方で、同様に底のタテ材を起こして周囲を編んで立体にしています。この編み方では、最初の一段から螺旋状に続けて二周目を編もうとするとタテ材の本数が偶数であるため、同じ編み目に入ってしまい二周目が編めないという問題が起こります。この問題を回避する工夫がかごの中に見られます。一般的にはタテ材を切ったり、新たな材を足したりして奇数本にするのですが、この背負いかごでは、シナノキの縄をタテ材の間に入れて一本のタテ材として編んで奇数にしています。しかも、実際の編みはじめは側面なのに、縄を入れる位置をかごの正面にしている所は、作った人の機転とこだわりの現れです。

縄文ポシェットの素材、ヒバ内皮は剝がしやすく厚さ1ミリに剝ぐのはそれほど難しくなく材も柔軟です。良質のものならば、長い素材が取れたのではないかと思います。復元実験では資料から判断し、一本の長いタテ材を入れて底を組み、一方の端を長く残しました。その端で周囲を続けて編む、タテ材を奇数本にする工夫がここに見られます。底の組織は各辺の中心の一本がジグザグのパターンの谷に、角のタテ材をパターンの山にするように組んだもので、そのままジグザグのパターンが体部組織へと繋っています。

この底のパターンは単なる模様ではなく、組織の方向が中心から広がるように巧妙に計画された編み方です。立ち上がり後のかごの周囲にもパターンの波形が規則通りに切れ目なく、その上、おそらく経験が浅くても、さほど苦労することなく編めるのです。また、たとえタテ材の本数を変えても、同様の結果が得られるという展開も可能です。復元品は一三本×一三本ですが、本数を変えて一六本×一六本や一三本×九本など、四角や長細い形、小さいものや大きなものなど、いろいろできることがわかります。つまり、この方法はタテ材の本数に関係なく、底から続けてジグザグのパターンが出せる編みの方程式ともいうことができます。これほどパターンにこだわるところをみると、波形が底から体部まで続くことに大きな意味があったのではと思えます。仮に、底を編み目が一方向に並ぶ網代編みで作り、立ち上がり後、体部のみにジグザグのパターンを編むことは可能ですが、立ち上がり直後のタテ材が表に出る長さがまちまちで組織構造としても弱く、またパターンも分断されてしまいます。

復元実験では、数色のポリプロピレンのテープを使って組織構造や立体化の技術を試しました。組織を色分けすることで構造を視覚化することができ、技術の理解に役立ちました。この素材は均一な質であるため植物素材とは異なりますが、手軽に組織構造を探るのには便利な素材です。

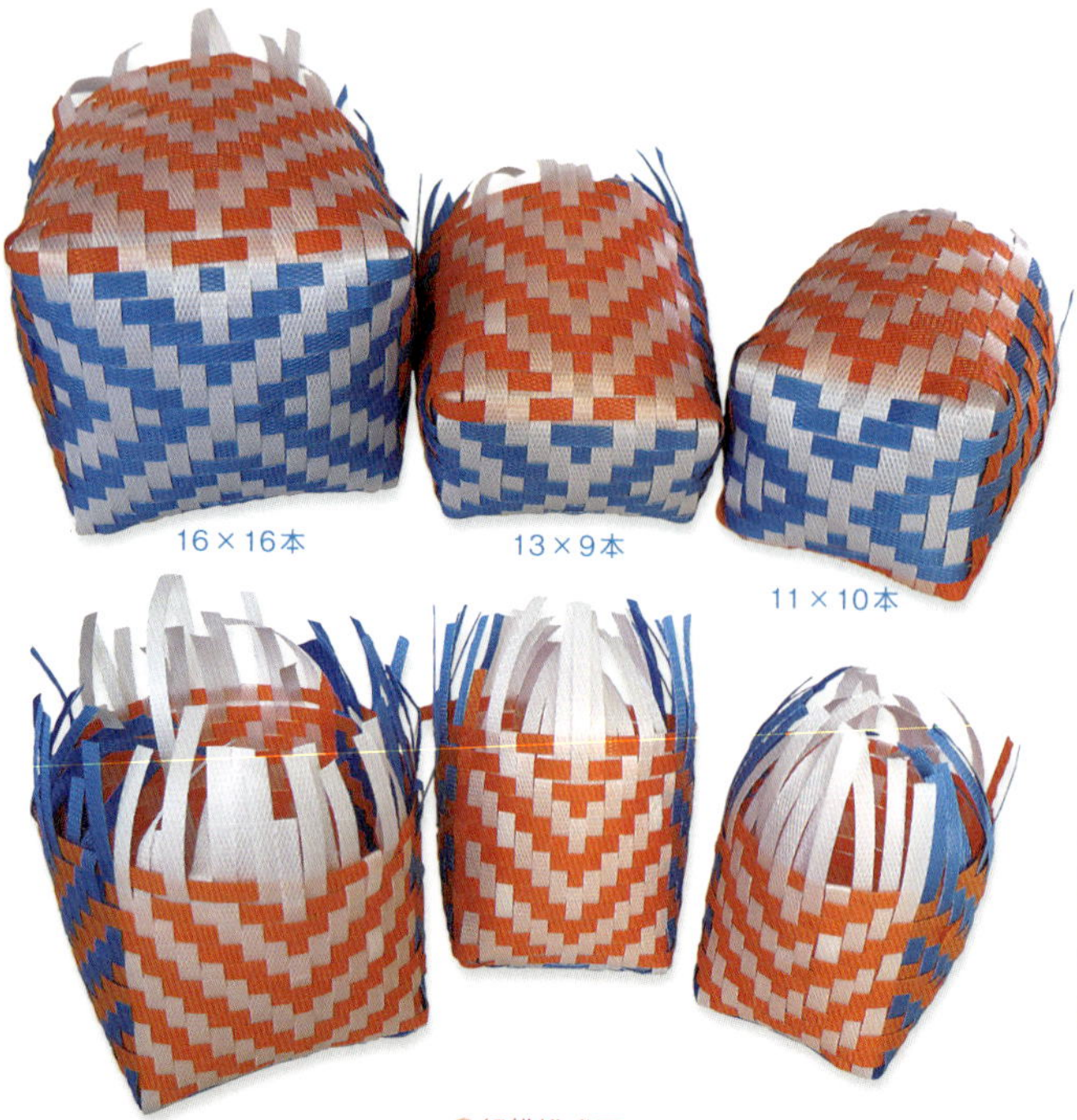

16×16本　13×9本　11×10本

●底の組織：編み目の流れが中心から点対称に並ぶ組み方は側面の編みへと繋がっている。

●編みはじめ：薄くて長い材がとれる。➡長いタテ材の端で編む（タテ材の周囲の本数が奇数になる）。

●側面へ：角と中央を軸にすることで、底から続けて側面にも波形のパターンが簡単に編める。

●展開：本数を変えて違う大きさ、形に応用できる。

●組織模式図

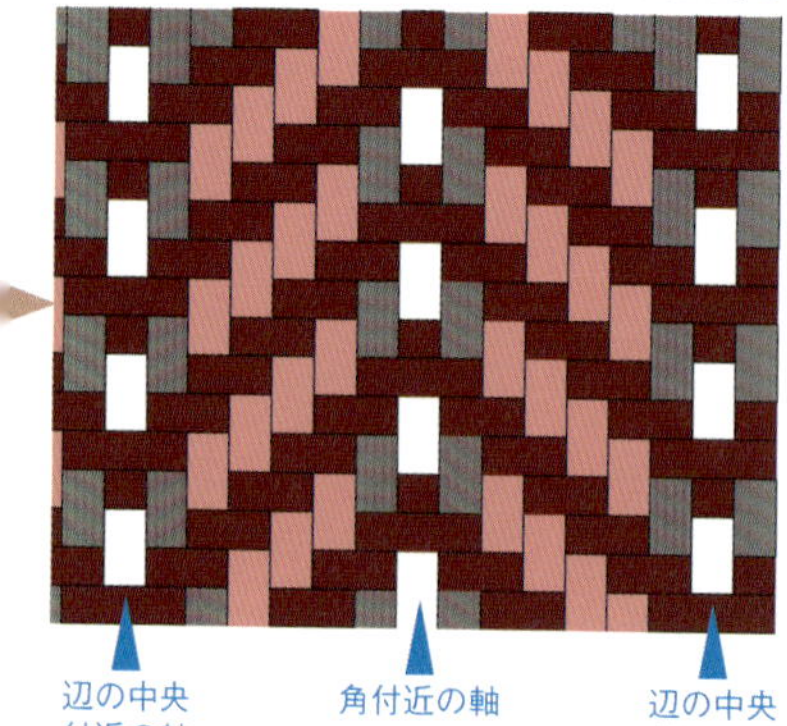

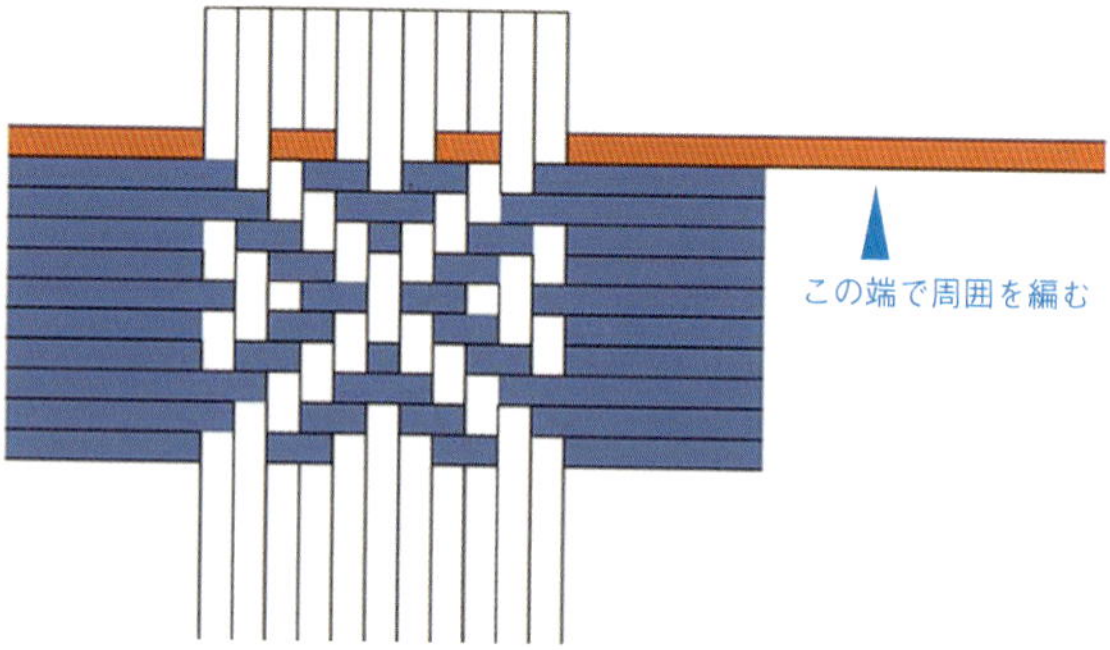

縄文ポシェットの口縁の方法

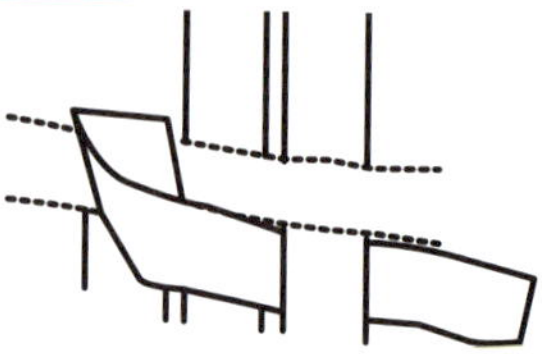

材が柔らかく、折り返している。問題は折り返した端をどうしたか。上図はタテ材に掛けて外に出す方法。左写真は上の図の端を内側に入れた例。

資料の口縁

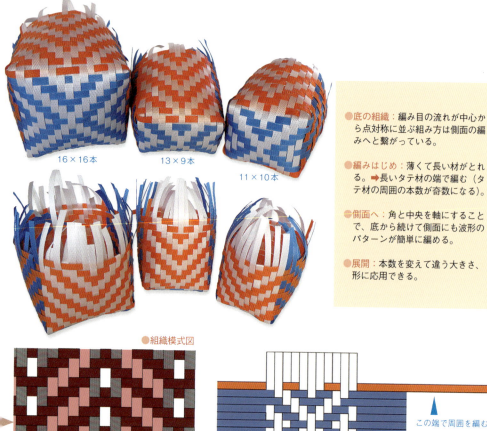

1 三内丸山遺跡の縄文ポシェット：底と側面の編み方の関係

▲資料：縄文ポシェット

▲復元品

▲ヒバ材で復元した底

▶復元品

ポリプロピレンのテープで組織を色分けすることで構造を可視化

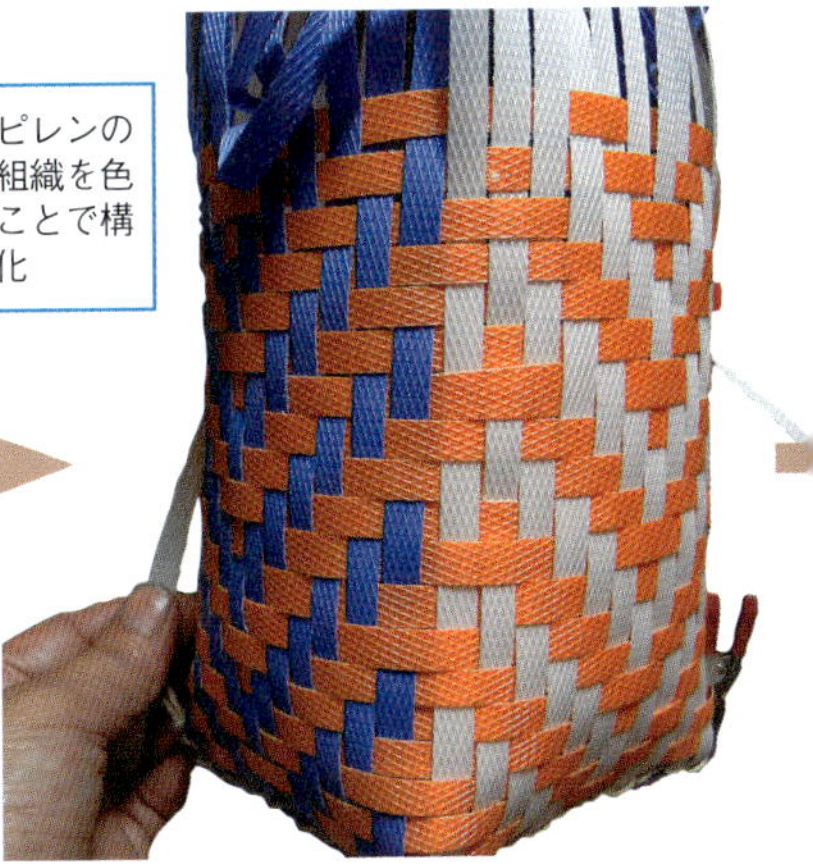

実際には軸がずれているところがある

民具にみられるタテ材の本数を奇数にするアイデア

縄をタテ材として入れヨコ材を押さえる
（背負いかご：1974年下北郡での収集品

北米にシダー（*Thuja plicata, Chamaecyparis nootkatensis*）とよばれる有用植物があります。シダーはヒバと同じヒノキ科の植物で、北米の先住民族によって、外皮、内皮、木部や根など樹木全体が用いられ、縄、敷物、衣類、かご類、建築材や舟など多様な製品が作られていました。シダーの内皮はヒバとよく似た性質があります。柔らかい素材で、いろいろな加工を経て異なる技術でかごが作られていますが、かごの口縁の始末の方法にも柔軟性を活かしたバリエーションが多く見られます。縄文ポシェットの口縁は、タテ材を倒して始末した箇所が残っていますが、材の端が解けています。タテ材の端をどのようにしたか、残った断片から一二四頁の写真のように推測しましたが、今後、同じ性質の素材という観点からの時代や文化を越えた比較もヒントになると考えます。

フェイスブックに私が参加しているバスケットメーカーのページがあります。アメリカの友人を中心に、今では日本やヨーロッパ、南米などのバスケットメーカーも投稿しています。そこで「シダーのかごを作っている人はいませんか？」とよびかけたところ、北米に住む現在のオジブワ族のDawn Nichols Waldenさんという人から写真が送られてきました。彼女は伝統的なかごというよりは、アートの表現としての作品を作っています。作品の写真を見ると細く裂いた竹やシュロの繊維のように見えますが、全部シダーの内皮を使ったものです。オジブワ族の食物、マコモを入れる組み組織のかごのような伝統的な素材の使い方だけでなく、それまでになかった新しい方法を取り入れて、彼女なりの工夫をすることで伝統的な技術を展開しているのです。

縄文時代においても、一つの素材における加工の方法を変えることで素材の柔軟性を

6-4
復元から見えること

変えて、編み技術の適応範囲を広げていったことでしょう。また、地域にある他の植物を使って数種の編み方を試すことで、使えるかどうかを見て、新しい素材を増やしていったり、既存の編み方を変えてバリエーションを積み重ねていったことでしょう。

かご作りの知識だけでなく、素材の採取場所、時期や採取方法、切ることなく良質の繊維をもつ植物を見つける方法、刃物がなくても幅や厚みなどを調整できる加工や柔らかくする方法、数種の色に染める技術もあったかもしれません。さらに考えれば、その植物を保護したり、確保する知恵も必要だったことでしょう。かごが必要とされた状況、かご作りや素材探求を可能にした環境などが背景に浮かび上がります。

かごを作る作業は計画性を伴います。必要に迫られているとはいえ、作りたいという意思がまず存在し、形や素材が決まります。それを実現するため、素材の見合った量をどこで、いつ、どのくらいかけて集めるか、そして材の長さや厚み、幅や編み方、立体の方法などを経験から考える必要があります。それに基づいて材を準備し、実際にかごを製作するのですが、その際にも起こる問題を解決しなければなりません。これらの一部が今日まで残った加工や編み方の方法です。加えて、作り手の機転やパターンへのこだわりが結果に反映することは、東名遺跡のムクロジ製の大型、小型かごの複雑な組織や三内丸山遺跡の縄文ポシェットを見ても明白です。予想をたてて計画し、その計画を実行する手順や方法を考えだし、最も良い結果に向かって努力し、生活や集団のためでも美的表現は忘れない、そういう人間がいたことを縄文時代のかごは語っています。

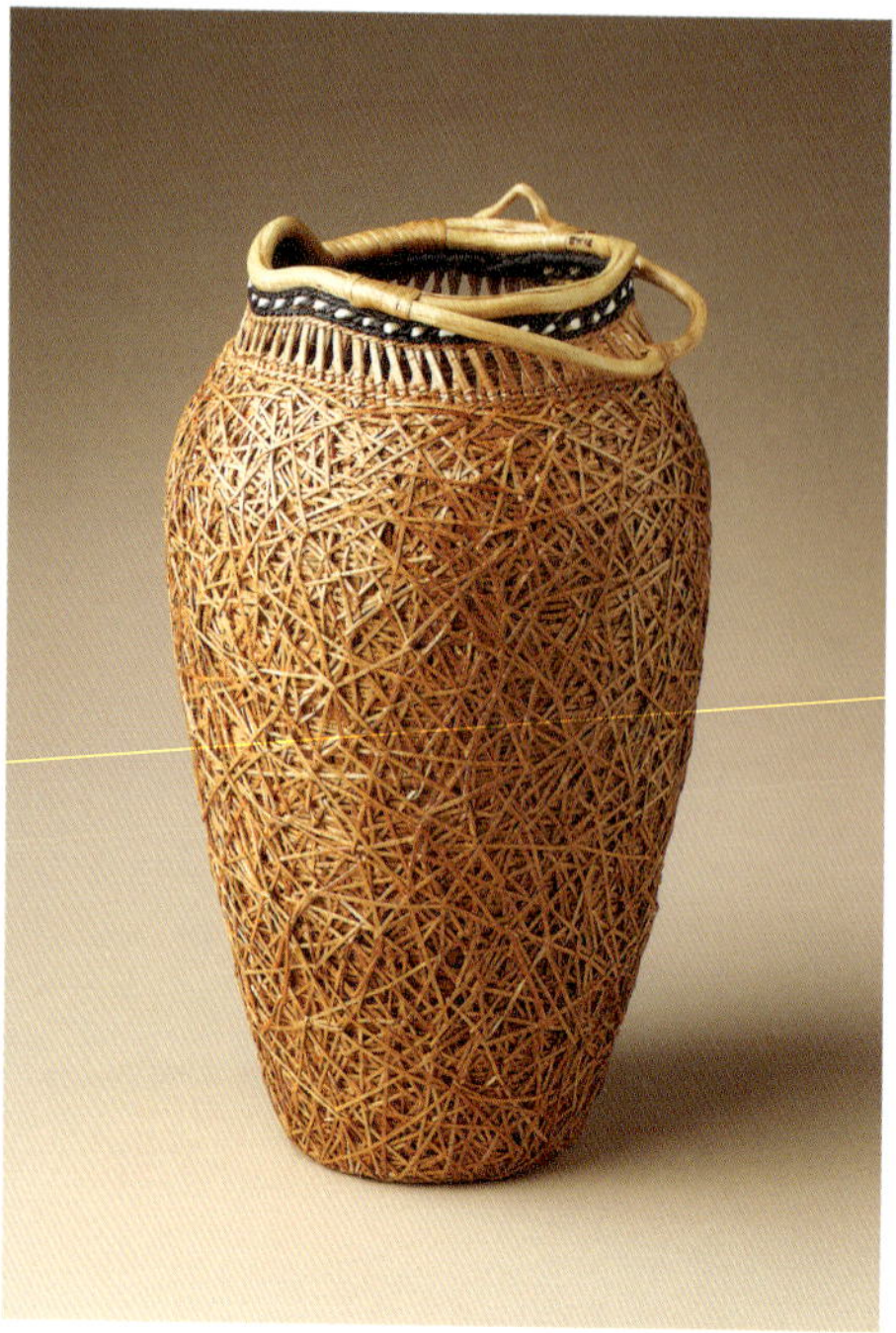

Dawn Nichols Waldenの作品：
オジブワ族の彼女は素材（シダー）を試して新しい使い方を模索し、伝統的な技術を展開している。

▲Random Order, 右は拡大。
photo by Jurate Veceraite, courtesy of Cavin-Morris Gallery
◀Random Order "Ties That Bind"
photo by Wendy McEahern

縄文時代も新しい素材や加工方法、編む技術を展開をしていたのでは。

赤字は復元かご

素材	加工・使用方法	編みの技術／特徴
ツヅラフジ	半割	東名遺跡大型かご へぎ材のタテ材の1本にツルを使い、波形網代の組織の指標にした（佐々木由香氏の推測による）
ツヅラフジ	数本の束にする	東名遺跡大型かご（イヌビワ） ござ目編みのヨコ材として使う
ツヅラフジ	丸のまま（1本で使う） 丸のまま（2本で使う）	東名遺跡大型かご 東名遺跡ムクロジ小型かご 柔軟性を利用し口縁の附属部位、口縁の巻き材にする もじりの材。上部、口縁のタテ材（へぎ材）を固定し組織を締める
ツヅラフジ	叩いて柔らかく平らにする へぎ材風に薄く割り裂く 丸のまま、皮を剥く	東名遺跡ツヅラフジ小型かご 連続桝網代のヨコ材。左欄の加工が考えられる（復元ではタテ材も削った。タテ材の間隔が密。 口縁下のもじり編みの材。皮を剥いだ白い材と皮付きの2本でもじっている。➡復元は色の差がなかったので半割にした材の内側を使う
テイカカズラ	皮つき半割（タテ材） 丸のままと皮付き半割（もじり材）	東名遺跡テイカカズラ小型かご 復元では太すぎる材を削った。もじり材、タテ材とも柔軟性がなく作業が困難。より柔軟な素材を得るには採取時期が違う？

1 同質素材の編む技術との比較

●北米先住民族のシダーのかご：素材が柔らかいため、さまざまな縁のタテ材処理方法がある。

写真提供（上２点）：Margaret Mathewson

オジブワ族のマコモを入れるかご

2 復元かごの素材の加工・使用方法と関連する現在のかごの方法

素材	加工・使用方法	編みの技術／特徴
ヒノキ、スギ内皮	裂いた繊維をなう	縄
ヒノキ内皮	厚めに剝ぎテープ状に	経緯で編む丈夫なかご　例：下北郡の背負いかご
ヒバ内皮	薄く剝ぎテープ状に	三内丸山縄文ポシェット 軽く小さなかご、波形網代
スギ、ヒノキ木部	シート状に割る	曲げて縫い容器に
イタヤカエデ、 ミズナラ木部	薄く割ってテープ状に	斜めに組む／経緯で編む
イヌビワ木部	薄く割ってテープ状に	東名遺跡大型かご 柔軟な性質。粗く編んだ組織、経緯で編む
ムクロジ木部	薄く割ってテープ状に	東名遺跡大型かご 硬いが弾力はある。波形網代、緻密な組織
ムクロジ木部	薄く割ってテープ状に	東名遺跡小型かご 複雑なパターンの連続桝網代 タテ材の間隔密度が高い➡良質の素材を使用か
ツル類 アケビ、ツヅラフジなど	丸のまま	経緯に編む。タテ材、ヨコ材は同じ もじり編みの場合はヨコ材がやや細め
アケビ	ヨコ材のみ半割 薄く削り整える	タテ材は丸のまま 半割で網代編などの組織の目が詰まる

7　縄文のかご作りに刃物はいらない？ 下宅部遺跡の4000年前の編みかご

千葉敏朗

7-1
下宅部遺跡と編組製品

下宅部遺跡は東京都東村山市にある縄文時代後晩期を中心とした低湿地遺跡です。狭山丘陵を流れる北川（宅部川）の川原を利用して、縄文人が木材加工やシカ・イノシシの解体と弓を使った狩猟儀礼、ドングリやトチの実のアク抜きなどの生業活動をしていた場所です。それに伴い木製品や漆塗り製品など、さまざまな有機質遺物が見つかっています。この中に大小さまざまなかごが五〇点ほどあります。東名遺跡の七〇〇点と比べると少ないのですが、関東では縄文時代の編組製品が最も多く出土している遺跡です。

下宅部遺跡には第七号水場遺構という、川の流れの中に杭を打って、そこに丸太を落とし込んで固定した木組みの遺構があります。上流側には丸太を二段に積み上げ、水がオーバーフローしていく砂防ダムのような構造があり、クリ材を多く使っています。この遺構の周辺でかごが多数出土しています。

かごの編み方や大きさはさまざまです。なかには形状からしてウケ、魚獲りの罠と見られるかご（第二七号）があります。先端部が収束しており、ウケの場合「尾部《びぶ》」といいますが、閉じて縛ったような跡がありますので、魚獲りの罠と考えている資料です。

一番大きなかご（第二二号）は二メートルぐらいあり、二つの部分に分かれています。編み目は細かく、素材の一本一本の幅はおおよそ三ミリ程度です。約三ミリのヒゴを編み上げてこれほどの大きなかごをつくっています。ヨコ材とヨコ材の間隔がくっつくように狭い部分と、少し隙間の開いた広い部分があり、広い－狭い－広い－狭いを交互に行っていくという、やや変わった編み方をしています。

これに対して、下宅部遺跡で見つかった中でも一番小さなかご（第三号）は、一五センチほどのものです。底は網代編みですが、立ち上がりから上はござ目編みに変わっていて、口縁の始末がきっちりとしてあります。長方形のおにぎりなどを入れる弁当箱が斜めに二つ折りにぐしゃっとつぶれたようなイメージをしていただくと、元々の形状が角のある箱の形になっていることがわかるかと思います。

ほとんどのかごは壊れた断片で出土しますが、五〇点中唯一、ものが入っている状態、つまり使用状態で残されたかご（第四九号）があります。ドングリを狭山丘陵で採取し、それをかごのまま川につけて、虫殺しをしていた段階でしょう。その途中で洪水か何かで埋まってしまい、そのまま放置されたのだと思います。縄文人にとっては残念な結果になってしまったのですが、現在考古学をやっているわれわれとしては非常に嬉しい結果です。縄文人が失敗してくれると、いろいろな情報が残り、使い方がわかるのです。

それから、土器の内側にかごが焦げ付いている状態の資料があります。これは、土器の内側にかごを設置して調理をした、つまり蒸し器だったのでしょう。縄文時代の調理法には「煮る」「焼く」のほかに「石蒸し料理」といわれる集石土坑を使った調理法がありますが、石蒸しではなく土器にかごを設置して蒸す調理法が間違いなくあったことがわかりました。しかも網代編みで非常に目の詰まった編み方をしています。内容物が下の沸いている湯の中に落ちないように、しっかりと目を詰め、今のセイロのような使い方をしていることがわかる資料です。土器に焦げついたかごの資料が六点発見されていますので、蒸す調理法は縄文時代後晩期では普通に行われていたと考えてよいでしょう。蒸す調理法が加わると、縄文料理のバリエーションがとても広がります。

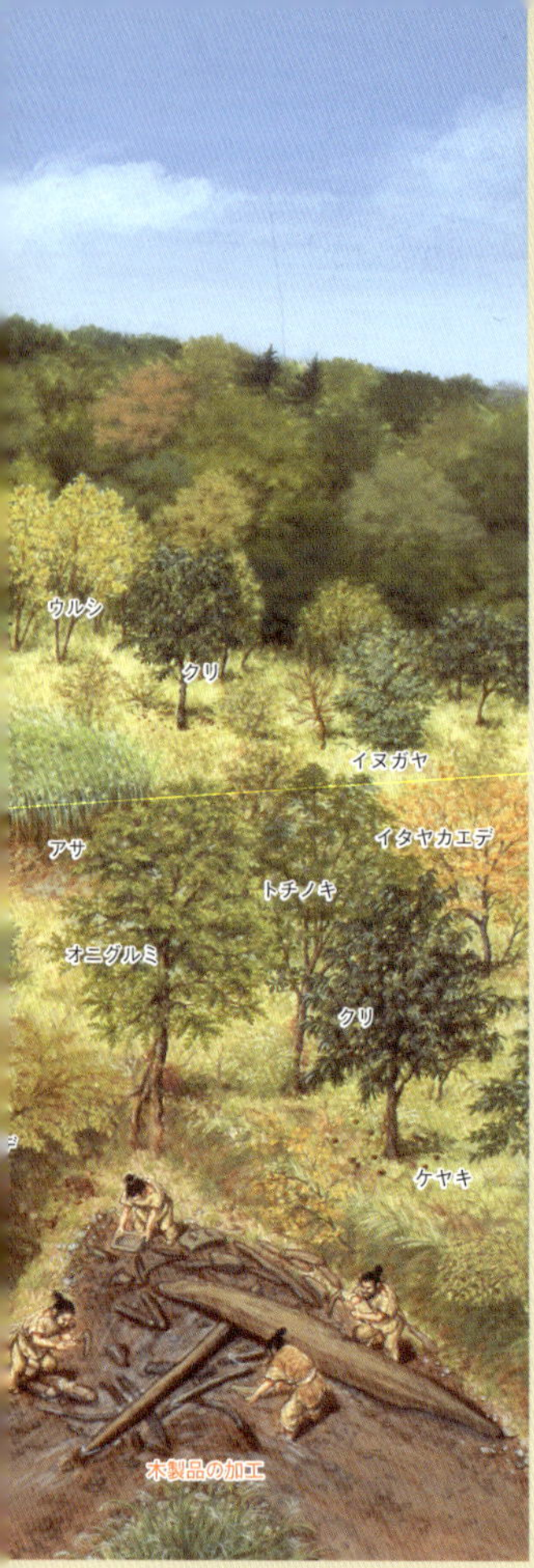

▲第27号編組製品（筌〈ウケ〉、約55cm）

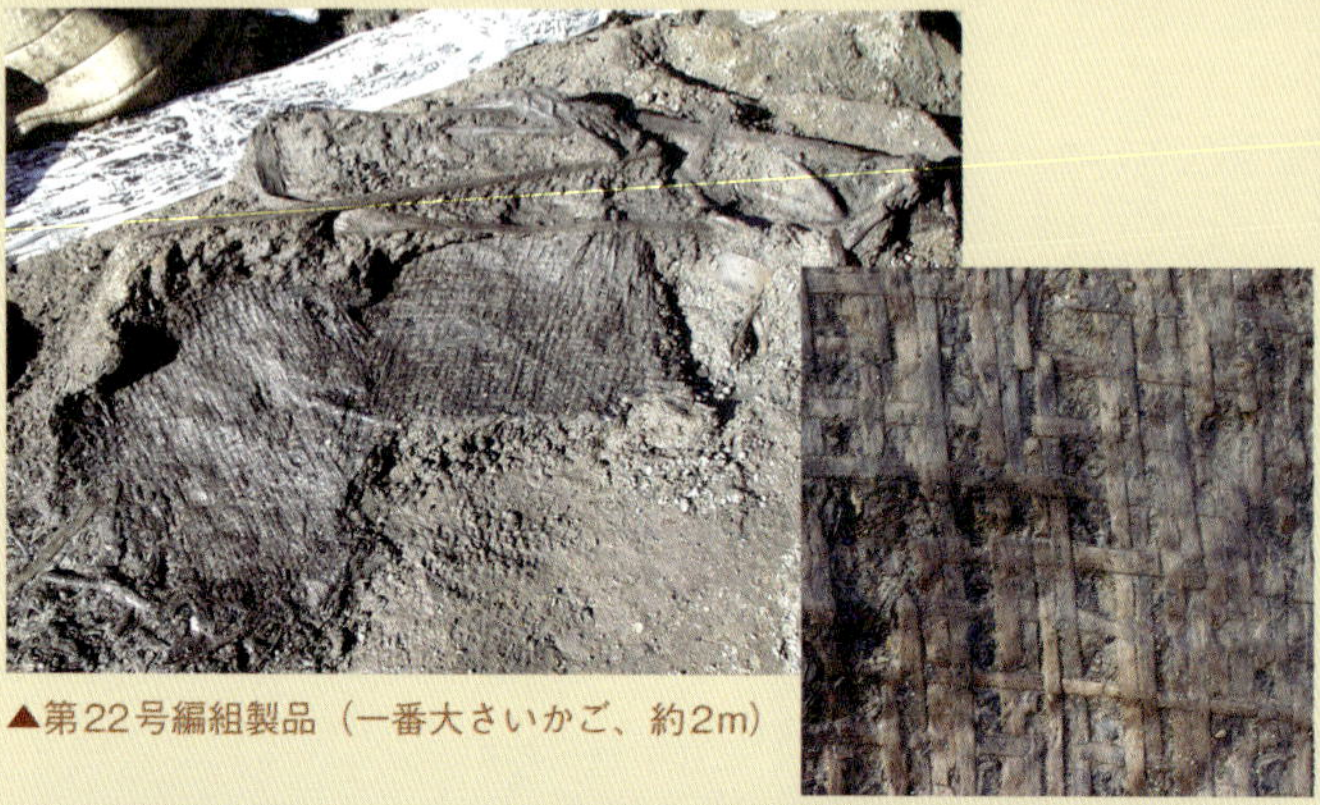

▲第22号編組製品（一番大さいかご、約2m）

▲第3号編組製品（一番小さいかご、約15cm）

▲土器に焦げ付いた編組製品（蒸し器）

▲第49号編組製品（ドングリが入っていたカゴ、約50cm）

1 下宅部遺跡と編組製品の出土状況

▲縄文時代後期（約3700年前）の下宅部遺跡の復元画

▲第7号水場遺構全景：水がオーバーフローしていく砂防ダムのような構造になっている。この周辺で多数のかごが出土。

▲右上：護岸状の構造
右下：堰状の構造

7-2 第8号編組製品の復元実験と素材

第八号編組製品にはひとつのかごを編み上げる中で、複数の技法が使われています。底径約二〇センチ、高さ約四五センチの縦長のかごで、底部は「網代編み」、胴部下半が「飛びござ目編み」で、途中から「ござ目編み」に変化します。そこにヨコ材を加え、二本の編み材を螺旋状にヨコ材に巻き付けながらタテ材に編み込む「ヨコ添え巻き付け編み」を行っています（第8章2参照）。このヨコ添え巻き付け編みを、ござ目編みを挟みながら口唇部まで編み上げ、最後は矢《や》筈巻縁《はずまきふち》で縁の仕舞をしています。胴部上半のヨコ添え巻き付け編みは、補強と同時に装飾的効果を意識したものでしょう。

このかごは底部から口縁部まで全部が繋がった状態で残っており、復元のしがいがあるかごだと白羽の矢が立ち、「あみもの研究会」の復元実験の対象に選ばれました。製作した復元品は、国立歴史民俗博物館の第一展示室のリニューアルで平成三〇年度末から展示される予定です。

復元実験でつくったかごは大小二個あります。復元実験は二〇一四年八月頃と二〇一五年一～二月、二〇一五年二～三月にかけて、三回に分けて行いました。小さいかごは夏の一回目に製作したもので「試作品」の製作という形で実験を行いました。この第一回目の実験では遺跡出土資料を忠実に復元できなかったため、冬までの間にいろいろ検討を重ね、最終的にできあがったのが「完成品」です。夏に製作したかごから冬に製作したかごに至る間に、縄文のかごづくりのコツがいくつも見えてきました（第8章参照）。

第八号編組製品の復元の素材には何を使ったら良いでしょうか。樹種同定によると関東周辺の遺跡で出土する縄文時代の編組製品の素材は、ほぼタケ亜科の割り裂き材であることがわかっています。また、下宅部遺跡出土の素材束の葉鞘《ようしょう》の植物珪酸体分析によってネザサ節の機動細胞が検出されたことから、下宅部遺跡の編組製品の素材がアズマネザサであることがほぼ特定されています。アズマネザサは現在でも東日本に広く自生しており、東村山市では行われてはいませんが、八王子市などでは「多摩のめかい」としてかごづくりの技術が受け継がれており、一一月から二月の冬の間に採取したアズマネザサを用いています。八月の復元実験では、二〇一四年七月に千葉県佐倉市で採取したアズマネザサを使用しましたが、冬の実験では二〇一四年一二月に宮城県蔵王町で採取したアズマネザサを主に使用しました。

七月に採取したときは、いろいろな状態のアズマネザサを採ってきてしまい、桿が太いものも細いものもありました。一応それらを太さで分類して復元実験を行いました。八月の復元実験がうまくいかなかった後、アズマネザサの一年生、その年のものが良いことをかごづくりの職人さんから教わりました。節の所に白い部分があるものが一年生の特徴で、冬に二回目の復元実験を行ったときには、そういう素材の選択から気をつけて採取することができました。

ところで、素材となるアズマネザサを縄文人はどのように採取したのでしょうか。国立歴史民俗博物館が製作したアズマネザサの刈り取りの復元画では、実際に刈り取っている手元が描かれていません。どうやって刈り取ったのかがまだわからないからです。刈り取りにはさすがに石器、つまり刃物を使ったと思いますが、この点についても今後の実験で明らかにしていきたいと思います。

縄文人はアズマネザサをどうやって刈り取ったのか？

▲いろいろな状態のアズマネザサを採取し、太さで分類

◀節にある白い部分が1年生の特徴

1 第８号編組製品と復元実験の素材

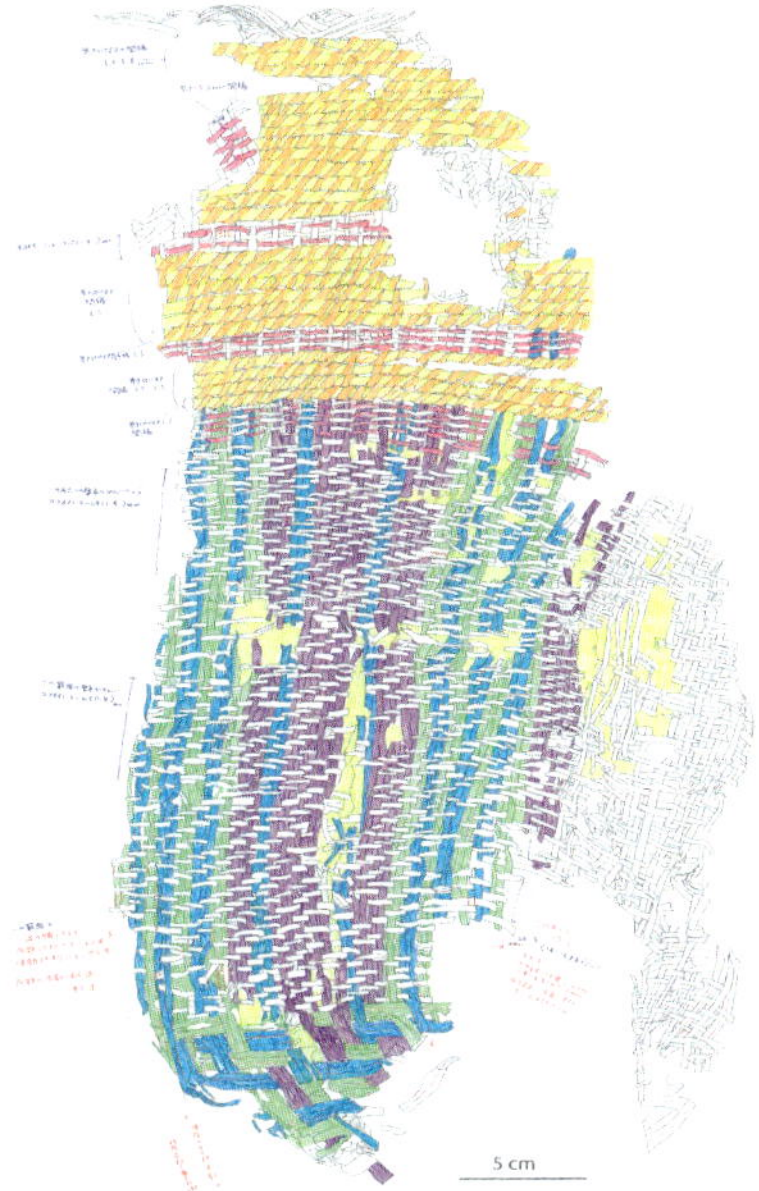

▲第８号編組製品の出土状況と（上）実測図（下）

▲復元実験による試作品（上）と完成品（下）

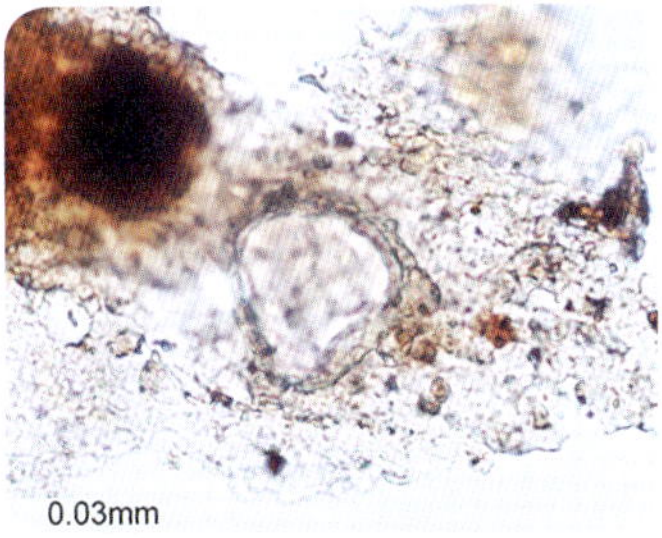

◀下宅部遺跡から
土した素材束と
の葉鞘から検
た植物珪酸体

生育一年目で直径一〇ミリ未満のアズマネザサが、まだ稈が柔らかくかごづくりに適していることがわかりました。しかし実験では、量を確保するために、直径一五ミリ程度までのものも使用しました。これらを採取し、陰干しをしてから保管し、作業日の四〜五日前から水に浸け置きして十分に水を含んだ状態にしておきました。復元製作用に大量の材料を揃えなければならないため、ほとんどの作業には現在の竹割り鉈等の鉄製の刃物を使用し、二分割→四分割→八分割と割っていきました。実験的に黒曜石やチャート、砂岩などの石器での粗割も行い、石器でも素材の粗割が十分に可能なことも確認しています。

また、こうした刃物を使わなくても、叩いて割ることで素材の粗割が可能であり、出土資料との比較から、縄文時代にこの「叩いて割る」技術が確かに存在していたことを明らかにすることができました。どういった技術かというと、アズマネザサを木の台の上に乗せて叩き棒で真上から叩くのです。むやみに叩けばいいというものではなく、きちんと頂点を決めて最初の亀裂を追いかけながら叩きます。そうすると、上下左右に亀裂が入ってきれいに四等分に割れます。しかし、部分的につながっているため、一カ所の割れ口から開くと、およそ八〜一二ミリ幅の素材が四枚つながり、節の位置が揃った、幅広の素材となります。四分割の素材には丸みがまだあるので、その頂点を叩くと八分割になります。亀裂を手で裂いて分離させると、簡単に四分割や八分割の素材をつくることができるのです。

この四分割の素材ができたときに、このような素材をそのまま編んでつくられた第三

○号編組製品があったことを思い出しました。四枚一組の幅広の素材をタテ材とし、二枚一組の素材をヨコ材としていて、それぞれの素材の節が揃っていました。発掘された当初は、縄文人が節の位置まで気にしてわざわざ節をきれいに揃えて編んだのではないかと考えていたこともあったのですが、そうではなかったのです。

節が揃っていたのは、四分割した素材を分離させていなかったからです。刃物を使って割ると、二分割して分離させたものを更に分割するので、繋がった素材をつくることはできません。叩いて割った場合だけ繋がった素材をつくることができます。つまり、この第三○号編組製品の存在が、編組製品の製作技術として素材を「叩いて割る」ことが行われていたことを証明しているのです。

ただし、この状態で編まれた製品は、素材の内側を削いで薄くすることができないので、かごなどの立体物をつくることはできません。壁や仕切り、敷物的な用途が想定されます。証拠となった編組製品は、川の流れの中に設置された木組遺構から出土しているため、漁撈用のヤナのようなものに使われていた可能性が考えられます。

また、このような幅の広い素材を分離させてから編んでいる敷物的な編組製品（第三七号）もあります。二本単位で編んでいますが、素材の節の位置が揃っていません。一回バラバラにしたものを編んでいるのです。この資料は縁の始末が面白く、ヨコは二本単位ですが、タテは一見四本単位に見えます。縁でU字型に折り返した二本一組のタテ材を、隣りのタテ材に並べてくっつけて編んでいるのです。縁にU字型の部分をもってくるところがこの敷物の縁の処理方法になります。

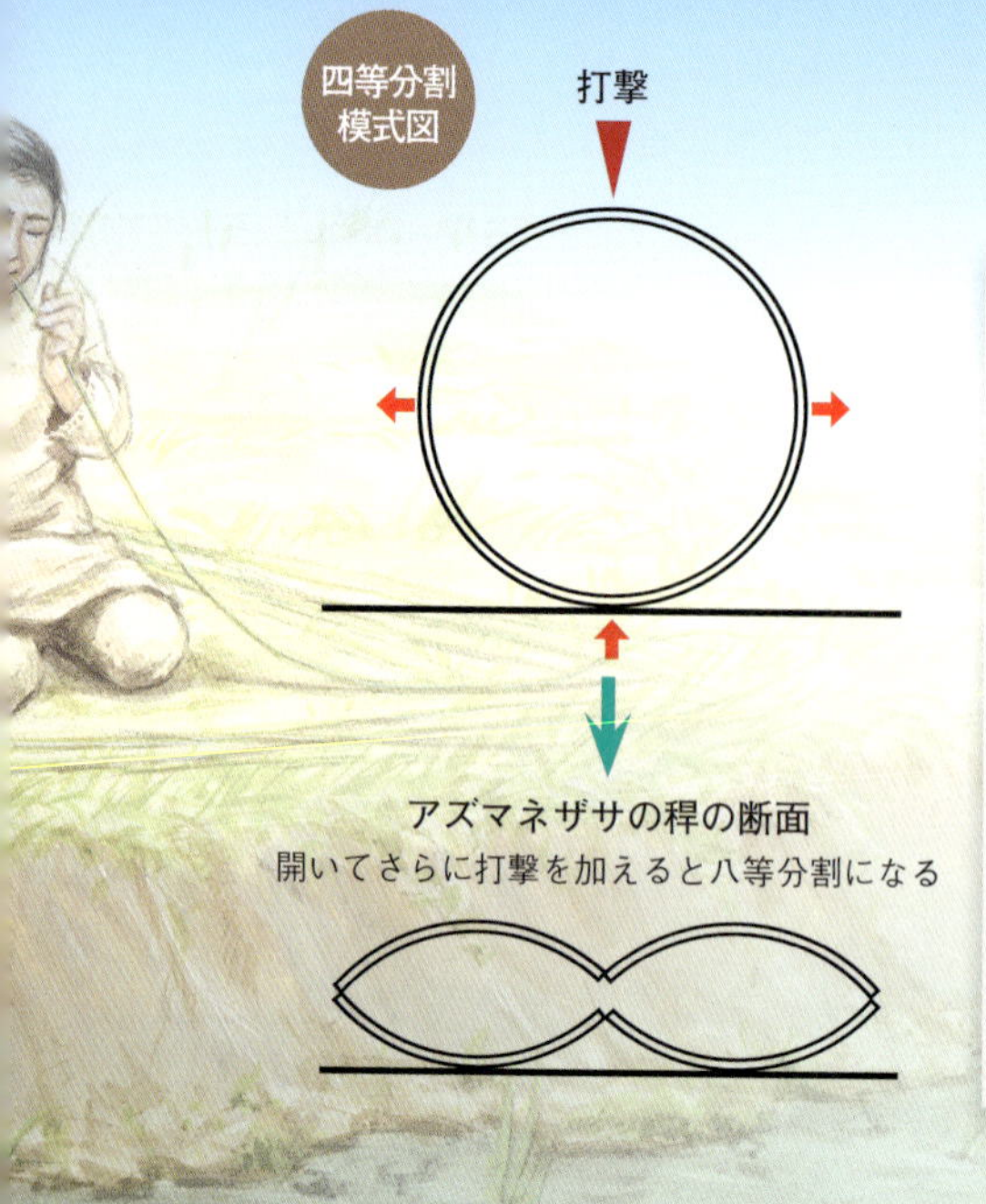

▲節が揃って繋がっている状態

2 叩いて割った素材で作った編組製品

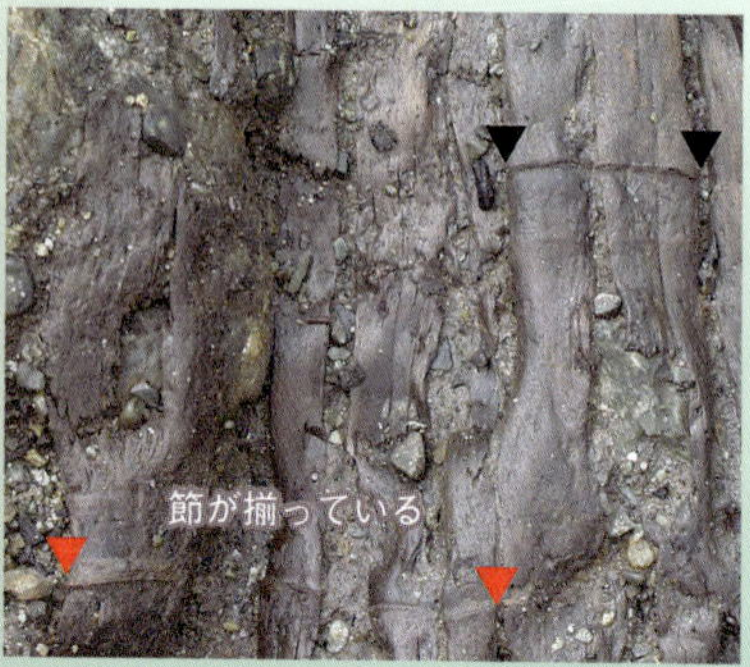

▲「叩いて割る」技術の存在を証明する編組製品

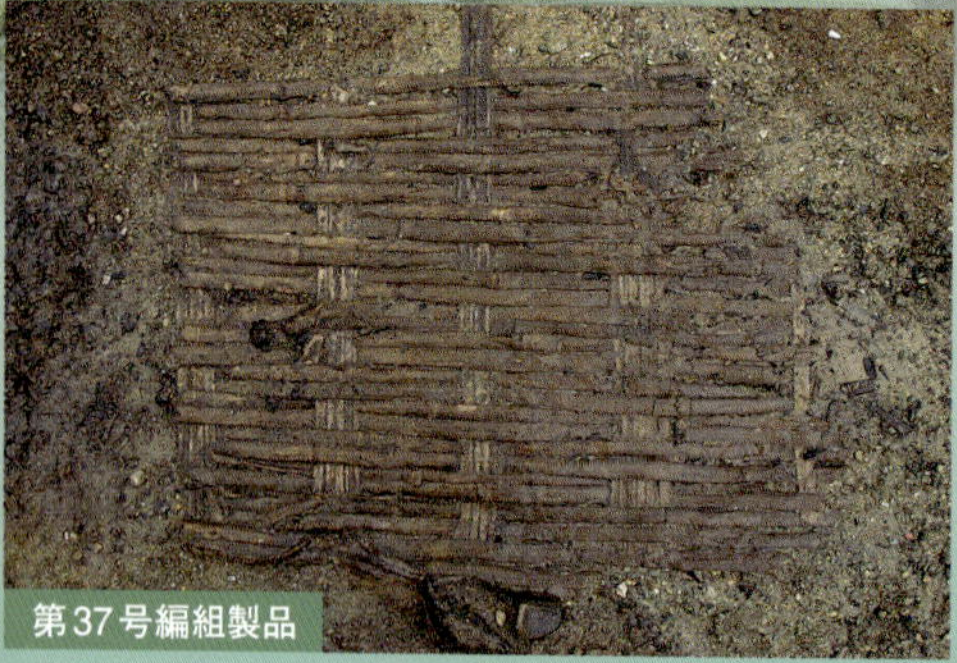

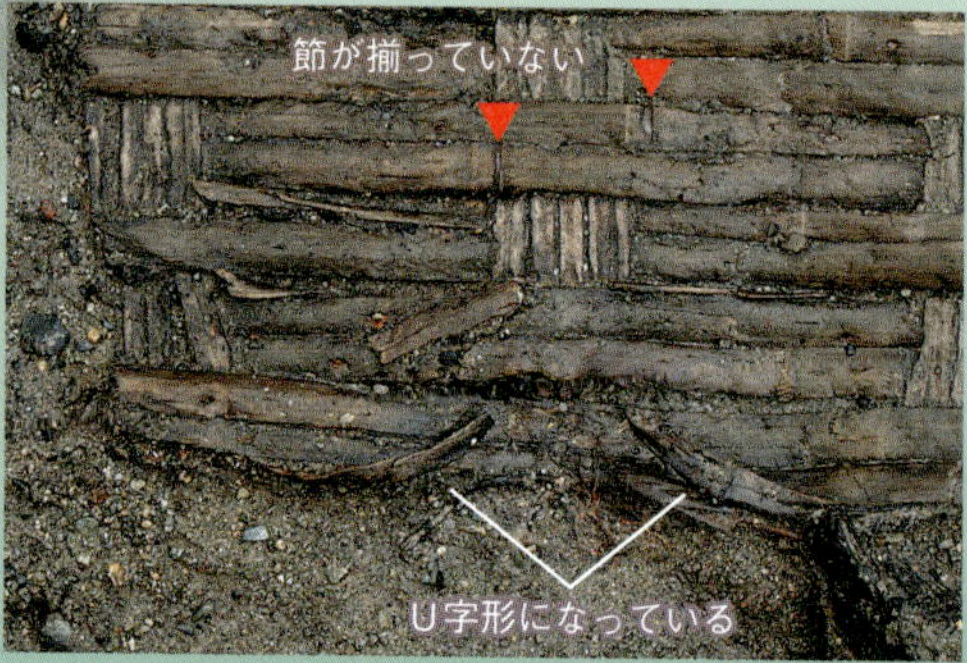

▲太い素材で編んだ敷物的な編組製品

1 第8号編組製品を作る—素材の粗割り—

素材の粗割り

粗割

石器による粗

叩き割る

開く

次にヒゴをつくります。アズマネザサを八分割にした素材を薄く剥いでいきます。復元画では、粗割をした素材を水漬けにしながら、内側の柔らかい部分を剥いでいる状況が描かれています。

剥ぎ方は、素材の端を折って、折れ口から稈の表皮を剥ぎ取るとヒゴになります。復元実験では刃物を入れて剥いでいますが、手だけで剥いでいくこともできます。内側の部分を口でくわえながら剥ぐと効率よく剥ぐことができます。節のところだけややきつくなるので刃を入れますが、慣れると節のところも手だけで剥ぐことができるようになるので、ヒゴを剥ぐのにも刃物は必要ありません。

八等分にした素材からどれくらいのヒゴが剥げるのかは、厚みと幅の関係できまります。直径約一〇～一五ミリのアズマネザサからは幅約四～六ミリのヒゴの素材ができます。下宅部遺跡出土の資料の中にも、ヒゴの幅の広いものとしては一〇ミリぐらいの幅のヒゴを使った六つ目編みのかごもありますから、そういう大型のかごについては、一年物ではなくて二年物などの太くて硬めの素材を使っている可能性もあります。ただ復元実験の対象とした第八号編組製品の場合は、柔らかくて薄いヒゴが取れるように一年生のものを使ったと考えています。

また、剥ぎ取る角度により〇・一ミリ単位で厚さを調節することが可能です。計算上では厚さ〇・一ミリに剥ぐと幅二・〇～二・五ミリ、厚さ〇・二ミリでは幅二・八～三・四ミリ、厚さ〇・三ミリでは幅三・四～四・二ミリ、厚さ〇・四ミリでは幅三・九～四・八ミリ、厚さ〇・六ミリで幅五・七ミリのヒゴを剥ぐことができます。厚めに剥

7-4

第8号編組製品をつくる―ヒゴづくり―

いで幅が広いヒゴをつくり、それを再度剝いで中央部の厚みを薄くすることも可能です。巻き付け材用の薄くて幅のあるヒゴはこのようにして作製しました。

第八号編組製品のヒゴの幅と厚みはどうでしょうか。計測するとタテ材の幅は二・二〜四・〇ミリ、ヨコ材の幅は胴部下半で二・二〜二・六ミリ、胴部上半では一・一〜一・九ミリ、ヨコ添え材は三・四〜四・八ミリ、巻き付け材は一・六〜三・一ミリとなっています。厚さは一番状態の良さそうなヨコ材で大体〇・三ミリです。

下宅部遺跡で見つかっている他の編組製品ではどうでしょうか。編み目の粗い第三九号、第四一号、第四二号、第四五号、第四六号編組製品のヒゴはかなり厚く、大体〇・五ミリです。目の詰まった第四〇号編組製品だけ約〇・三ミリで、第八号編組製品と同じくらいのヒゴの厚さです。

これらの編組製品のヒゴの断面を顕微鏡写真で現生標本と比較してみると、導管などの細胞組織がほとんどつぶれていないことがわかります。したがって、この〇・五ミリというのは、ほぼつくられた当時の厚さと変わっていないと考えられます。やはり六つ目編みなどの目の粗いものをつくるときは、ヒゴも厚みがあって強度があるものを使っているのに対し、第四〇号編組製品のように網代編みなどの目の詰まったものには、薄いヒゴをつくって編んでいることが見えてきました。

そこで、復元実験では、かごのタテ材用のヒゴは厚さ約〇・四ミリ、ヨコ材用は約〇・三ミリ、ヨコ添え材用は〇・五ミリ、巻き付け材用は約〇・二ミリを目安とし、幅は出土資料に合わせて調節をしました。

ヒゴの断面の厚さと編み方

39号 四つ目編み　ヒゴの厚さ：約0.5mm

40号 網代編み　ヒゴの厚さ：約0.3mm

41号 編み方不明　ヒゴの厚さ：約0.5mm

42号 飛びござ目編み　ヒゴの厚さ：約0.5mm

45号 六つ目編み　ヒゴの厚さ：約0.5mm

46号 六つ目編み　ヒゴの厚さ：約0.5mm

42号の断面

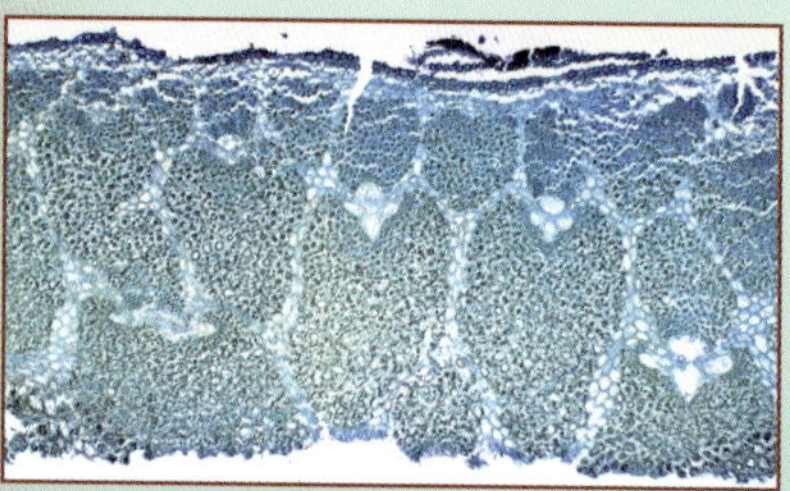

46号の断面

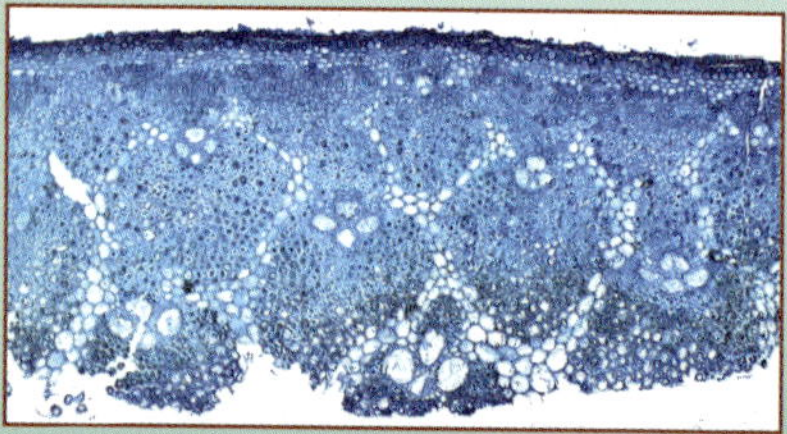

▶細胞組織が潰れていないので、作成当時と同じ厚さであることがわかる。

1 第８号編組製品を作る―ヒゴ作り―

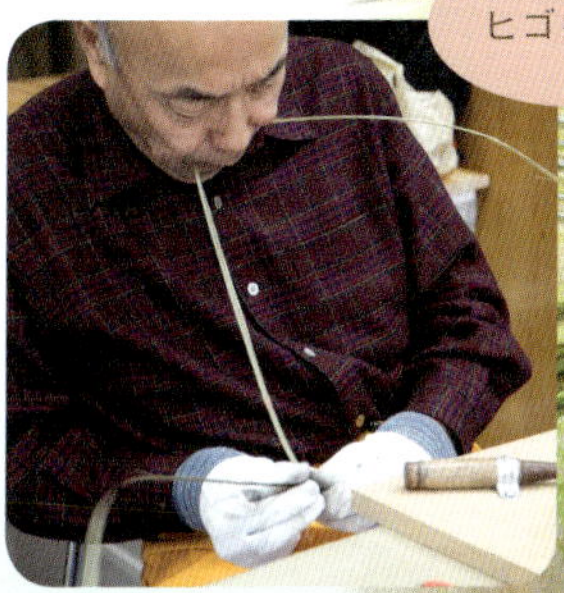

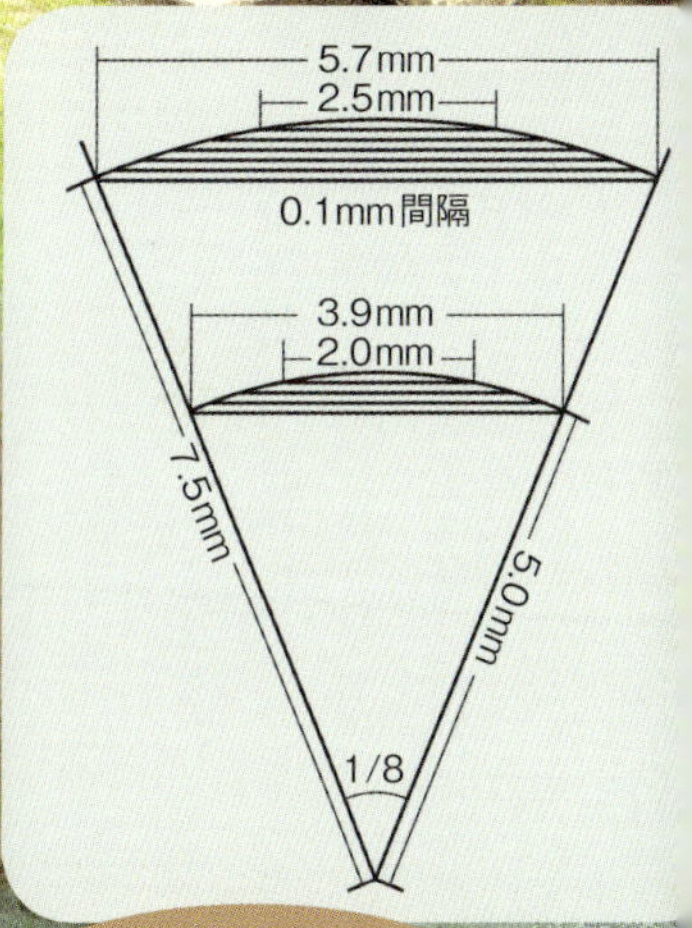

八等分割から採れる
ヒゴの厚さと幅の模式図

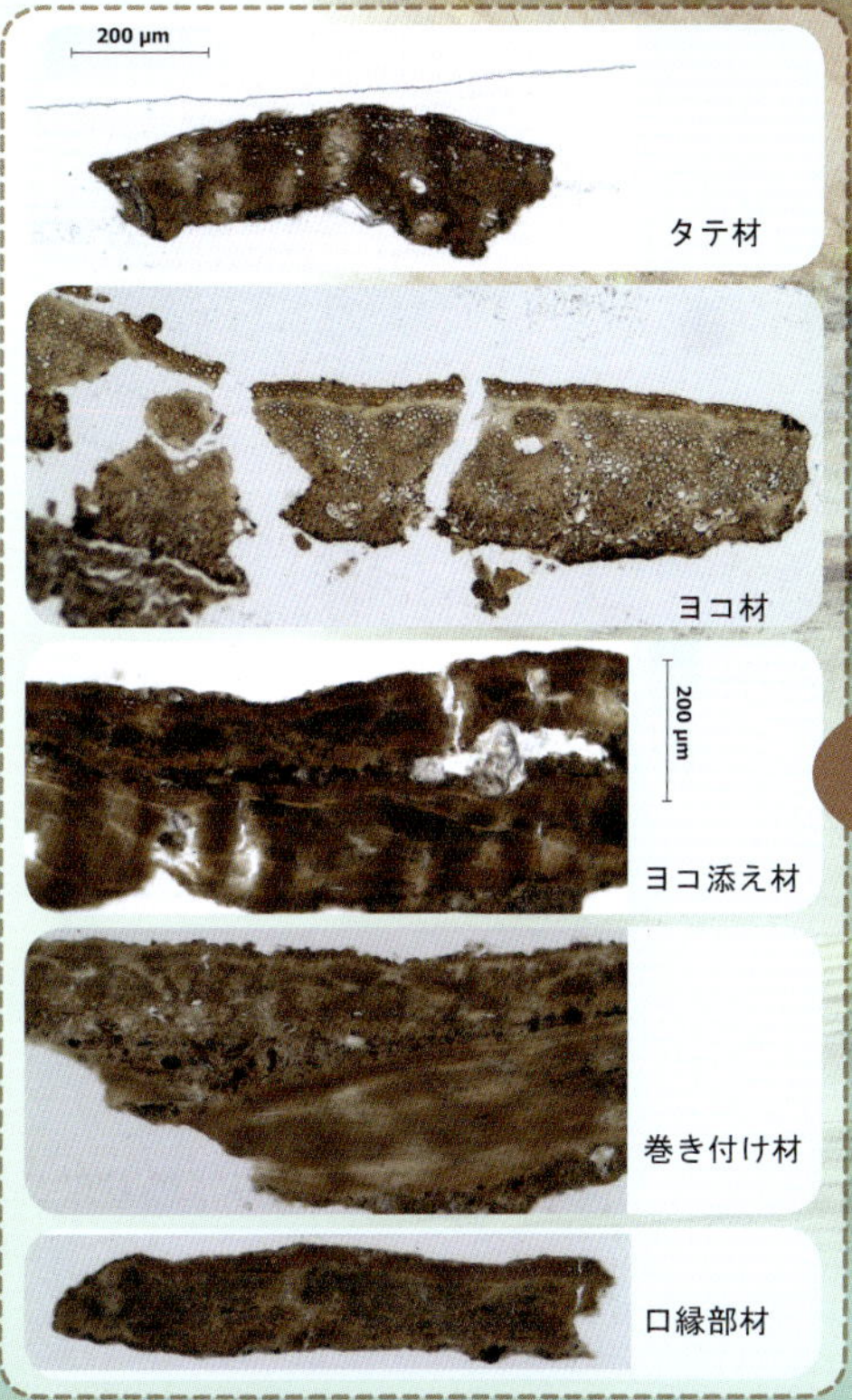

第８号編組製品の
ヒゴの断面
（ヒゴの厚さ：約0.3mm）

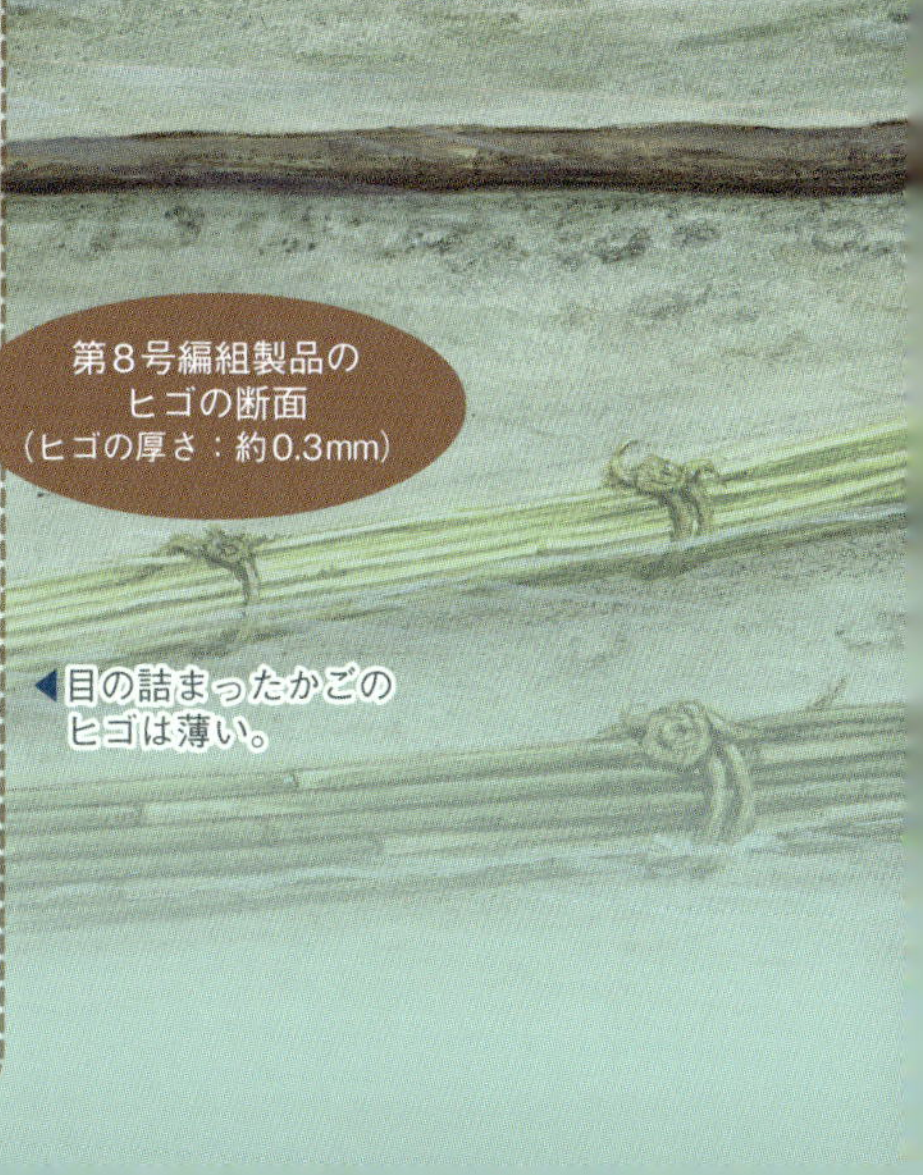

◀目の詰まったかごの
ヒゴは薄い。

このようにして準備したヒゴを用いて、かごを編み上げていきます。編み上げ作業では、まず底部を編んでいきます。底部は約一八×一八センチの二－二－一の網代編みで作成しました。底の部分には幅広の素材を混ぜて使いました。幅二・五ミリと四・〇ミリのヒゴを組み合わせ、立ち上げのときに四・〇ミリのヒゴを二本に裂いてタテ材の本数を増やしていくという技法を使っています。この技法は第八号編組製品だけではなく、第七号編組製品という六つ目の変形のかごにも見られます。立ち上げるときに裂いて本数を増やしていく技法も、縄文時代のかごづくりに特有な技法と考えられます。

胴部下半は目の詰まった三－三－二の飛びござ目編みで編み上げていますが、ヒゴが薄いために背が高くなるにつれて張りがなくなり、器形が安定しません。そこで、ヨコ添え巻き付け編みを付加します。胴部上半に入り、タテ材三本を束ねて一－一－一のござ目編みに変化させ、やや厚みのあるヨコ添え巻き付け編みを加えると器形に張りが戻りました。これは補強材としての役割を担っていることがわかります。一方、三本を一本にしているので、編み目の数が減ります。編み目がすかないようにグッと縮めると、頸部がくびれてきます。以前は頸部をまっすぐに復元した例もあったのですが、実際に復元しながら詳細に実物を見ていくと、頸部でくびれざるをえないのです。こういった点が、実際に復元実験をすることでわかってきました（第8章2参照）。

復元実験で八月に製作した試作品（失敗作）と、二月・三月に製作した完成品の、ヨコ添え巻き付け編みの部分を比較してみます。巻き付け材の角度が試作品は斜めで、完成品はかなりタテになっています。試作品は巻き付けの間隔が広いから斜めになってしまったのです。実際の出土遺物の巻き付けは完成品に近く、あまり斜めではありません。つまり、実物に合わせてヨコ添え巻き付け編みを行ったところ、かごの頸部にくびれが現れてきたということです。

さらに編み目の間隔や巻き付け材の螺旋の傾きを出土資料と同じようにしながら編み上げていったところ、頸部でくびれた後に口唇部に向けてラッパ状に広がる器形となりました。これらの発見は、第八号編組製品を詳細に観察しながら立体的に復元したからこそ明らかになった成果といえます。

最後に、下宅部遺跡の第八号編組製品の復元実験からわかったことをまとめたいと思います。まず、下宅部のかごをつくるときには、素材を叩いて粗割りをしていることがわかりました。この技法はかごづくりの技法としては初めて明らかになった技法です。そしてヒゴは刃物を使わなくても、手と口で剝いでいくことができます。刃物を使わなくても、このようなかごをつくることは可能であるという、縄文時代のかごづくりの技術が復元実験によってわかってきました。また、底から立ち上げるときにタテ材を裂いて本数を増やしていることや、くびれのある器形など、実際に立体物をつくると、遺物の実測図や出土資料の観察からだけではわからなかったことも見えてきました。

アズマネザサを「どうやって刈り取ったかわからない」という話をしましたが、もしかしたら刈り取りのときには刃物を使ったのかもしれません。どうすれば効率よくアズマネザサを縄文時代の道具で刈り取れるかということも、今後検討していきたいと考えています。

復元実験による試作品と完成品

試作品

完成品

▲第８号編組製品のヨコ添え巻き付け編み部分

ヨコ添え巻き付け編み部分の比較

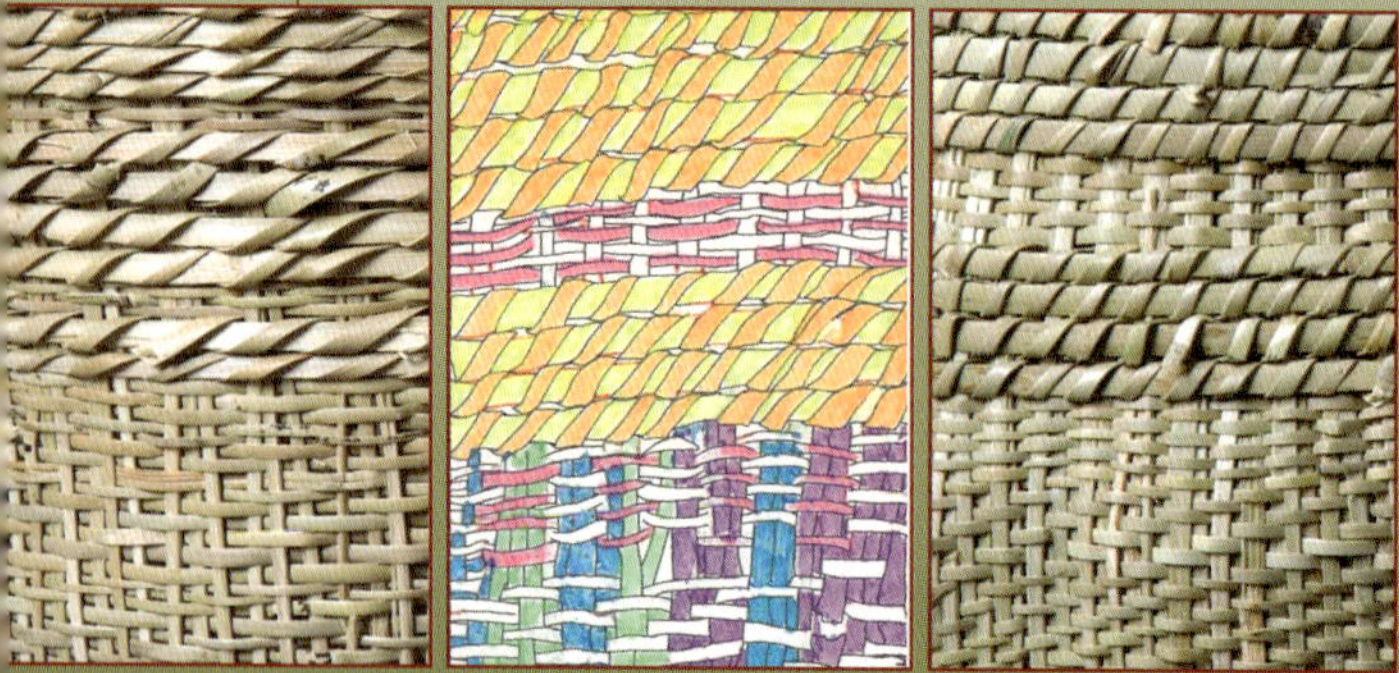

▲試作品（左）は巻き付け材の角度が斜め。完成品（右）はタテになっており、出土遺物のそれに近い。

1 第8号編組製品を作る—編み上げ—

第7号編組製品

▶立ち上げ時に太いヒゴを2本に裂いてタテ材の本数を増やす。

▶タテ材を裂く

▲2014年8月復元実験

▲2015年1～3月復元験

8　下宅部遺跡と正福寺遺跡のかごを復元する　本間一恵

8-1

下宅部遺跡のアズマネザサのかごを復元する

私がかごを編んでいる人間だからでしょうか、先史時代の博物館の展示が石器や土器ばかりが中心なのを残念に思ってきました。有機物の出土例は限られているので仕方がないことなのですが、縄やかごなどさまざまなものが植物を素材として作られ使われていたことは確かなことですので、その実態をもっと知りたいと考えていました。

近年になって、縄文時代の低湿地遺跡からの編組品遺物の出土例が増加し、思いがけずその復元に携わる機会に恵まれました。その中から、東京都東村山市の下宅部遺跡のかごと、福岡県久留米市の正福寺遺跡のかごの復元について紹介します。いずれも縄文時代後期（約四四〇〇～三三〇〇年前）に位置づけられるかごです。

まず、下宅部遺跡のアズマネザサのかごの製作について、編み手の視点からご紹介します。このかごの復元では、二〇一四年七月に千葉県佐倉市へ素材となるアズマネザサの採集に行きました。アズマネザサは比較的どこにでもある素材ということで刈り取ったのですが、実際、私のような植物学の素人が見ると、他のタケやササとの見分けがなかなかつかず、採取した素材が「アズマネザサ」であるという自信がもてないような状況でした。その後、二〇一四年八月に、東京都東村山市の「八国山たいけんの里」で、佐倉市で採ってきた素材をまず広げてみましたが、「どうやってヒゴを作ったらいいものだろうか」と呆然としました。私と高宮さんは普段かごを作っていますが、「あみもの研究会」の方々はヒゴ作りがまったく初めてです。写真④の手前に編み手が二人いますが、あとは全員ヒゴを作る人びとです。かごの製作の中でヒゴを作る作業の比重はとても大きく、いろいろ遠い所から駆けつけた助っ人も加えて最終的には一四～一五人になり、「こんなに多くの人がやってくれているの？」と驚きました。素材を「編む材料」に変えるということはとても手間がかかる作業です。私たちは本当に最後の編むところだけの作業で参加したという形です。

復元実験では、遺跡から出土した遺物がまずあり、遺物を観察しながらその実測図に色づけをし、どういうふうに材料が動いているのかを見ていきます。この部分は佐々木由香さんが本当に根気強く出土遺物と実測図を見比べて、読み取ってくれます。

二〇一四年八月の復元実験は四日間の計画だったのですが、「四日間で復元しようなんていうのはまったく無謀な話だ」ということだけは、作業を始めてすぐにわかりました。そこで、サイズを六〇％にしてやってみることになりました。本数と段数を減らすという意味での六〇％です。ですから、最初の実験で製作した六〇％サイズのかごも、現在のタケかごから比べるとかなり目の詰まった細かいかごです。でもまだ遺物の編み目の繊細さにはなっていません。

この八月の実験の後、アズマネザサを採る時期や加工の方法などいろいろ聞き取りをして勉強した結果、アズマネザサのかご作りのノウハウがだいぶ進化しました。二〇一五年一〜三月の二回目の実験時の様子を紹介します。アズマネザサを束にしてプールの水につけてあります。次頁はそれを二つ割りにして水漬けにしたものを取り出し、「さあ、これから料理をしよう」というところです。復元実験ではヒゴを口で裂いたりさまざまな工夫を重ね、薄いヒゴを作り、出土遺物に近い状態のかごを編めるようにした結果、復元品は実物資料にかなり近づいてきたのです。

3 2015年1～3月の復元実験

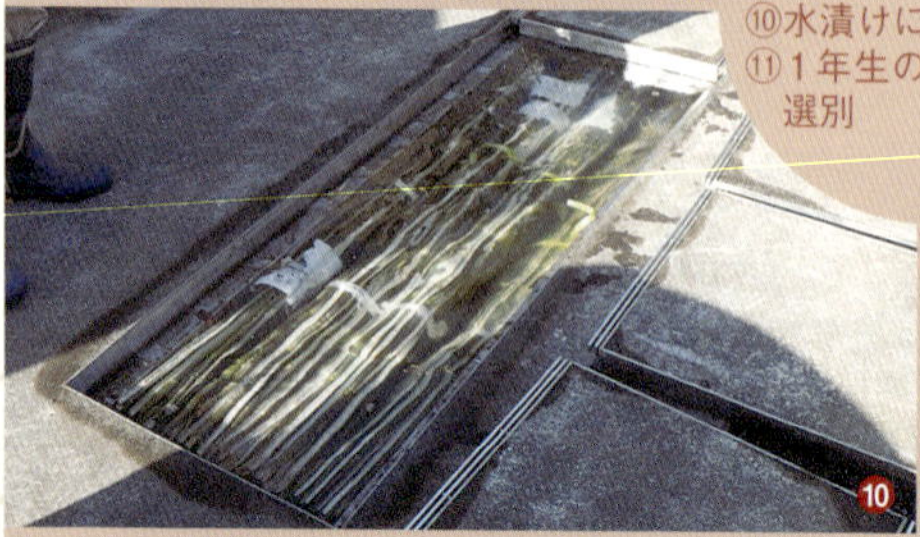

⑨宮城県蔵王町で2014年12月に採取
⑩水漬けにした材
⑪1年生の個体のみを選別

⑫2つ割りにした素材

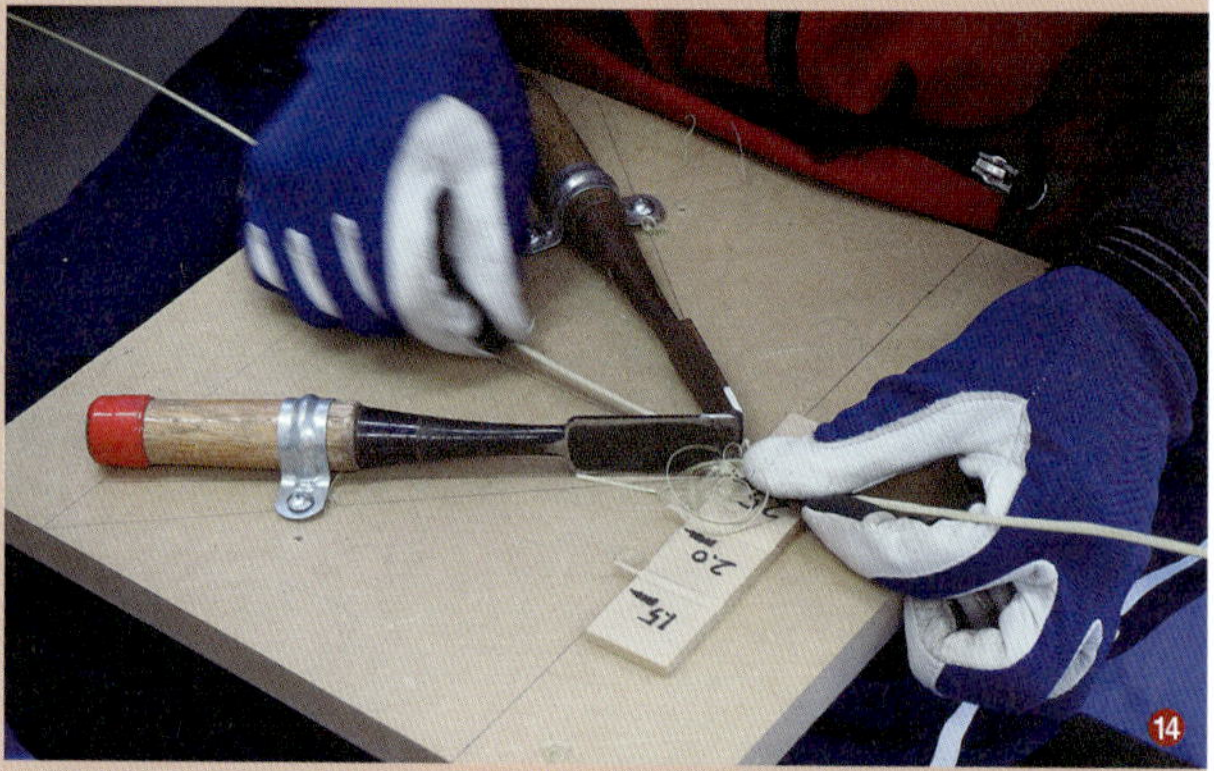

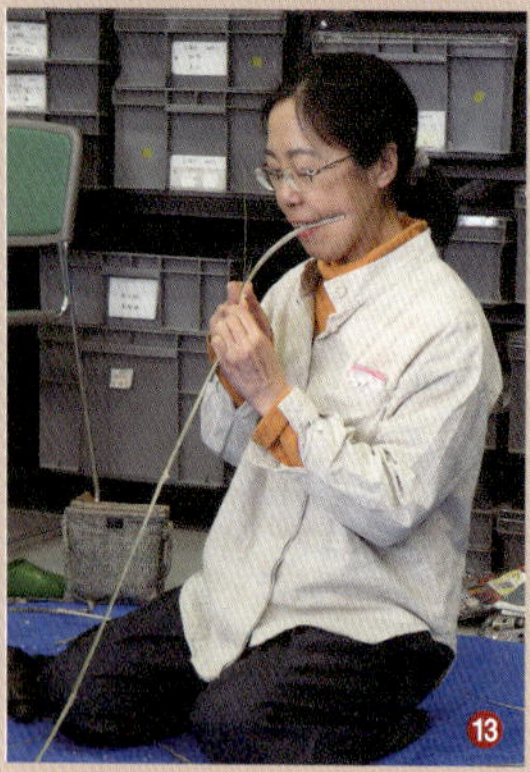

⑬口削ぎの様子

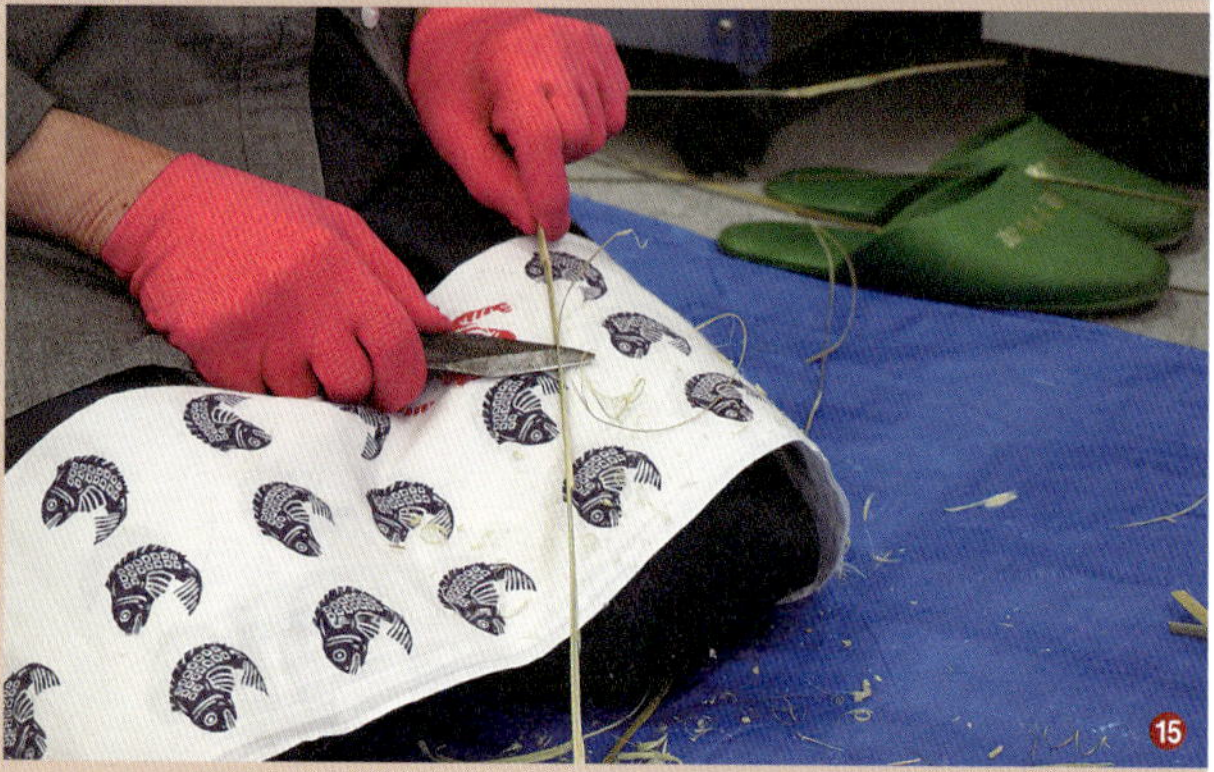

⑭ヒゴの幅を揃える。
⑮ヒゴを削ってさらに薄くする。

1 下宅部遺跡のアズマネザサのかご

①2014年7月千葉県佐倉市
②アズマネザサ
③採取した素材。メダケなどの別のササが混じってしまった可能性も？

2 2014年8月の復元実験

④2014年8月の復元実験の様子。手前が編み手2名、ほかはヒゴ作り。

⑤出土遺物の観察

⑥作業4日目の様子

⑦かなり目が詰まっているが、まだまだ荒い。
⑧高さ60%にしてひとまずの完成。

8-2

下宅部遺跡のかごの編み方

下宅部遺跡の第八号編組製品の実測図を見るとわかりますが、底から側面がしっかり残り、縁もかろうじて残っています。ただ、底の大きさが不明なため全体のかごの大きさは不確かです。高さは大体わかりますが、内部にどのくらいのスペースがあったのかはわかりません。

底の編み方は、「網代編み／三本揃え二目飛び」（04）です。直交して平面を編んでいます。これが立ち上がっていきますので、全部タテ芯になって側面の編み方につながっていきます。側面は材料がタテに並んで、それにヨコが回っていくという形です。編み方は、図のように、「三本越え三本潜り二本送りの飛びござ目編み」（03）、「タテ芯が複数のござ目編み」（02）、「二本巻き付けのヨコ添え編み」（01）でできています。

側面の一番面積の広い所が図の03の編み方で、最初に出土遺物と実測図を見たときは、あまりにも目が細かかったため「ござ目編みかな？」と思っていたのですが、よく見るとその両側に材が一本おきに入っていて、タテ芯の密度が倍になっています。三本上飛んで、三本下、グルッと回って次の段にきたときに二本ずれます。これは「三本越え、三本潜り、二本送り」という編み方です。この編み方自体は今も竹細工の資料集に出てきますのでなくなった方法ではありませんが、現在は使われることがあまりありません。上部のほうはタテの上にヨコの材を乗せて、それを二本で巻いていく、「二本巻き付けのヨコ添え編み」という編み方を駆使してできあがっています。

底が編み上がったところで本数的にはヒゴを一二〇本以上使っています。タテ材をさらに二本に裂いている部分があるので、ここの段階では裂いているところです。

編んでいる途中の様子の写真にはスプレー、はさみ、クリップ、ヘラがあります。これが縄文時代から四〇〇〇年後の文明の利器です。それくらいのものしか使っていませんが、当時の人たちは当然これらの道具をもっていません。われわれよりももっとかご作りに熟練していたから必要なかったかもしれませんし、彼らなりの工夫をしていたのかもしれません。ヘラは今も竹細工の職人さんは使っています。こういう道具類がもしかしたら遺跡の遺物の中に混ざっているかもしれません。

完成した復元品を比べてみましょう。左が一回目の実験で製作したもの、右が二回目です。だいぶ違うことがわかるかと思います。この復元実験は「八国山たいけんの里」での作業で全て完成したわけではなく、じつは途中の七〇段目から一一五段目まではかごを持ち帰って他の場所で編んでいます。ものすごく単純な作業なのですが、途中かなり時間がかかりました。単純な編み方なのにたびたび間違えて、「なんでこんなに私は間違えるんだろう」とイラッとしながら編んでいたものです。

ヨコ添えの巻き付け編みの部分を見るとわかるように、ヨコ添え材と巻き付け材の幅がかなり違います。また、動き方が違いますのでふさわしい厚さも全然違うのです。このように丁寧に素材を作らないと、遺物と同じように編むことはできません。

じつは「八国山たいけんの里」ではこの復元実験の前に、ツルやテープなどのアズマネザサとは違いもっと使いやすい材料で第八号編組製品の復元品が作られていました。これらの頸はまっすぐです。しかし、ヨコ添え巻き付け編みの部分の編み方の角度を出土遺物に忠実に編むことによって、今回はこういう形になったのです（第7章参照）。

第8号編組製品
の実測図

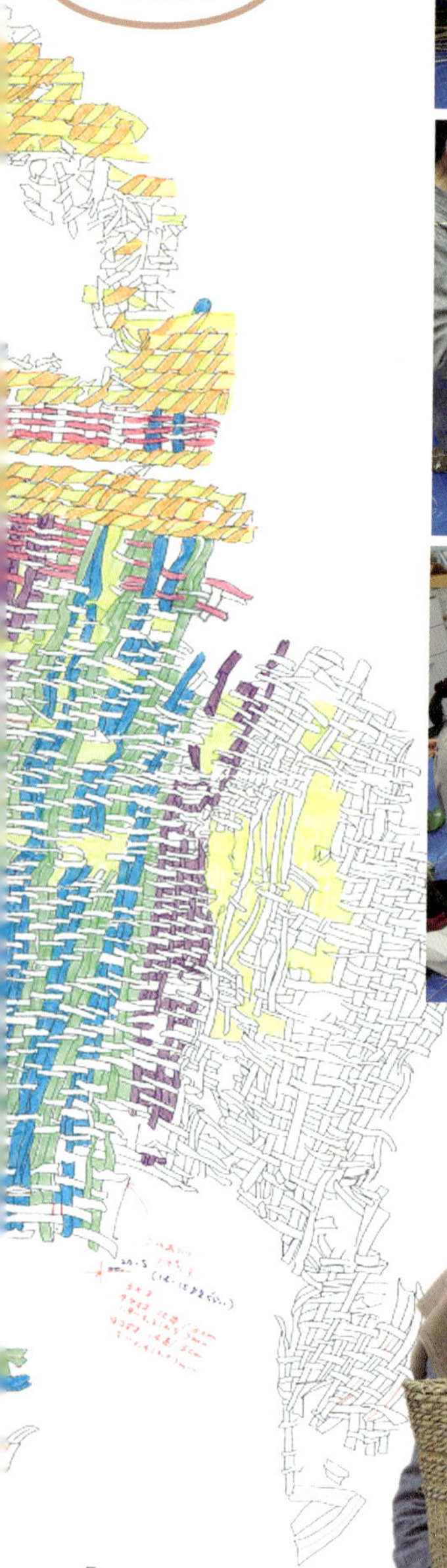

5 cm

①タテ材を２本に裂く作業
②③④現代の文明の利器
⑤編み上げの様子
⑥単純作業に時間がかかる。間違える。
⑦藤やテープで以前に復元したもの

左：１回目の実験
右：２回目の実験

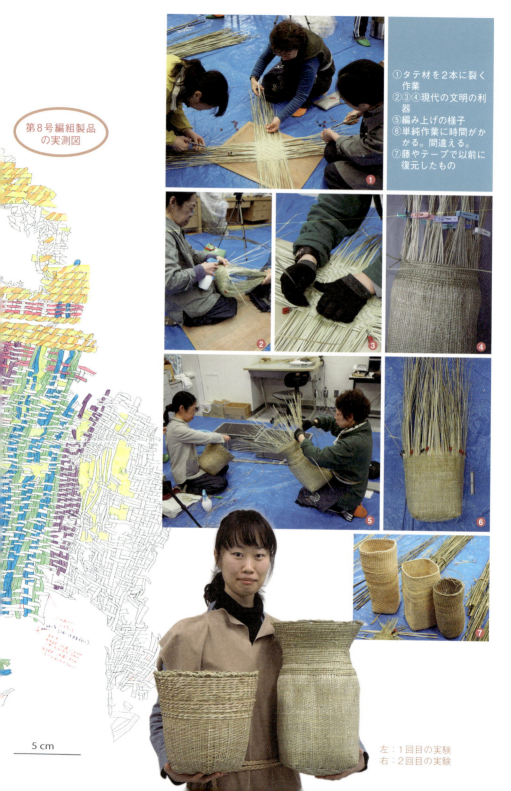

1 下宅部遺跡のかごの編み方

第８号編組製品の側面の編み方

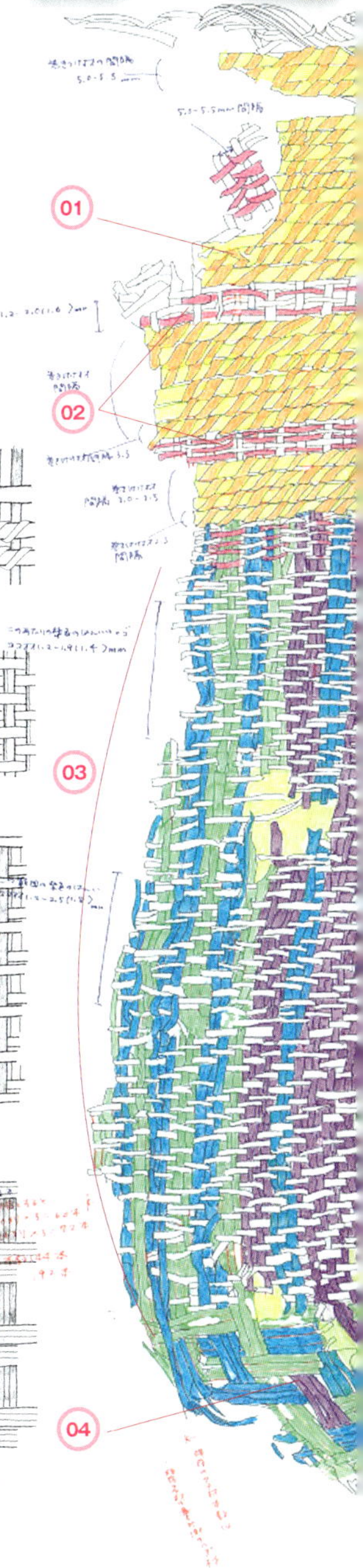

ヨコ添え巻き付け編み

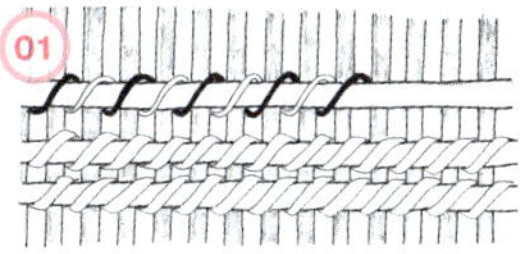

ヨコ添え編み　２本巻き付け

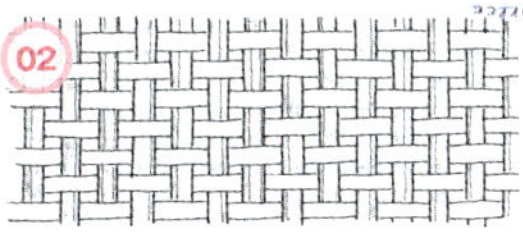

ござ目編み　タテ芯複数

復元品の側面

飛びござ目編み

底が編み上がった状態。120本以上のヒゴを使っている。

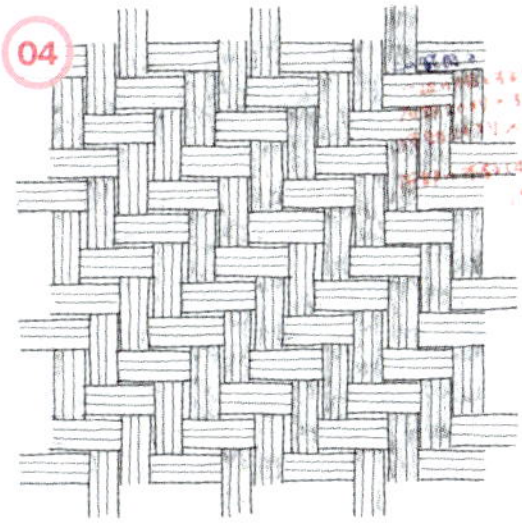

網代編み　３本揃え２目飛び

8-3

正福寺遺跡のテイカカズラとツヅラフジのかご

次に、福岡県久留米市の正福寺遺跡のかごをご紹介します。この遺跡からは一〇〇個以上の編物が出土しており、そのほとんどがもじり編みという、とても特徴のある遺跡です。復元実験では三種類のツルを採ってきてもらい、ツヅラフジとテイカカズラのかご、それからウドカズラのかごの二つを一緒に復元しました。

ツヅラフジとテイカカズラで作られたJ8gアミ102のかごは、太い材が帯状に付けられた手の込んだもので、美しいかごだったことでしょう。この復元を担当した高宮紀子さんを悩ませたのは編み目の密度です。もじり編みという技法自体は問題ありませんが、素材の状況と編む時の手加減によって、できあがる編み目の様子は千変万化します。その調整は微妙で難しいものです。これほど緻密なもじり編みは現在のツルで編まれるかごにはあまり見られません。実測図を見ると、二本の編み材でタテ芯一本をはさみながらもじっていますが、ものすごく細かい編み方です。

じつは復元実験ではこの細かい編み目まではとても到達できず、高宮さんが現地から持ち帰り、ほどいて、ツヅラフジを再び採りに行き、素材を叩いたりしてどういう加工をすれば出土遺物のような編み目になるかと実験を加えてできあがったかごなのです。二〇一四年七月の写真が現地で実験した時のかごですが、タテ芯の間隔が今回の復元品とまったく違うことがわかります。それとフレアのようになって暴れてしまっています。出土遺物は平らな状態できれいに編まれているのにまるっきり編み目の様子が違います。

かごの復元では、きれいな状態で出土した部位を主に観察するせいもあるのですが、部分ごとの編み方は読み取りやすいのです。ただ、全体が出土する例は多くないため、どうしても推測による部分が出てきます。J8gアミ102のかごも縁までは残っていません。こういった資料の場合は復元の途中でやめる（縁まで完成させない）ことができますが、底が見えない資料の場合は編み始めることができません。その場合はほかの出土資料を参考にしますが、推測の部分がかなり出てきます。また、出土遺物では、もともと変形しやすい編み目の集積が潰れた状態で出てきます。ですから立体としてはとても読み取りにくいのです。全体がどういう形だったのかは、タテ芯の増え方などいろいろな細かい点から推測するのですが、判断が難しい部分が多いと思います。

同じ植物で同じサイズの材料であっても性質は一様ではありません。採集時期や場所や個体差もありますし、自然素材ですので性質をコントロールするのは難しいことです。編み目は力のバランスで決まっていきますので、同じサイズの同じ植物で編んだとしても、同じような編み目にはなりません。材料の力が強すぎて編み目が詰まっていかず穴が大きくなったりします。そうした時には素材の加工方法を推測する必要があります。

編んでいくうちにフォルムが変わることがあります。たとえばJ8gアミ102のかごの場合、下のほうを言われた通りのサイズに編んでいたはずなのに、上のほうまで編んできたら、下のほうの直径がだんだん小さくなってきてしまいました。かごは、全体で力のバランスが取れて形が決まってくるため、どこかに無理が入ってくると編み目の状況が変わって形が違ってきてしまうこともあり得るわけです。実物に忠実に復元するためには、そのあたりも何度も繰り返し試し、だんだん実像に近づけていくというような、贅沢な作業をしないと難しいのではないかと思っています。

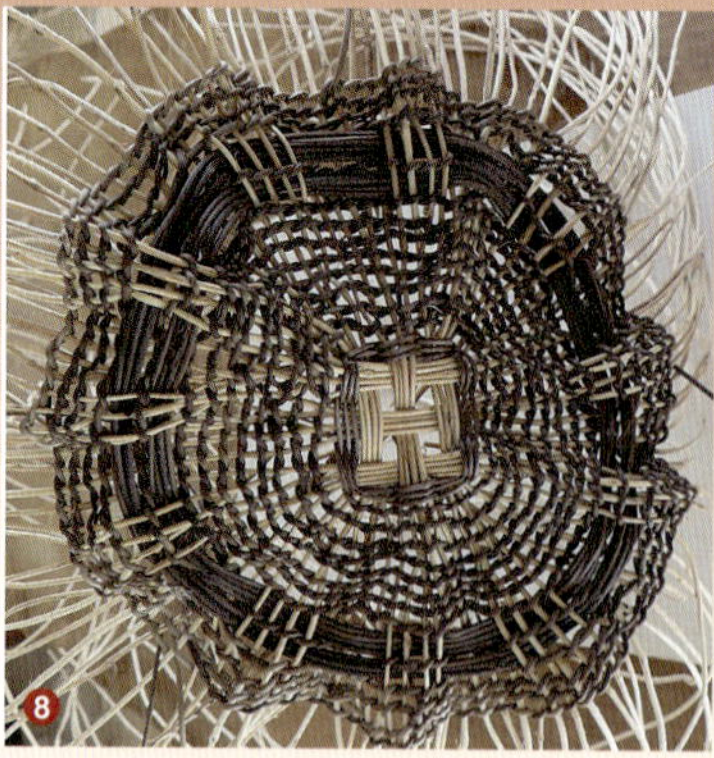

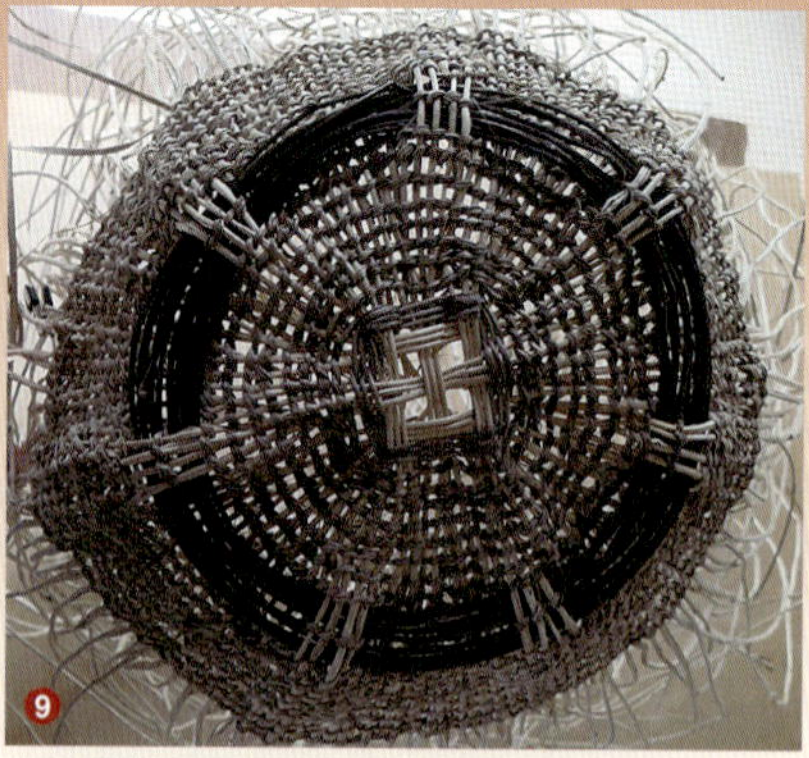

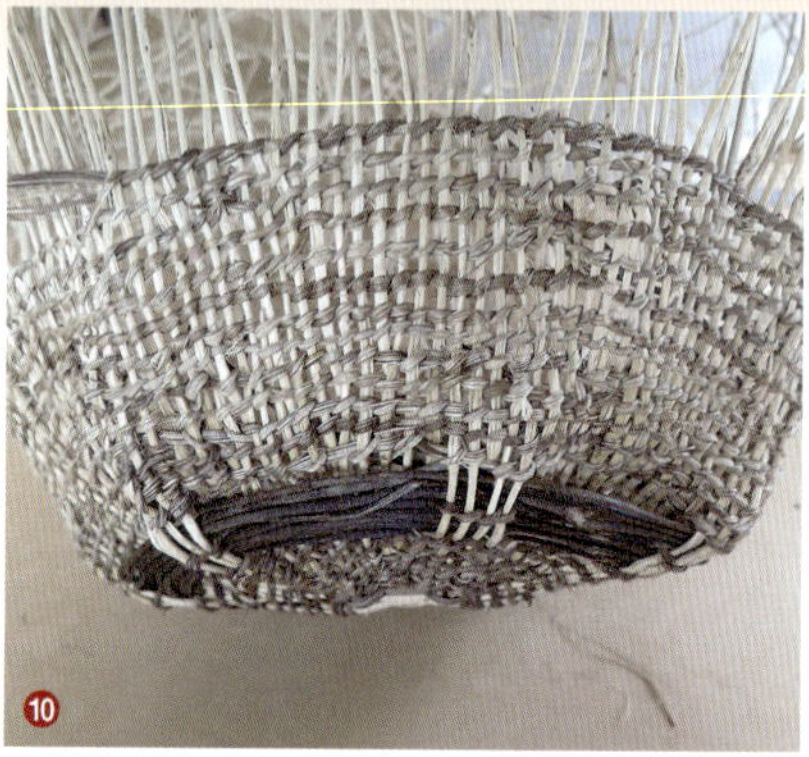

⑧2014年7月の実験　だいぶ材があばれている
⑨2015年の実験　目が詰まって落ちついた底になった
⑩底から立ち上がる様子
⑪タテ芯は皮をとったテイカカズラ、ヨコの黒い材がツヅラフジ

1 正福寺遺跡のテイカカズラとツヅラフジのかご

正福寺遺跡出土
J8gアミ102のかご

①ツヅラフジ、テイカカズラ、ウドカズラの採取
②ツヅラフジとテイカカズラ
③3種のツルが作業場に集まる
④それぞれ状態を見て仕分ける
⑤テイカカズラの皮を削りとる
⑥出土遺物の観察
⑦正福寺遺跡出土J8gアミ102のかご（底部側から撮影）

最後に正福寺遺跡のウドカズラのかご（H6gアミ2）の紹介をします。これも縄文時代後期で、一〇センチぐらいの小さな可愛らしいかごです。土を取り除き、かごだけ取り上げて保存処理がされていますので、表と裏を観察することができます。このかごは底の部分や縁まで残っていますので、状態としてとても恵まれたものだと思います。

実験を行うまで、ウドカズラという植物を私はまったく知りませんでした。当初はウドカズラのツルの部分を編んでいるのかと思っていましたが、ツルは材質が固く、遺物のようなかごを編むのは無理でした。そこで検討を行ったところ、実際に出土遺物に使われていたのは、ウドカズラのツルから出ていて、空中に垂れ下がっている細い「気根」という根の部分ということがわかり、それを復元実験に使用することになりました。ウドカズラの根を触ったのは初めてでしたが、とても使いやすい材料でその細さとしなやかさに驚きました。また節も何もありません。これならばこの小さなかごが編めるだろうと安堵しました。縄文人も、このような編みやすい素材を得たことで、「装飾的な試みをしよう」という余裕がでてきた結果、このようなかごが編まれたのかもしれません。

ツルの素材は、先ほどのアズマネザサのように割ったり薄くしたりということまではしないのですが、きれいに掃除をして、皮をむいたりしながら、編むためのきれいな材料へ変身させる必要があり、そこの過程がなかなか大変です。

H6gアミ2の編み方を復元するために、出土遺物を観察して実測図に色を着けていきます。この資料の特徴的な点は、一見チェーンステッチのように見える装飾です。全

8-4
正福寺遺跡のウドカズラのかご

体の編み方としてはもじり編みで、タテ芯二本一単位で次の段で組む相手が変わるという、今でもアケビのかごでよく使っている技法で編まれています。チェーンステッチのように見える部分は装飾といってもあとから付け加えたわけでなく、本体のもじり編みをしながら、編み込んでいます。装飾の素材を上に乗せ、留め付けながら編んでいくという方法です。これはかごの面白い特徴だと思いますが、装飾が構造と一体化していて、とても良い編み方です。この編み方を私は正福寺遺跡の資料で初めて見ました。

復元実験は底を作るところから始めました。直径一ミリぐらいの材料で始めたのですが、その場で手に入った限られた材料でしたので、同じような太さのものというのはなかなかありません。限られた材料の中、紙やすりをかけて細くしたりしましたが、だんだん太いものしか残りがなくなり、材の力が揃っていないので、編みあげたかごは、すこしどっしりした印象になりました。とはいっても一〇センチ足らずの手のひらサイズのかごです。

写真の右側が出土遺物と同じウドカズラ製、左側は一ミリのトウで編んだものです。実際の遺物の形状と比較すると、トウで編んだもののほうが実物に近い感じです。自然の素材の中から同じ太さの材料を揃えるためには、大量の素材の中から適したものを選別していたはずです。そうでなければこのような均質性は期待できません。

また、性質がよく使いやすい材料を手に入れる工夫もしていたはずです。「どういう所に生えているものがしなやかだ」とか、「ツルがまっすぐ伸びるようにするには、どういう環境にしたらいい」とか、さまざまな知識が蓄積していったことでしょう。

正福寺遺跡出土
H6gアミ2の小かご

かごの外側

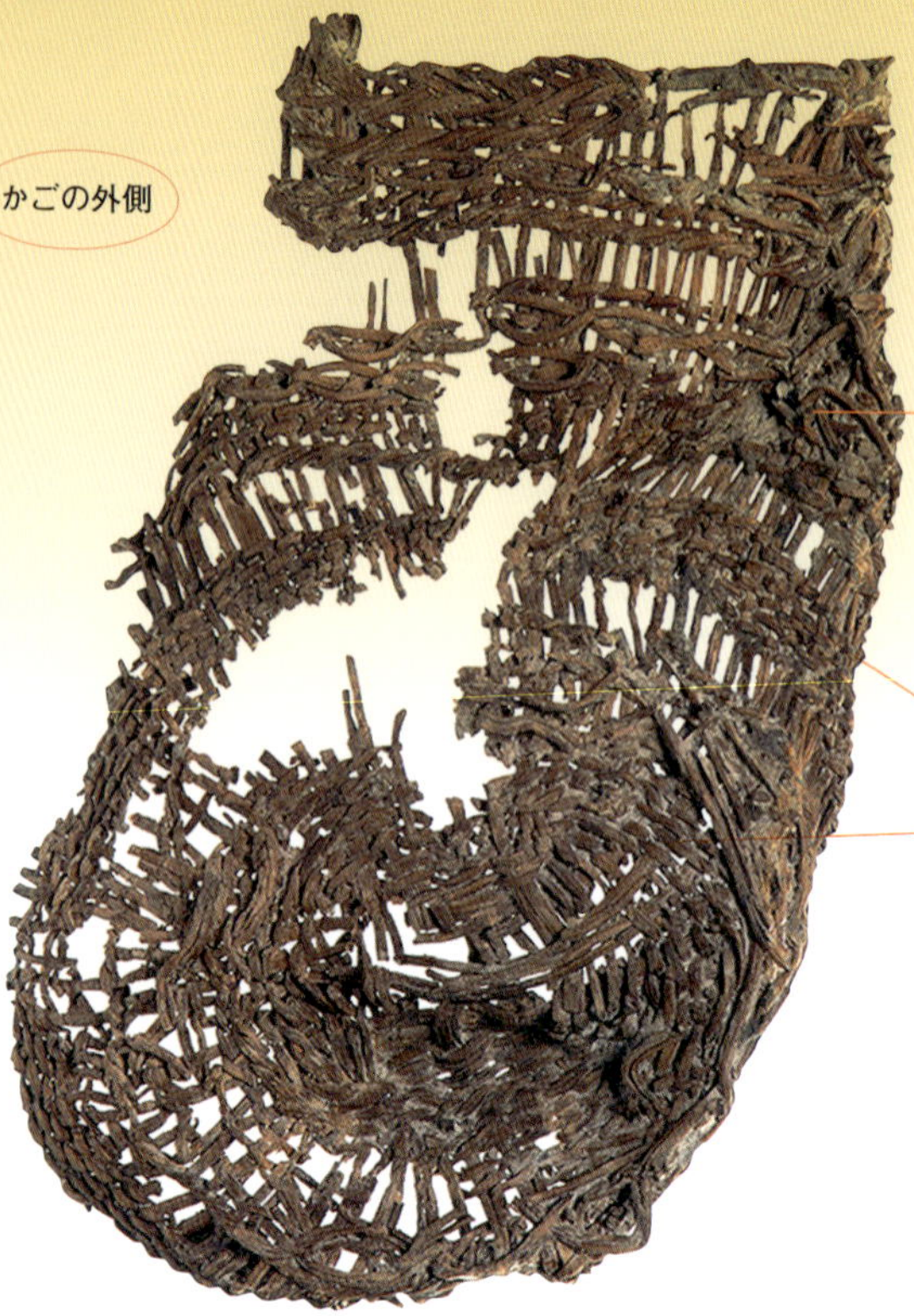

チェーンステッチのように見える装飾部分

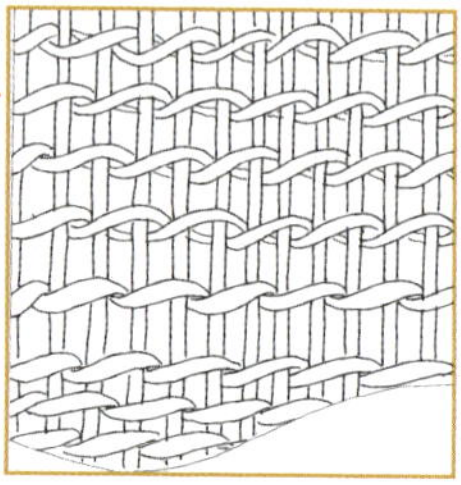

タテ材2本のもじり編み。段ごとに2本のセットが組み代わっている。

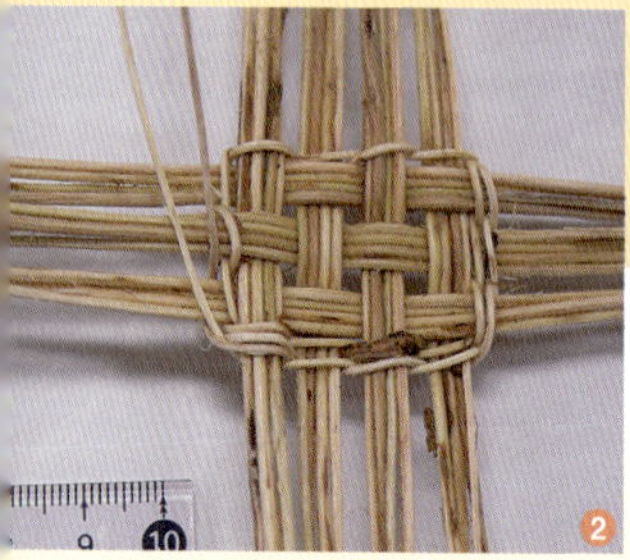

復元品

◀左：トウの丸芯
右：ウドカズラ

ウドカズラの復元かごは少しどっしりしてしまった。均質なトウ製のほうが実物に近い。

1 正福寺遺跡のウドカズラの小かご

▲ウドカズラの気根

●かご製作

①底の中心から編みはじめる
②底のできあがり
③もじり編みで立ち上げる
④チェーンステッチのように見える

◀かご製作の準備

これまで「あみもの研究会」による復元実験を通じて、縄文時代のかごをいくつか編ませてもらいましたが、素材に対する選択眼や、いつどういうものを採取するのか、それらを使いこなす目、スキル、手の技の熟練度、技法の発達など、縄文人の技術はほぼ完成段階に近いように見えました。これだけかごを編む技術がシステム化され、その方法を共有していたわけですから、四〇〇〇年前、七八〇〇年前というのは、つい昨日のような、今と変わらないような時代と言えるかもしれません。それより前、かごを編む技術がここまで発展するのにいったいどのくらいの長い時間があったのでしょうか。

縄文時代には、現在では見られない技法や、現在使われていない素材、加工方法なども確かにあり、復元実験を通じてそれらを発見することができました。そして、今と同じような技法が縄文時代にもあり、現在も同じことをしているということも再認識しました。ウドカズラやイヌビワなどの現在では使われていない素材やそれらの加工方法、あるいはツルを叩いてかごを作るということも、私は今まであまり見聞きしていなかったので、縄文時代の素材の選択や加工方法というのはとても面白いと思いました。

現在は、物を入れるかごはかちっとしたもので、身にまとったり、着たりする布や織物は柔らかいまったく別のものとして私たちは認識するのですが、植物の繊維を利用して編んでものを作るという意味では、織物からかごまで全部一続きになっているのだと思います。柔らかいかごがあってもいいし、荒々しい縄も繊維を叩いて使えば柔らかいひもや糸になっていきます。そのあたりを別々のものと考えず、一続きだったという前提のもとで考えてみたら、また新しい発見があるのではないかと思います。

8-5

縄文時代のかごを編んで

復元実験を通じて一番気になったのが、縄文時代のかごの目の細かさ、タテ芯の密度です。とても細かく、穴が小さいのです。「何のためにこれだけ細かい編み方をしなければいけなかったのか」という点と、その用途を考えていくことで、何かが少し見えてくるのかもしれません。縄文時代の人びとは、本当にこれほど目の細かいかごが必要だったのでしょうか。中に入れるものが細かいもので、それが編み目からこぼれないために必要だったから編んだのでしょうか。それとも、ものを作る人間として「もっと精緻なものを」と縄文時代の人びとが技術の向上を追いかけてきた結果なのでしょうか。ものを作っていると、だんだん技を研ぎ澄ませて、繊細なものを作りたくなっていくというのは、今の職人や伝統工芸の人にも共通するところですが、縄文時代の当時から同じような心情があったのかもしれません。

その一方で、「薄い、繊細な素材を作るのは難しい、手間がかかる」というイメージをおもちかもしれませんが、先ほどアズマネザサで見たように、植物の性質をうまく利用すれば、むしろ手だけで作る場合には、薄く作るほうが楽なのかもしれません。常識にとらわれずいろいろなことが考えられると思います。

編む技法は、今から何千年も前まで遡れるようになりました。しかし、「この時代に到るまでに、もっと素朴なかごの時代がどれほど長く続いていたのだろうか」という点にも、想像力を馳せてみてください。植物利用の起源を実際に実感して追体験するには、「かごを編む」ことはとてもいい方法です。縄文時代のかごの復元のチャンスが増えて、もっとさまざまな縄文時代のかごを見られるようになるとよいと思っています。

3 編み目密度の比較

縄文時代の復元かごの編み目(上段)と現在見かける日本の民具かごの一般的な編み目(下段)

ウドカズラの気根

テイカカズラとツヅラフジ

アズマネザサ

アケビの蔓

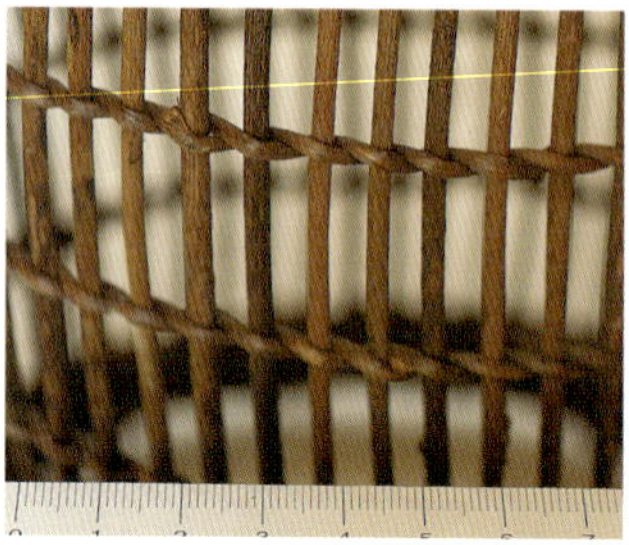
ツヅラフジ

アズマネザサ

4 楮《こうぞ》の枝の皮を剥いてみる

ずはテープ状の材がとれる

叩くと樹皮布、細かく裂いて漉くと紙

綯う、撚ることで縄から糸までに変身

加工の状態によっていろいろな編み方が可能になる。

縄文時代のかごを作る講習

実際に手を動かすと、当時の人たちの植物素材の利用の巧みさや、技術水準の高さを実感できる。

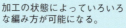

1 復元実験を通じてわかったこと

2 硬いかごから、柔らかい袋まで

植物の種類により、またそれを加工することによって、硬いかごから柔らかいかご、布のようなものや敷まで、さまざまなのものが製作可能となる。下はどれももじり編みで作られた現在のもの。素材は、アケビ、ツヅラフジ、スゲ、ガマ、オヒョウ、バナナ、アダンなど。

Column——①

下宅部遺跡第八号編組製品の復元画について

◎工藤雄一郎

下宅部遺跡第八号編組製品の復元品を製作する過程で明らかになったことを視覚的にイメージしやすくするため、四つの復元画を製作しました。これらの復元画はすべてイラストレーターの石井礼子さんによるもので、製作にあたっては工藤と「あみもの研究会」が監修しました。

◎シーン1　素材（アズマネザサ）の採集

下宅部遺跡から出土した編組製品のほとんどは樹種同定により「タケ亜科」と同定されています。タケ亜科にはタケ類やササ類が含まれますが、樹種同定では種を特定することができません。下宅部遺跡から出土した編組製品の素材束の分析ではネザサ節（タケ科タケ亜科メダケ属）の植物珪酸体が検出されています。ネザサ節にはアズマネザサが含まれます。そこで東村山市の現在の植生から、最も可能性が高い候補としてアズマネザサを素材として利用したと考えました。

復元画では、アズマネザサを採取している様子を描いています。アズマネザサの一年目の個体がかご作りに適しています。一年目の個体は、クリーム色をした稈鞘《かんしょう》（皮の部分）が汚れていたりぼろぼろになっていたりしないため、稈《かん》の緑色と稈鞘との色調の違いがはっきりとしています。そういった個体を選んで採取し、二年目以降の個体（稈鞘が取れてやや茶色っぽい個体として表現）を残している様子にしました。

一方、稈をどのように伐採したのかは不明なため手元は隠してあります。石器で稈に傷を付けながら丁寧に切り取ったのでしょうか。石斧で叩きつけたのでしょうか。伐採した稈は、その後水漬けにするため束にしてツルで縛っています。縄で縛ることもあったかもしれません。

◎シーン2　素材の水漬け・割裂き・肉削ぎ

下宅部遺跡では編組製品の多くが第七号水場遺構の周辺から見つかっています。第七号水場遺構は水をせき止める構造をしているため、上流側に素材束を水漬けしている様子を描きました。素材束は二つあり、手前が丸木の束、奥が半割にした素材束です。

男性は石器を使って素材を半割にしています。復元実験では、水漬けにした稈の細いほう（上側）から石器で切れ込みを入れ、裂くように刃を入れるだけできれいに半割にできることを確認しています。四分割、八分割も同様です。「叩き割る技法」は描いていません。どのような台で、どのような叩く道具があったのかは不明だからです。隣の女性は八分割にした素材を口と手を使って肉削ぎをし、薄いヒゴに調整しています。隣にいる子どもは、口削ぎを教えてもらっているシチュエーションにしました。

◎シーン3　底部を組む作業

かごを編み上げる一番最初の工程です。ここでは縦横にヒゴを組んでいき、底部を作る作業の様子を描いていますが、一番の最後の素材を一本入れているシチュエーションになっています。ヒゴを密に詰めて縦横に組んでいく作業は二人のほうが効率が良いようで、左側の女性は、右手にこれから入れるヒゴを持ち、左手で組んだヒゴを押さえています。右側の女性は三本一単位にしたヒゴの束を持ち上げてヒゴを入れやすいようにしています。

シーン2やシーン4の左側の人が行っている素材調整の作業によって薄く調整されたヒゴは、これから編み上げていく作業に使用するため、乾燥して硬くならないように水漬けにして脇に置いています。どのような容器にヒゴを水漬けにしていたのかは不明ですが、ある程度の長さのヒゴが入り、水が溜められる大型の容器として、下宅部遺跡の第七号水場遺構から出土しているクリ製の方形鉢（長さ約五〇センチ）をモデルにしました。

作業をしている場所にはゴザのようなものを敷いていますが、どのような敷物があったのか、あるいは敷物をせずに作業をしていたのかは不明です。またこの作業を屋内で行ったのか、室内で行ったのかも不明です。ただし広く平らなスペースが必要なため、比較的大きな住居があれば屋内で行うことができるかもしれませんが、下宅部遺跡では住居の遺構が発見されていないため、復元画では屋外での作業にしました。

◎シーン4　石器による素材調整・編み上げ

左側の女性は鋭利な剝片石器でヒゴの内側を削り、薄く調整しています。右側の女性は、第八号編組製品の口縁部を編んでいるところです。タテ材とやや太めのヨコ添え材を編み、細いテープ上のヒゴで巻き付けていく、ヨコ添え巻き付け編みの様子を描いています。かごの左側に垂れている太い一本のヒゴがヨコ添え材、女性の手元から顔のほうに跳ねている一本の細い材が巻き付け用のヒゴです。

こうした編み上げ作業は時間がかかり根気がいる作業ですので、屋内でじっくり行ったことでしょう。

SCENE 3　底部を組む作業
SCENE 4　石器による素材調整・編み上げ

SCENE 1　素材（アズマネザサ）の採取
SCENE 2　素材の水漬け・割裂き・肉削ぎ

Column——②

あみもの研究会が復元したかご

◎小林和貴

これまで「あみもの研究会」（代表：鈴木三男）では、縄文時代の遺跡から出土した編組製品の素材植物と編組技法の調査結果に基づいて、実験的に九個体の復元かごを製作しました。このコラムではそれらの概要を記します。

01　東名遺跡　SK2160編物②復元品

縄文時代早期後葉（約八〇〇〇年前）のかごの復元品です。遺物の素材植物は顕微鏡観察によって、タテ材とヨコ材はイヌビワの板目のへぎ材、帯部と耳部、口縁の縁仕舞はツヅラフジのツルと同定しました。[*1][*2]

素材となるイヌビワは大分県と宮崎県で、ツヅラフジは大分県で採集したものです。イヌビワのへぎ材作りは秋田県仙北市角館町のイタヤ細工伝統工芸士の佐藤定雄氏、佐藤智香氏、本庄あずさ氏に依頼しました。

遺物では底部を観察できませんが、同遺跡から出土した底部が残る個体から推定した最も可能性のある技法として、底部はへぎ材一～二本を一単位とした網代底としました。体部下部はタテ材一～二本一単位、ヨコ材一本一単位の基本的には二本飛び網代、帯部から体部上部にかけてはタテ材二～三本一単位、ヨコ材一本一単位のござ目で、ツヅラフジによる帯部は二本もじりとござ目、口縁部は返し巻縁です。口縁部から体部上部にかけての耳部は、一本のツヅラフジの丸材を口縁部にかけて折り返し、捻りながら体部の裏側に入れて隣の耳部へと繋がっています。[*2] 口閉じ紐と考えられるツヅラフジのツルが、星形を描くように耳部にかけられています（口閉じ紐はＡＭ２０１６復元品も同じ）。

02　東名遺跡　SK2138編物②復元品

縄文時代早期後葉（約八〇〇〇年前）のかごの復元品です。遺物の素材植物は顕微鏡観察により、タテ材とヨコ材はムクロジの板目のへぎ材、帯部はツヅラフジのツルと同定しました。[*1][*2]

素材となるムクロジは大分県と宮崎県で、ツヅラフジは大分県で採集したものです。ムクロジのへぎ材作りはＳＫ２１６０編物②と同様に佐藤氏と本庄氏に依頼しました（ＡＭ２０１６復元品も同じ）。

底部の技法はへぎ材一～二本を一単位とした網代底、体部下部はタテ材一～二本一単位、ヨコ材一本一単位の連続枡網代、体部上部はタテ材二～四本一単位、ヨコ材一本一単位のござ目、帯部はツヅラフジによる二本もじりです。口縁部は返し巻縁とし、口縁部から体部上部にかけての耳部は、一本のツヅラフジの丸材を口縁部にかけて折り返し、捻りながら体部の裏側に入れて隣の耳部へと繋がっています。口閉じ紐と考えられるツヅラフジのツルが、星形を描くように耳部にかけられています。

03　東名遺跡　ＡＭ２０１６復元品

縄文時代早期後葉（約八〇〇〇年前）の広口かごの復元品です。遺物の素材植物はタテ材とヨコ材はムクロジのへぎ材、帯部と耳部、口縁の縁仕舞はツヅラフジのツルと推定されました。素材となるムクロジは大分県と宮崎県で、ツヅラフジは大分県で採集しました。

遺物では底部を観察できませんが、同遺跡から出土した底部が残る個体から推定した最も可能性のある技法として、底部はへぎ材一〜二本一単位の網代底としました。体部下部はタテ材一〜二本一単位、ヨコ材一本一単位の連続枡網代、体部上部はタテ材二〜三本一単位、ヨコ材一本一単位の二本飛び網代、帯部はタテ材二〜三本一単位で、ヨコ材はツヅラフジとムクロジのへぎ材一本一単位のござ目です。口縁部は縄目返し縁で、口縁部から体部上部にかけての耳部は、一本のツヅラフジの丸材を口縁部にかけて折り返し、捻りながら体部の裏側に入れて隣の耳部へと繋がっています。口閉じ紐と考えられるツヅラフジのツルが、星形を描くように耳部にかけられています。

04　東名遺跡　ＡＭ２１８４復元品

縄文時代早期後葉（約八〇〇〇年前）の小型の広口かごの復元品です。底部は長方形をしており、全体的に扁平な形をしています。

遺物の素材植物は、ヨコ材はツヅラフジのツルと同定されました[*1][*2]。タテ材や帯部などの素材植物はツヅラフジのツルと推定されました。素材のツヅラフジは大分県と千葉県で採集しました。

復元品の底部は二本一単位の二本飛び網代で、底部外面には二本の丸材が付されています。体部はタテ材一〜二本一単位、ヨコ材一本一単位の連続枡網代、帯部は二本もじりが六段密接し、上から二段目のみほかとはもじり方向が逆になっています。樹皮付と樹皮を剝いだ素材が交互に使われています。口縁部は遺物で

03 東名遺跡 AM2016 復元品

復元高：28cm
幅：23cm
口　径：21cm
製作者：高宮紀子
製作年月：2012年3月
素　材：ムクロジのへぎ材
ツヅラフジのツル

04 東名遺跡 AM2184 復元品

復元高：40.5cm
幅：52.5cm
底　部：16.0cm×7.0cm
製作者：高宮紀子
製作年月：2013年11月
素　材：ツヅラフジのツル

05 東名遺跡 AM2078 復元品

復元高：50m
幅：42cm
製作者：本間一恵
製作年月：2013年11月
素　材：テイカカズラ属のツル

01 東名遺跡 SK2160編物② 復元品

復元高：77cm
最大幅：34cm
口　径：14cm
製作者：本間一恵
製作年月：2011年12月
素　材：イヌビワのへぎ材
　　　　ツヅラフジのツル

02 東名遺跡 SK2138編物② 復元品

復元高：84cm
最大幅：40cm
口　径：14～16cm
製作者：高宮紀子
製作年月：2011年12月
素　材：ムクロジのへぎ材
　　　　ツヅラフジのツル

は残存していませんが、同遺跡出土の口縁部が残る個体から推定した最も可能性のある方法として、縄目返し縁としました。

05　東名遺跡　AM2078復元品

縄文時代早期後葉（約八〇〇〇年前）の小型の広口かごの復元品です。遺物の素材植物は、タテ材、ヨコ材ともにテイカカズラ属のツルと同定されました。[*1][*2]

復元品は大分県と千葉県で採集したテイカカズラのツルを使って製作しました。

底部は二本一単位の二本飛び網代（復元製作時の観察による）で、体部はタテ材二本一単位でヨコ材は二本もじりとなっています。一段ごとに二本もじりのタテ材の単位が一本ずつずれています。遺物では口縁部が残っていませんでしたが、同遺跡から出土した口縁部が残る個体から推定した最も可能性のある方法として、縄目返し縁としました。

06　正福寺遺跡　J8gアミ102復元品

縄文時代後期初頭〜前葉（約四〇〇〇年前）の大型のかごの復元品です。遺物の素材植物は、タテ材はテイカカズラ属のツル、ヨコ材と帯部、縄はツヅラフジのツルと同定されました。

復元品はテイカカズラとツヅラフジのツルを使って製作しました。テイカカズラは大分県で、ツヅラフジは大分県と神奈川県で採集したものです。

技法の観察は復元製作時に行い、底部の技法は三本一単位の四つ目底で、その周囲をタテ材三〜四本一単位、ヨコ材二本もじり三段で留めています。そこから体部上部にかけては基本的にタテ材一〜二本一単位のヨコ材二本もじりとなっています。底縁帯部は二段になっており、三本一単位のツヅラフジの丸材で構成されています。体部中央の帯部は五段になっており、三〜五本一単位のツヅラフジの丸材で構成されています。口縁部は遺物では残存していないため、復元品についても縁仕舞いはしていません。縄はツヅラフジの丸材を三本組みにしています。

07　正福寺遺跡　H6gアミ2復元品

縄文時代後期初頭〜前葉（約四〇〇〇年前）の小型のかごの復元品です。遺物の素材植物は、タテ材、ヨコ材ともにウドカズラの気根と同定されました。

復元品は福岡県で採集したウドカズラの気根を使って製作しました。底部の技法は四本一単位の四つ目底で、その周囲をタテ材四本一単位としてヨコ材二本もじり三段で留めています。体部はタテ材二本一単位でヨコ材二本もじりとなっています。一段ごとに二本もじりのタテ材の単位が一本ずつずれています。体部上部と中央部、底部の縁には鎖状に素材植物が編みこまれています。口縁部は縄目返し縁です。

08　三内丸山遺跡　小型編組製品復元品

縄文時代前期中葉頃（約五五〇〇年前）と考えられる小型かご（縄文ポシェット）の復元品です。遺物の素材植物はヒノキ科の内樹皮と同定されています。[*3]

復元品は、ヒノキ科の天然分布や当遺跡出土の木製品や加工木、自然木の調査結果から推測してヒノキアスナロ（ヒバ）の内樹皮で製作しました。ヒノキアスナロは青森県黒石市で採集したものです。

底部は素材一本を一単位とした開き網代で、体部はタテ材、ヨコ材ともに一本一単位の波形網代です。口縁部および縁仕舞は、遺物ではほとんど残っていないため、可能性の考えられるいくつかの技法のうちの一つとして、タテ材を外側に折った後に右側に折って隣のタテ材の内側に出して押さえる方法を採用しました。[*4]

09　下宅部遺跡　第八号編組製品復元品

縄文時代後期中葉（約三八〇〇年前）のかごの復元品です。遺物の素材植物はタケ亜科の稈と同定されています。[*5]

復元品は、同遺跡出土のかごの素材束が植物珪酸体分析の結果がネザサ節であった点[*6]や、タケ亜科の天然分布等から推測してアズマネザサで製作しました。アズマネザサは、宮城県大崎市竹工芸館の千葉文夫氏のご教示により、一年生の稈を一二月に宮城県で採集しました。

底部はヒゴ材三本を一単位とした網代底、体部下部はタテ材、ヨコ材ともに一本一単位の飛びござ目、体部上部はタテ材三本一単位のござ目とタテ材の外側にヨコ添え材を付し、そのヨコ材を二本のヒゴで巻きとめたヨコ添え二本巻き付けが四〜一四段あり、口縁部は矢筈巻縁です。

08 三内丸山遺跡 小型編組製品 復元品

復元高：15.2cm
　　幅：9.3cm
口　径：10.7cm
製作者：本間一恵
製作年月：2012年10月
素　材：ヒノキアスナロ（ヒバ）の内樹皮

体部：
波形網代
（タテ材・ヨコ材1本1単位）

底部：
開き網代（1本1単位）

09 下宅部遺跡 第8号編組製品 復元品

復元高：38cm
体部幅：24cm
口　径：27cm
製作者：高宮紀子・本間一恵
製作年月：2015年1月
素　材：アズマネザサの稈

口縁部：
矢筈巻縁

体部上部：
ござ目
（タテ材3本1単位）
ヨコ添え二本巻き付け

体部下部：
飛びござ目
（タテ材・ヨコ材1本1単位）

底部：
網代底（3本1単位）

06 正福寺遺跡 J8gアミ102 復元品

復元高：51cm
最大幅：33.5cm
製作者：高宮紀子
製作年月：2014年7月
素　材：テイカカズラのツル
ツヅラフジのツル

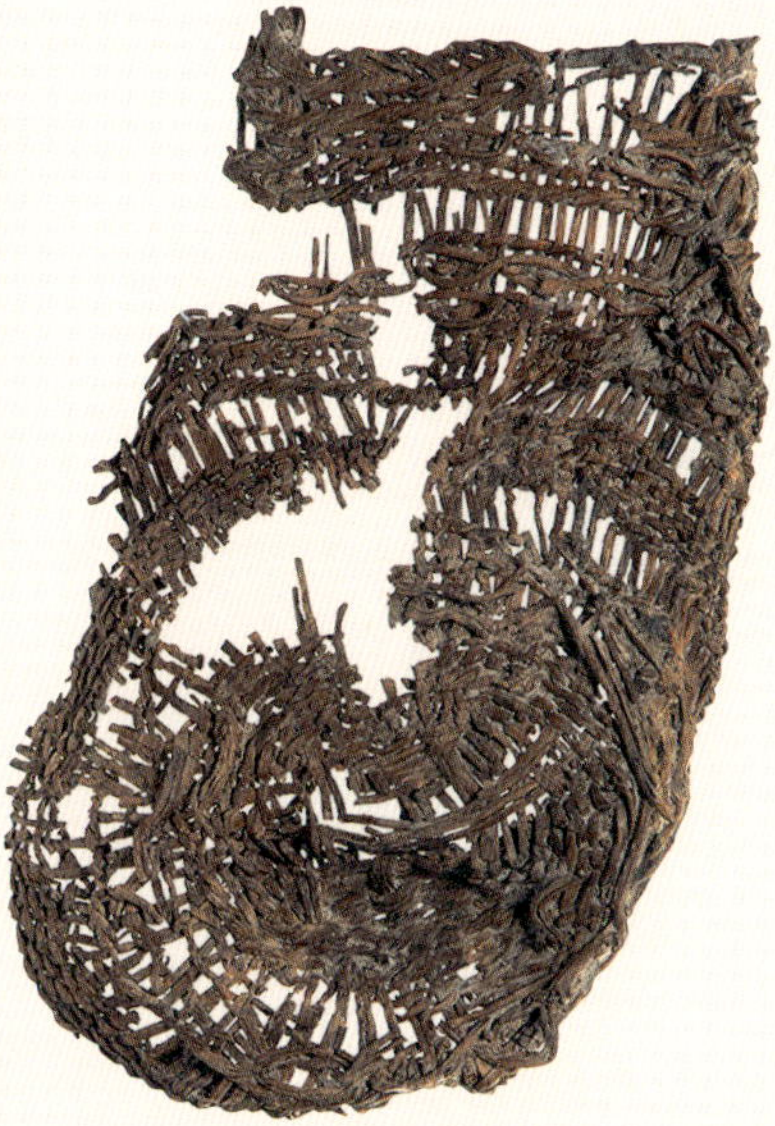

07 正福寺遺跡 H6gアミ2 復元品

復元高：9cm
幅：9～10cm
製作者：本間一恵
製作年月：2014年7月
素　材：ウドカズラの気根

9-1 鳥浜貝塚のリョウメンシダの縄

福井県若狭町の鳥浜貝塚の発掘調査が始まったのは一九六二年で、一九八五年までじつに一〇次にわたって発掘が行われました。[*1] この遺跡の最大の特徴は低湿地に埋もれた貝塚で、普通の遺跡では分解消失してしまう植物質の遺物が保存のよい状態で大量に出土したことで、縄文人の生活をよく知ることができることから「縄文のタイムカプセル」ともよばれました。それまでの「常識」を覆すような漆製品、さまざまな植物質遺物や、栽培植物とみなされる種実類の出土の報告は、考古学や植物学の研究者はもとより、一般の人びとにも大きな衝撃をもって受けとめられました。

この発掘から半世紀以上を経た今も、それまでの緻密な発掘調査で取り上げられた膨大な出土遺物が福井県立若狭歴史博物館に収蔵されています。これらの遺物は発掘当時に十分な分析・調査が行われていないものも多く、また新たな視点、新たな技法での再調査・研究により更に縄文時代の植物利用の実態解明に繋がるものが多くあります。わたしたちは、種実類や木材などとは違って、他の遺跡では良好な遺物の出土が少ない「植物質遺物」、すなわち編みかご類、縄紐類、樹皮製品、繊維製品などについて、素材植物、素材調整法、製作技法、そして利用などについて再調査・研究を始めました。これまでの綿密な記録を基に発掘から数十年を経た遺物を「再発掘」して観察記録し、必要なものは素材同定や年代測定用のサンプルを採取しました。

鳥浜貝塚出土品の中でとくに目立つ植物質遺物に縄紐類があり、縄文時代草創期から前期の縄紐類とそれらの素材束など九六点を調べることができました。その結果、ちょうど半数の四八点がリョウメンシダであることがわかりました。この「リョウメンシダ」とはどんなシダなのでしょうか？　分布図を見るとわかるように、[*2]北海道の道東地方と九州沖縄県を除いてほぼ全国的にあります。スギの植林やブナ林など、湿った林床が好きなシダで、ちょっと山に入れば必ず見られるほど非常に身近なシダです。葉は一メートルほどになり、繊細に切れ込んで裏か表かわかりにくいことからこの名がありました。

若狭歴史博物館に水漬けのまま二十数年間保管されていたタッパーを開けてみたら、真っ黒になった植物質遺物が出てきました。水で洗いながらよく見てみると、数十本の植物の茎のようなもの（素材束、遺物番号９０４７、以下同）を太い縄（９０４８）で束ねてあります。そしてその脇には二本撚りの細い縄（９０４９）が何本かあります。この細い縄の破片を拡大してみると表面が滑らかな素材が撚ってあることがわかります。この横断面を顕微鏡で見てみると、厚い膜に包まれた中に、五本ほどの維管束が見えます。このうちの大きい二本は面白いかたちをしているのですが、この試料では保存があまりよくないので太縄（９０４８）の試料で見ると写真のような形をしています。これは細いものから中くらいの太さで断面が多角形をした仮道管が密に集合して塊になっているのです。「頭」の部分が細長く前下方に伸びていて、「首」から下の「胴体」部分がふっくらとしていますので、これをシダ植物の研究者たちは「タツノオトシゴ型維管束」とよんでいます。この維管束をもつシダ植物はオシダ科を中心に多数ありますが、鳥浜貝塚周辺に普通に生えていてこの維管束をもつベニシダ、オシダ、イノデの仲間などと比較した結果、カナワラビ属のリョウメンシダと同定したのです。

湿った林内に生えるリョウメンシダ

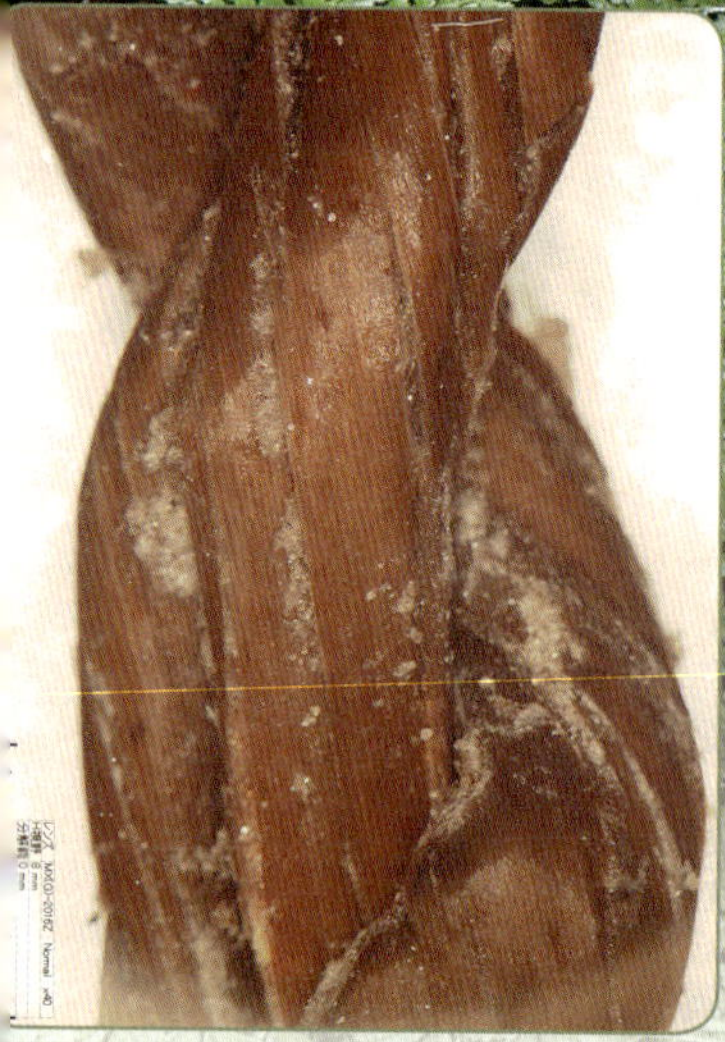

▲細縄（9049）の表面観。表面が滑らかな素材が2本撚りされている。

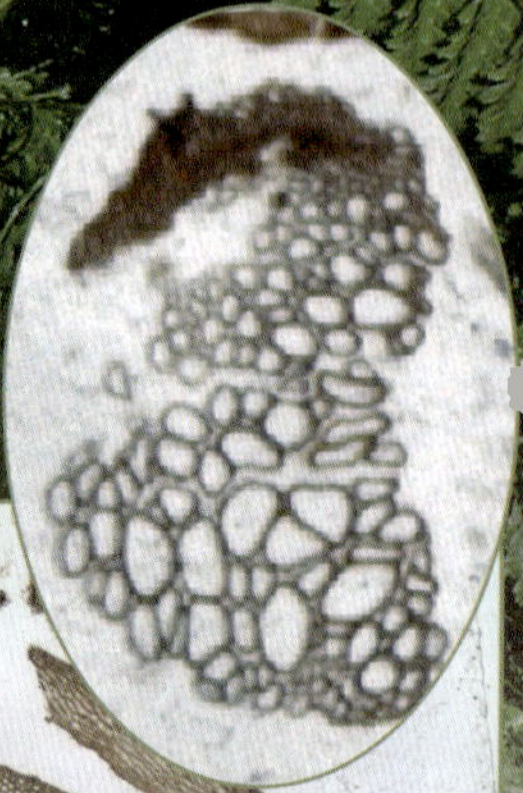

▶太縄（9048）のタツノオトシゴ型維管束。

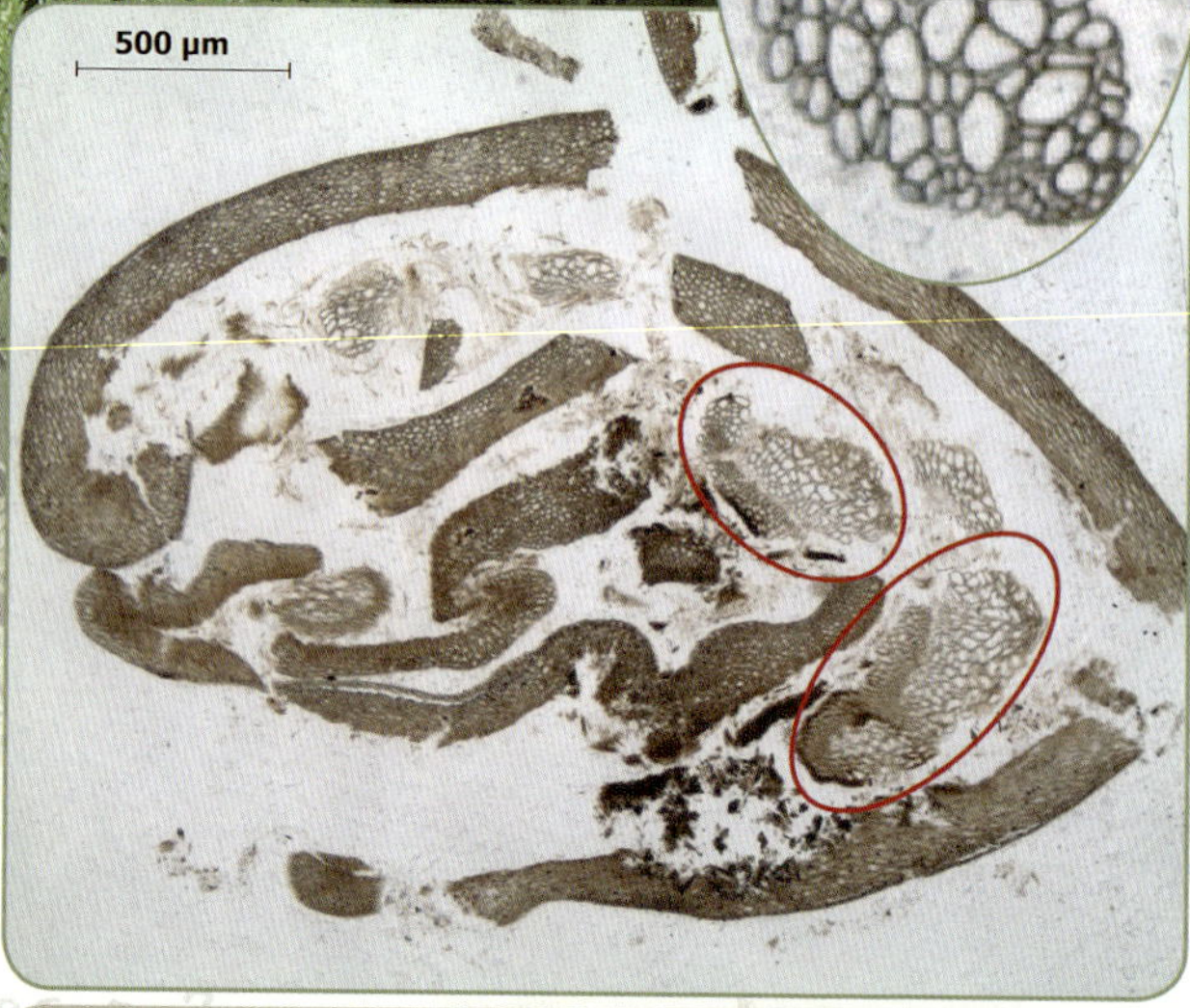

▲細縄の素材の横断面の顕微鏡写真。厚い「表皮‐下表皮の層」に包まれて、維管束が5本ほど見える。大きい2本（赤丸）がタツノオトシゴ型維管束。

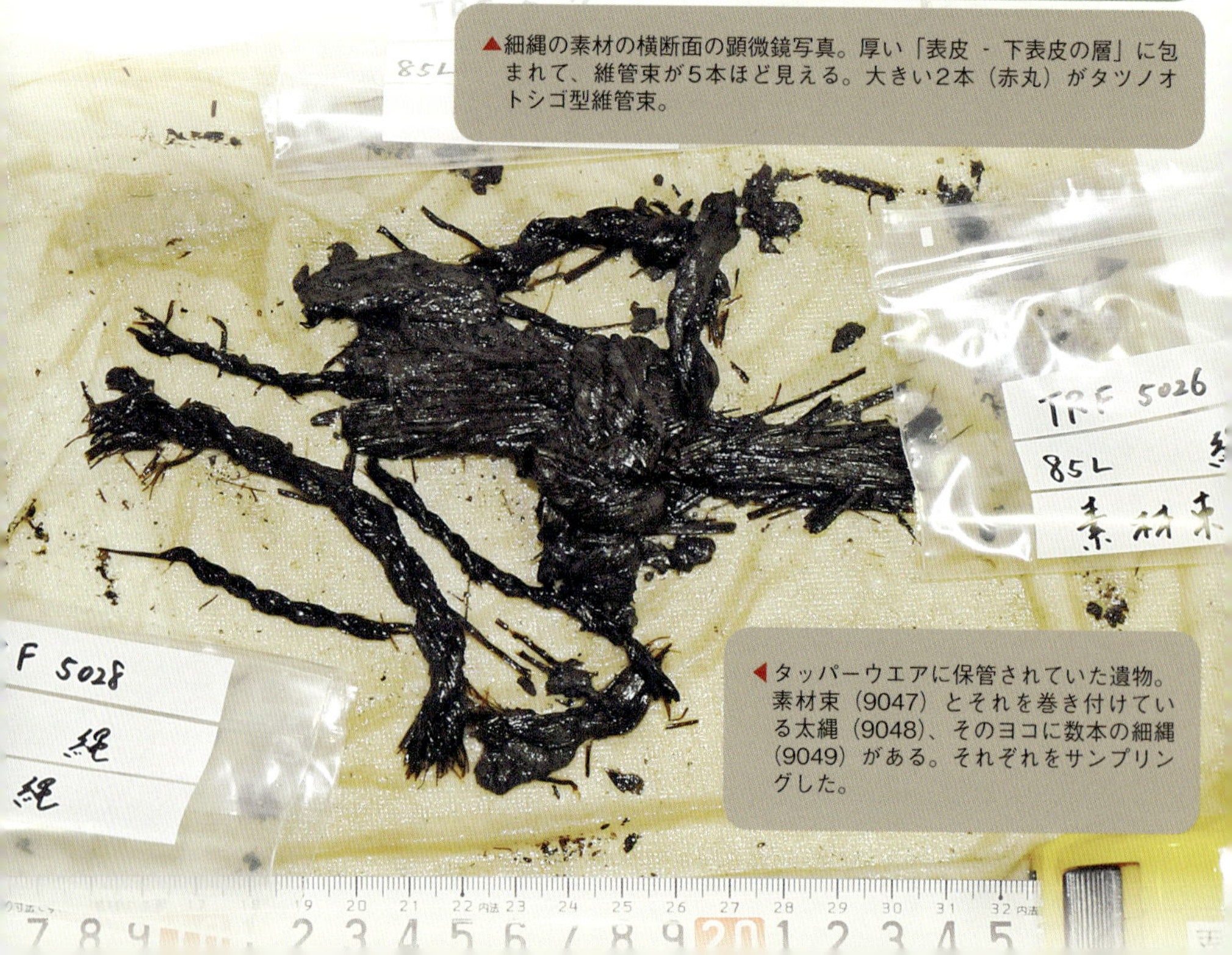

◀タッパーウエアに保管されていた遺物。素材束（9047）とそれを巻き付けている太縄（9048）、そのヨコに数本の細縄（9049）がある。それぞれをサンプリングした。

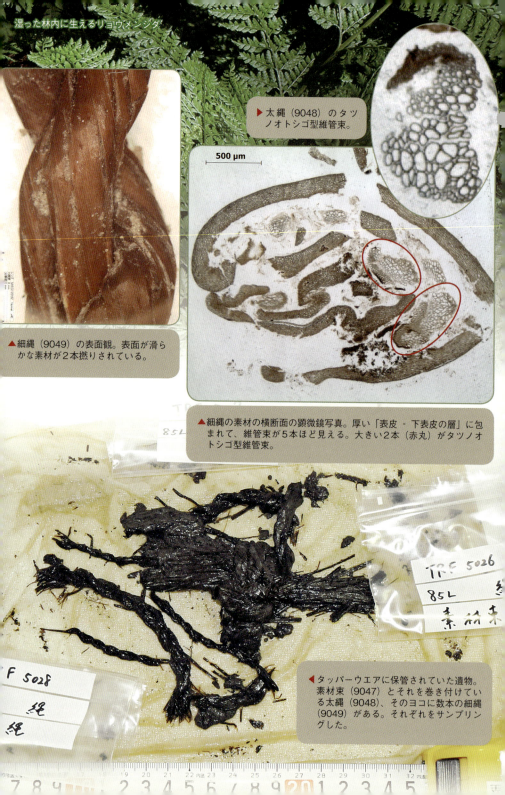

1 鳥浜貝塚の植物質遺物の再調査

▲遺物を取り出し、素材の太さ、長さ、編組技法などを詳しく観察し、可能なものは素材同定用の小片（長さ5mmほど）を採取する。

▲遺物写真をプリントしたものに編み方、組み方など、それに試料を採取した部分を書き込む。

鳥浜貝塚出土縄紐類および素材束の植物種

	利用部位	縄紐類	縄素材	総計
リョウメンシダ	葉柄・中軸	20	28	48
「シダ類」	葉柄・中軸	9	11	20
不明シダ類	葉柄・中軸		1	1
ツヅラフジ	茎（ツル）	5	1	6
ヤマブドウ	樹皮	4		4
サクラ属	樹皮	1		1
シナノキ属	樹皮	2		2
マタタビ属	茎（ツル）	8		8
不明植物	茎	4		4
繊維細胞の塊	（不明）	2		2
総　　計		55	41	96

「シダ類」とは表皮-下表皮組織のみで、維管束がないのでリョウメンシダとは言い切れないもの。恐らくほとんどがリョウメンシダ。

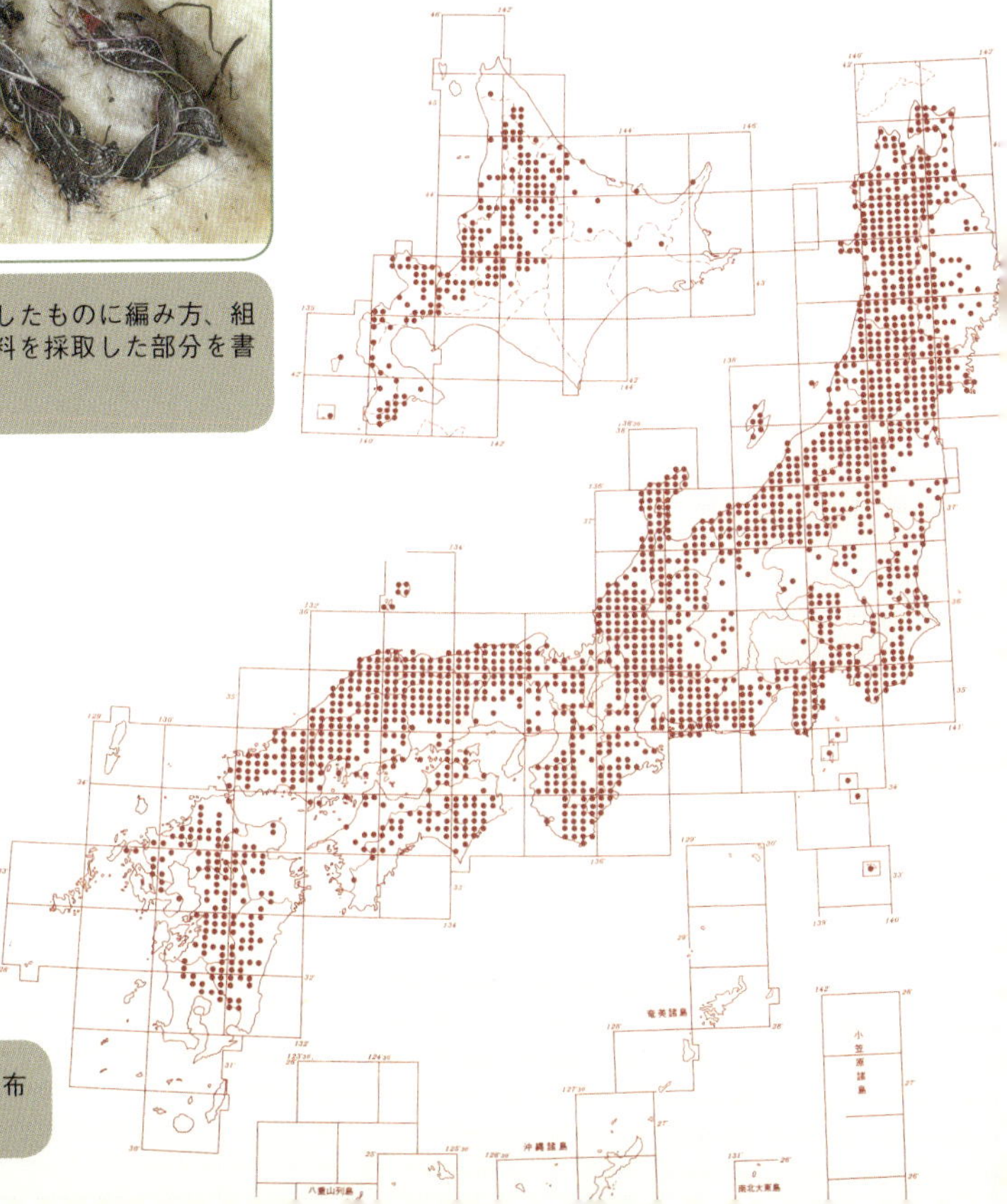

▶リョウメンシダの分布（倉田・中池 1987）

9-2
鳥浜貝塚の縄紐類の多様な素材

　鳥浜貝塚の縄紐類の半分がリョウメンシダと同定されたのですが、「シダ類」と「不明シダ類」とは何でしょうか？　素材束（９０５６）の顕微鏡写真をリョウメンシダと同定した細縄（９０４８）の写真と比べると、厚くて表面が滑らかな表皮－下表皮組織で覆われていることは同じですが、維管束の形がまったく違います。現在、これがどんなシダなのか探索を重ねていますが未だに突き止められていません。また、「シダ類」としたものは厚い表皮－下表組織（ここが一番堅いので遺物として残りやすい）のみが観察され、維管束がないため、このどちらか、あるいは他のシダなのか判別できません。しかし同定できたものの大部分がリョウメンシダであることから、おそらくは「シダ類」の大部分はリョウメンシダだろうと考えられます。そうすると鳥浜貝塚の縄の七割もがリョウメンシダ製ということになります。これまで、縄文時代の縄が何でできているかほとんどわかっていませんでした。今ではまったく使われることのない身近なシダ植物が縄文人に大いに利用されていたことに新たな感動を覚えます。

　鳥浜貝塚の縄の素材にはシダ植物以外にどんなものがあるでしょうか。出土品の中に他にまったく類例を見たことのない風変わりな作りの縄があります。詳細に観察した佐々木由香さんによると、太さ一二ミリ、長さ二・五メートルほどの木を三つに折り返した長さ八〇センチほどのもので、中央部分の二〇センチほどは三本とも丸木のままですが、その両側三〇センチほどは三本ともタテに細かく裂いて柔軟にして全体で三本撚りの縄にしています。この遺物から素材同定のサンプルを採ることはしませんでしたが、同じ作りの「縄」が何点か出土していて、それらで樹種を調べた結果、マタタビ属、おそらくはサルナシの「ツル」であることがわかりました。マンサクの丸木を敲《たた》き裂いて柔軟にし、家屋の柱の結束縄に使う民俗例は知られていますが、サルナシで、しかも一部分は丸木のままで撚らない部分があるこの「縄」を、いったい何にどう使ったのか、まったく不明です。その他、ツヅラフジのツル、ヤマブドウ、シナノキ属、サクラ属の樹皮などの縄があります。ヤマブドウ、シナノキ属は樹皮の繊維だけを取り出して綯《な》っていますので、とても柔らか味があります。出土品にヤマブドウの縄をきちんと組んでくるめてつくった縄塊があり（O－1046）、いったい何に使われたのでしょうか。その他、現時点では同定できていない縄がほかにも何点かあります。

鳥浜貝塚の縄紐類の素材同定は大先達である布目順郎先生が初めて手がけました。鳥浜貝塚の一九八三年の概報[*3]と御高著『目で見る繊維の考古学』[*4]をあわせると、縄文時代草創期の縄三点、前期の縄六点です。草創期の縄三点は大麻（アサ）が二点と大麻かと思われるもの一点です。このうち大麻とされた一点だけを再調査することができましたが、観察できたのは繊維細胞の塊で、これが大麻かあるいは他の植物の繊維か判定できないというなんとも不十分な結果でした。一方、縄文前期の縄は大麻、アカソが各二点、アカソ様とタヌキラン様が各一点で、このうち五点を再調査した結果は、大麻とされた一点はマタタビ属の材、アカソとされた二点はマタタビ属の材とヒノキ科の樹皮、タヌキラン様とされた一点はリョウメンシダで、先生の報告とはかなりかけ離れた結果となりました。このような結果の違いがなぜ出たのか更に検証が必要です。日本最古である草創期の縄の植物種を特定することは今後の大きな課題です。

2 鳥浜貝塚の縄紐類の多様な素材

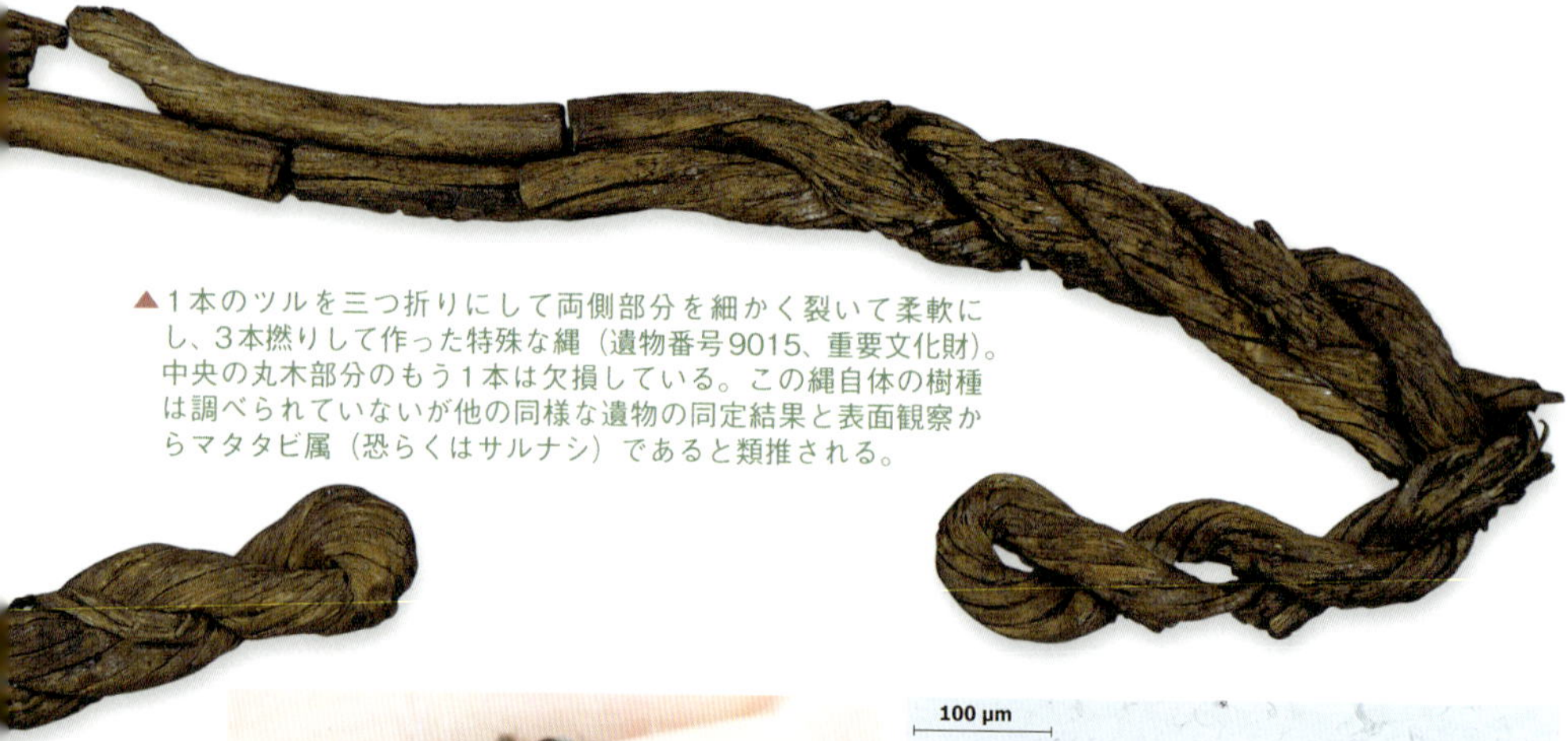

▲1本のツルを三つ折りにして両側部分を細かく裂いて柔軟にし、3本撚りして作った特殊な縄（遺物番号9015、重要文化財）。中央の丸木部分のもう1本は欠損している。この縄自体の樹種は調べられていないが他の同様な遺物の同定結果と表面観察からマタタビ属（恐らくはサルナシ）であると類推される。

奇妙な縄の塊（遺物番号0-1046）とその顕微鏡写真。縄を規則正しく組んで塊にしている。素材は平べったいテープ状で、繊維細胞が規則正しく配列して長方形の塊になっている。ヤマブドウと同定した。

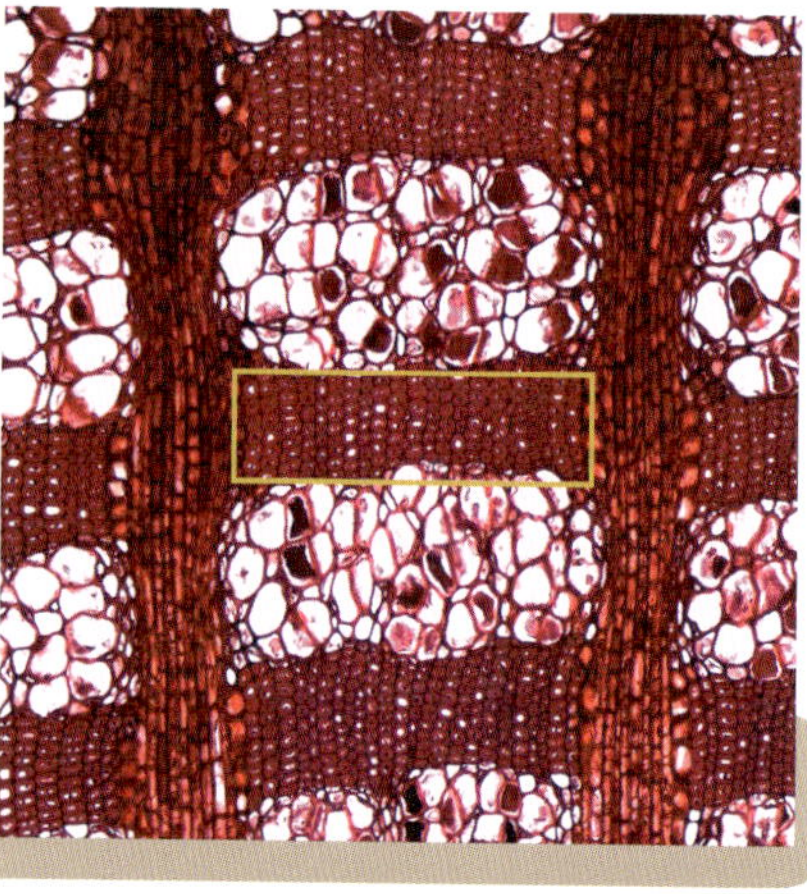

▶現生ヤマブドウの樹皮の顕微鏡写真。黄色い枠内が繊維細胞の塊。

1 鳥浜貝塚のリョウメンシダの縄

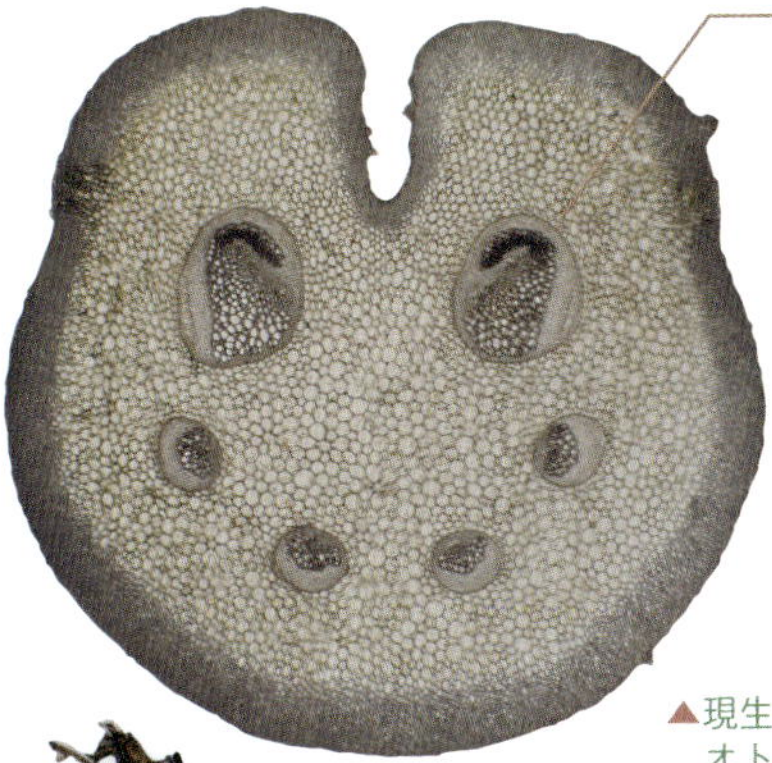

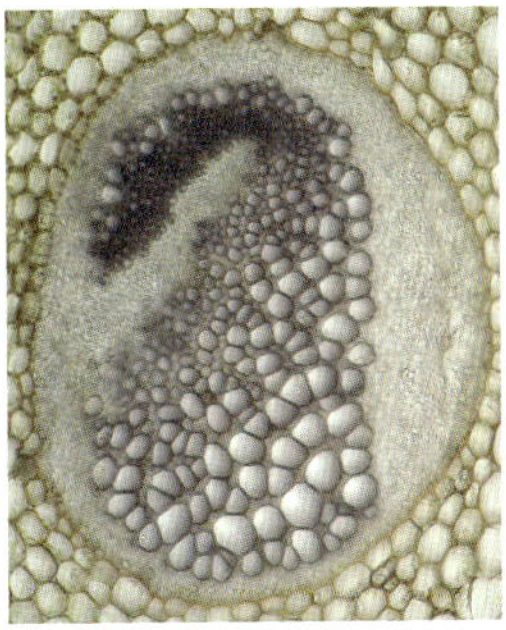

▲現生リョウメンシダの葉柄（左）とタツノオトシゴ型維管束（上）の顕微鏡写真

◀重要文化財指定の三つ組みの太縄（遺物番号縄30（6009））はリョウメンシダ製

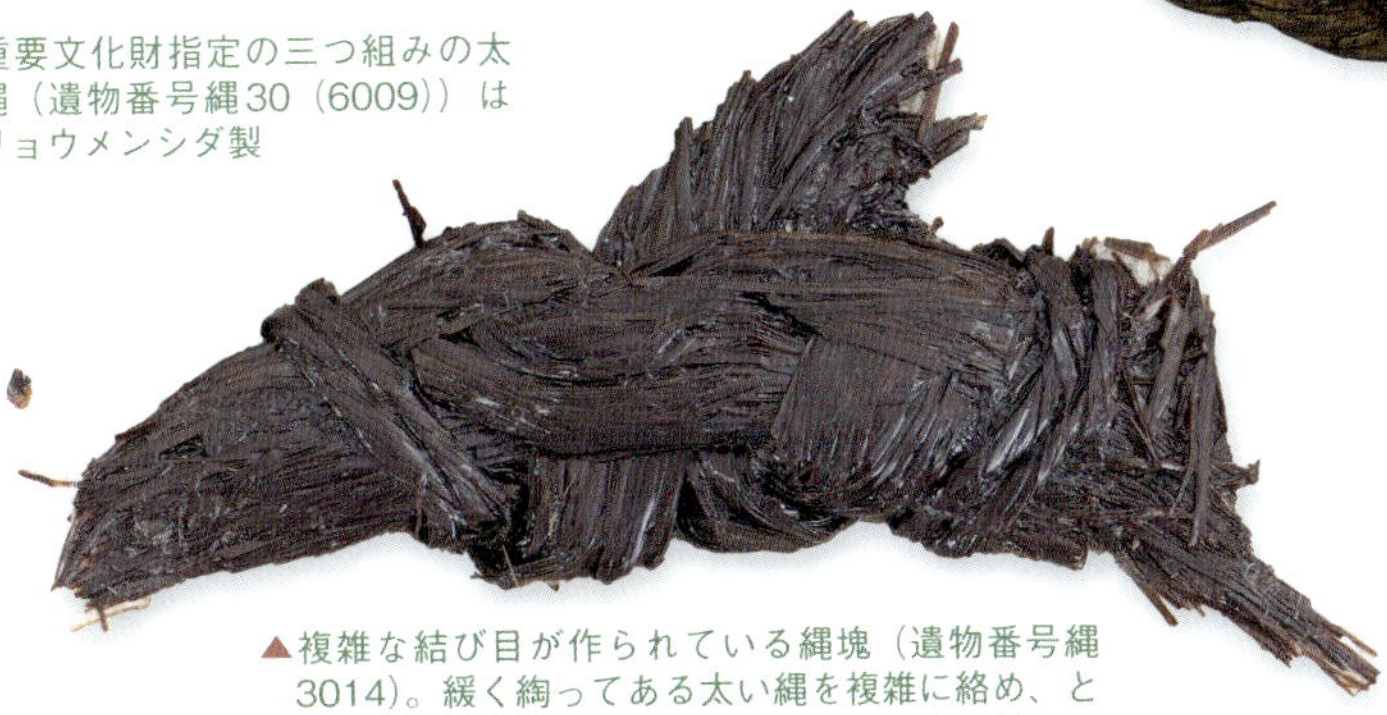

▲複雑な結び目が作られている縄塊（遺物番号縄3014）。緩く綯ってある太い縄を複雑に絡め、ところどころ目が細かくなった細い縄で巻き付けてある。素材はいずれもリョウメンシダ。

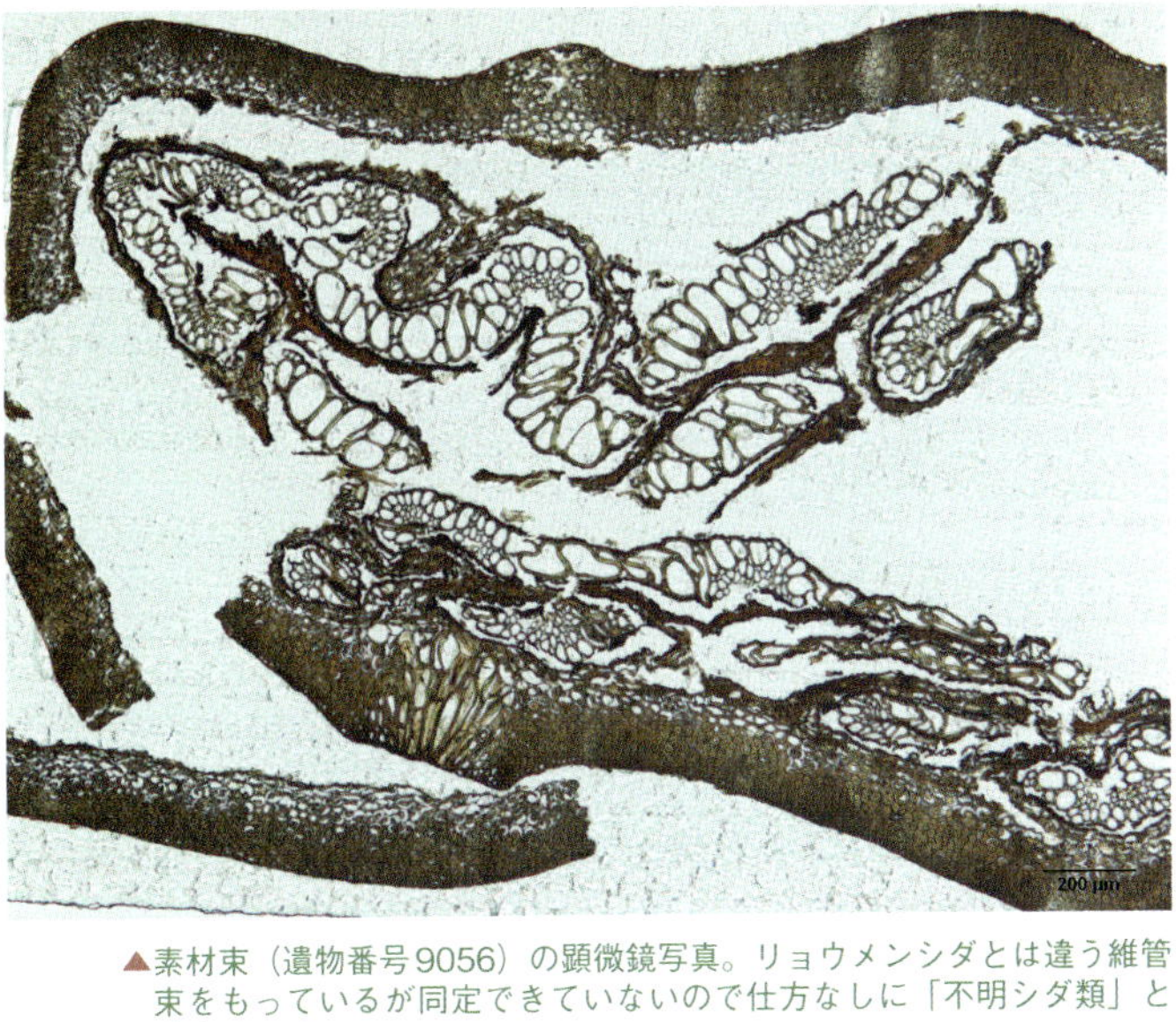

▲素材束（遺物番号9056）の顕微鏡写真。リョウメンシダとは違う維管束をもっているが同定できていないので仕方なしに「不明シダ類」と呼んでいる。

縄文時代の縄紐類の出土は決して多くはありません。次のページの表は既に紹介した鳥浜貝塚も含めてこれまで手がけた縄文時代の縄紐類の集計結果です。早期の一七点は佐賀市の東名遺跡のもので、内訳はツヅラフジが八点、シダ類が五点、その他四点です。東名遺跡の編みかごの素材にツヅラフジが多く使われるとともに、単体あるいは撚りをかけた縄紐としても使われていることがわかりました。シダ類の五点は鳥浜貝塚と異なりリョウメンシダと思われるものはありません。このうちワラビと特定できたものが二点で、残り三点はなんのシダなのか未だ不明です。じつはこの集計には入れてませんがこの遺跡からはワラビの素材束が多数出土しています。なかには葉の羽片がついたままのものもあります。その他・不明とした中に両端が結び目になっている細紐があり、シナノキの樹皮繊維に似ることから西日本に自生するヘラノキの樹皮ではないかと考えています。

鳥浜貝塚以外の縄文時代前期の縄紐類は富山県の小竹《おだけ》貝塚の一五点と青森県の岩渡小谷《いわたりこたり》（4）遺跡の二点、それに三内丸山遺跡の一点です。小竹貝塚の縄は一四点がリョウメンシダで、一点がカラムシ様の繊維でした。岩渡小谷（4）遺跡の二点はマタタビ属のツル、三内丸山遺跡の一点はマンサク属の枝でした。[*5] 縄文時代中期の縄紐類は富山県桜町遺跡が四点でこれもリョウメンシダでした。あと三内丸山遺跡から出土した二点がヤマブドウの樹皮、一点がリョウメンシダでした。[*5] 縄文時代後期の縄紐類は北海道小樽市の忍路土場《おしよろどろば》遺跡のものでヤマブドウの樹皮が六点とシナノキ属の樹皮が一点です。布目先生は『目で見る繊維の考古学』[*4] で三点の縄について「材質不明」としていますが掲

9-3
縄文時代の縄紐類の素材植物の地域性と時期差

載された顕微鏡写真を見る限りではヤマブドウの樹皮です。福島県三島町の荒屋敷遺跡からは縄文時代晩期のきわめて精巧な「巻紐製品」が出土しています。幅二・五ミリほどのテープ状の素材をたくさん束ねた芯材にテープ状の素材を巻き付けて棒状にし、さらにテープ状の素材を撚って太さ一～二ミリの紐にしてそれをきっちりと巻き付けたものです。遺物番号９０２７では巻き付け紐は三本組みで独特の模様を作っています。この素材も布目先生は「材質不明」とし、「現在の植物八五種の中には該当するものがない」と言っています。[*4] 今回調べた結果、これはカバノキ属の外樹皮（コルク層）であることがわかりました。カバノキ属の樹皮製品は縄文時代前期以降東北地方の縄文時代遺跡で散見されますが、単一の素材でこれほど精巧な「巻紐製品」を造っていたとは驚きです。いったい何にどう使っていたのか、何とか知りたいものです。

以上、資料数は決して多くはありませんが、ひととおり縄文時代の縄紐類の遺物とその素材植物を見てきました。縄文時代の縄紐素材の一番の特徴はシダ類の葉柄の利用でしょう。これは弥生時代以後、今のところまったく知られていません。そしてそのシダ類も北陸以東北のリョウメンシダと、西日本のワラビや他のシダ、と地域による違いが認められます。縄紐の遺物としての最初の記録は鳥浜貝塚の縄文時代草創期（多縄文期）まで遡りますが、旧石器時代から槍先の緊縛などに素材そのままあるいはそれを加工して使っていたに違いありませんが残念ながら遺物としての出土はありません。一方、弥生時代以降になると稲作の開始によりイネ藁の利用が充分に考えられます。しかし遺物として確認できたのは奈良県の平城京跡出土の縄[*6]が今のところ最古です。

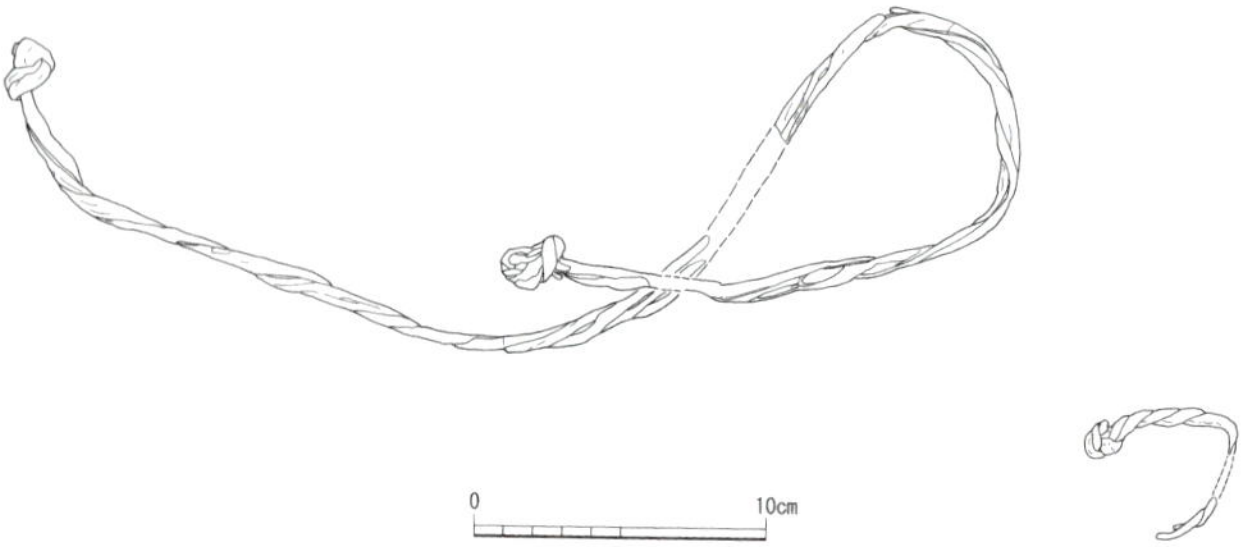

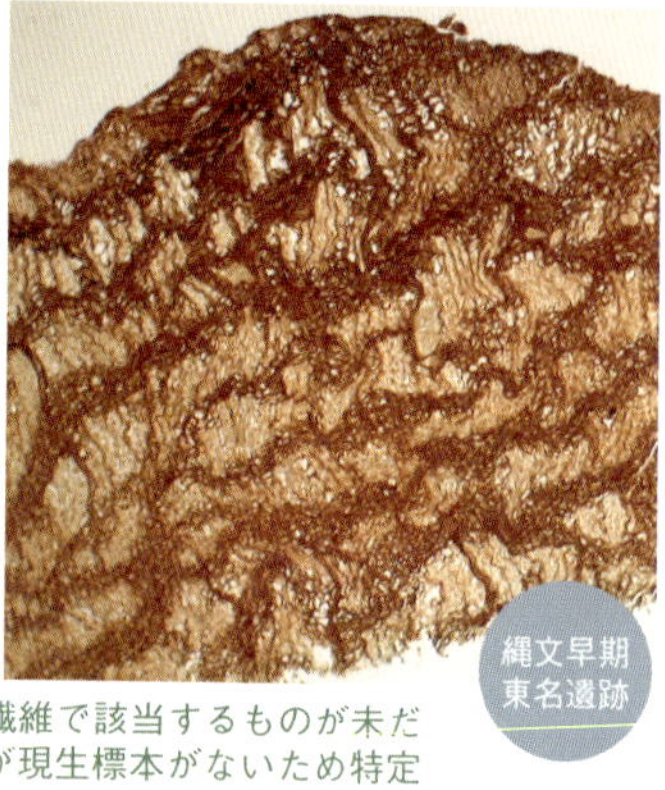

▲東名遺跡の両端に結び目のある細紐とその顕微鏡写真。明らかに樹皮の繊維で該当するものが未だ見つからない。シナノキの仲間で西日本にあるヘラノキかと考えているが現生標本がないため特定できていない。

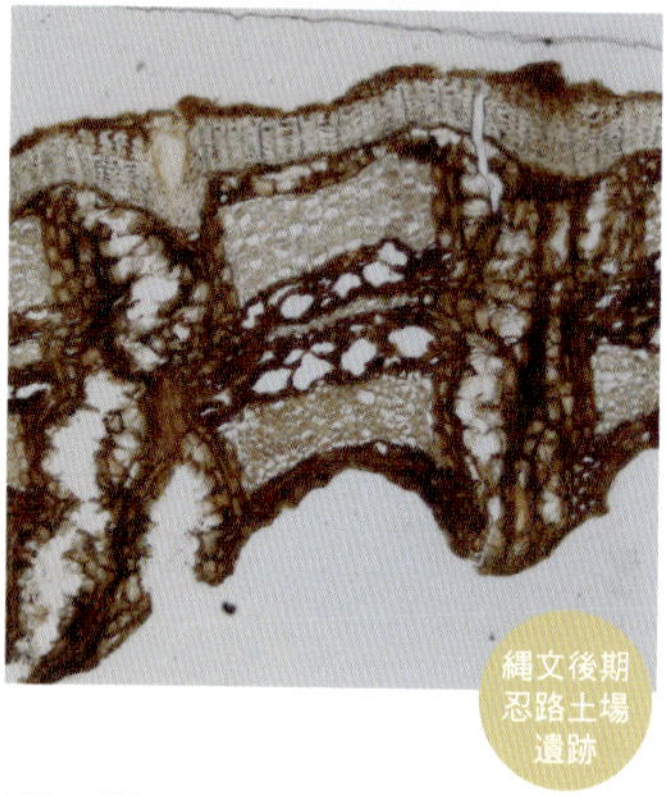

▲忍路土場遺跡の三つ組みの縄（遺物番号461）とその顕微鏡写真。保存処理で縄目がよく見えなくなっている。188頁の現生ヤマブドウの樹皮の顕微鏡写真と比べるとよく一致することがわかる。

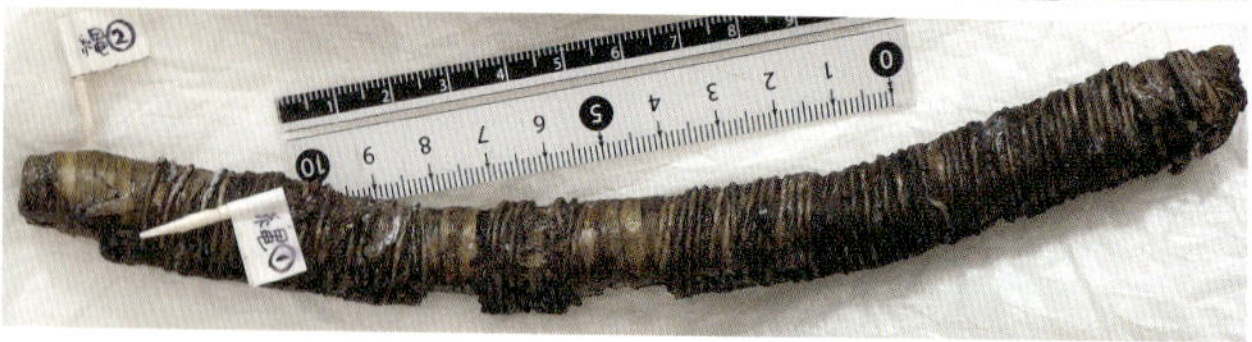

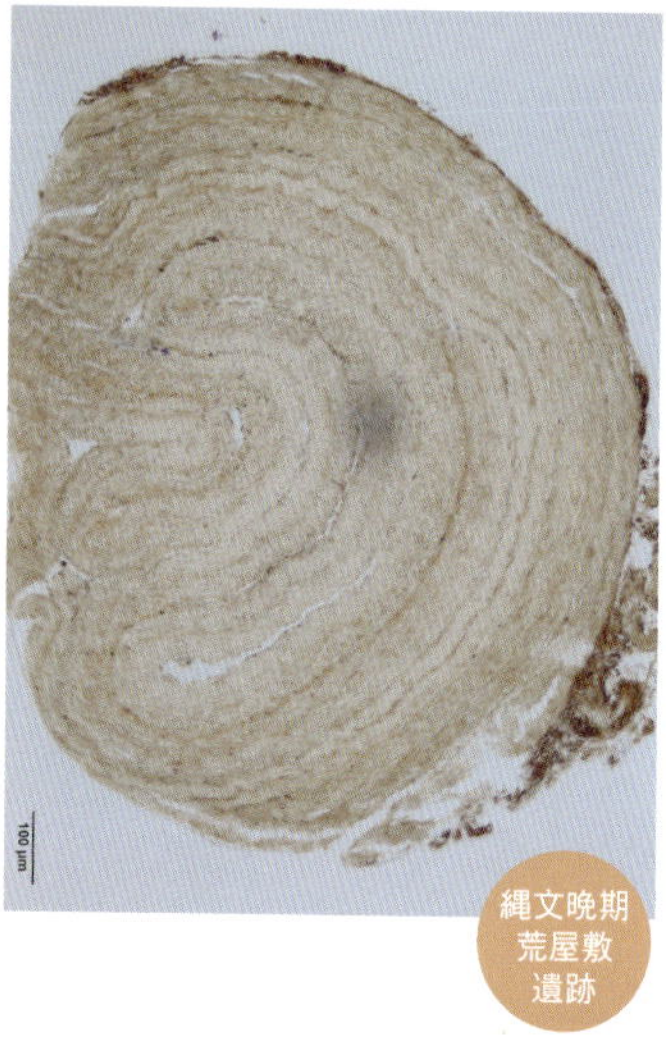

▲荒屋敷遺跡の巻紐製品（遺物番号：上 9027、下 9033）と、右は下 9033 の顕微鏡写真。テープ状の素材束を芯にしてテープ状の素材を巻き付けて棒状にし、更に撚り紐をきっちりと巻いて作ってある。「旗」が立っているところがサンプリングした場所。顕微鏡写真は撚り紐の断面。何枚もの扁平な素材を折り込んで撚ってあるのがわかる。この製品のすべての部分がカバノキ属の外樹皮でできていることがわかった。

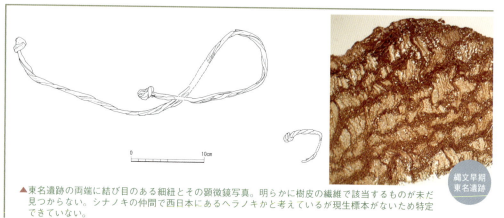

1 縄文時代の縄紐類の素材植物

縄文時代の縄紐類の素材植物

植物種	利用部位	草創期	早期	前期	中期	後期	晩期	合計
リョウメンシダ・ワラビ・シダ類	葉柄		5	83	5			93
ツヅラフジ	茎（ツル）		8	6				14
ヤマブドウ・ヤマブドウ？	樹皮			4	2	6		12
マタタビ属	茎（ツル）			10				10
カバノキ属	樹皮			2			6	8
アサ・カラムシ・イラクサ科？	靭皮繊維			1				1
シナノキ属	樹皮			2		1		3
サクラ属	樹皮			1				1
繊維細胞塊	靭皮繊維？	2		2				4
その他・不明	樹皮・茎など		4	4				8
合　　計		2	17	115	7	7	6	154

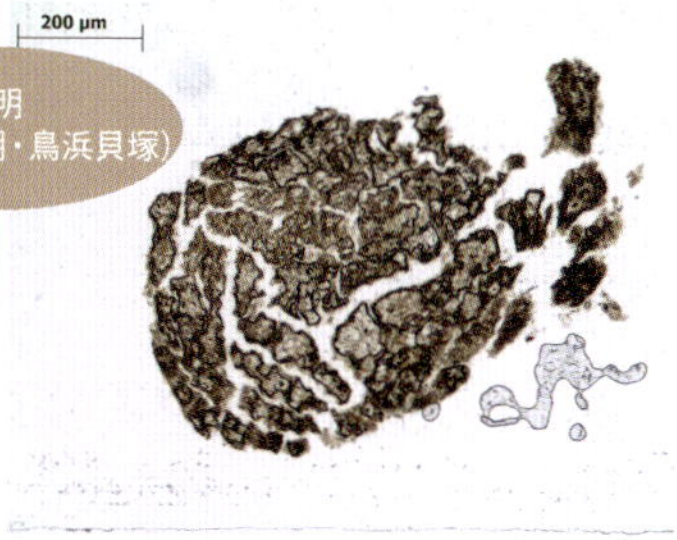

◀鳥浜貝塚の縄文時草創期の土層から土した縄（遺物番1037）。たくさん素材が緩く撚ってる。1本1本の素材繊維細胞の塊が多集まっていて全体して丸みを帯びてる。

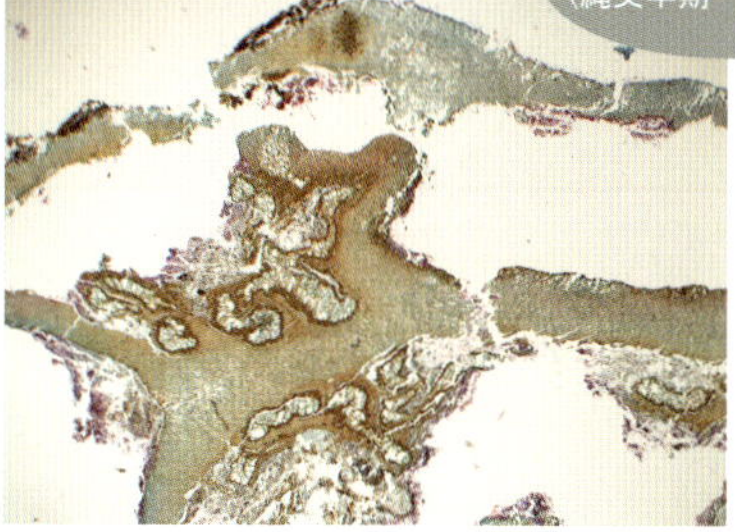

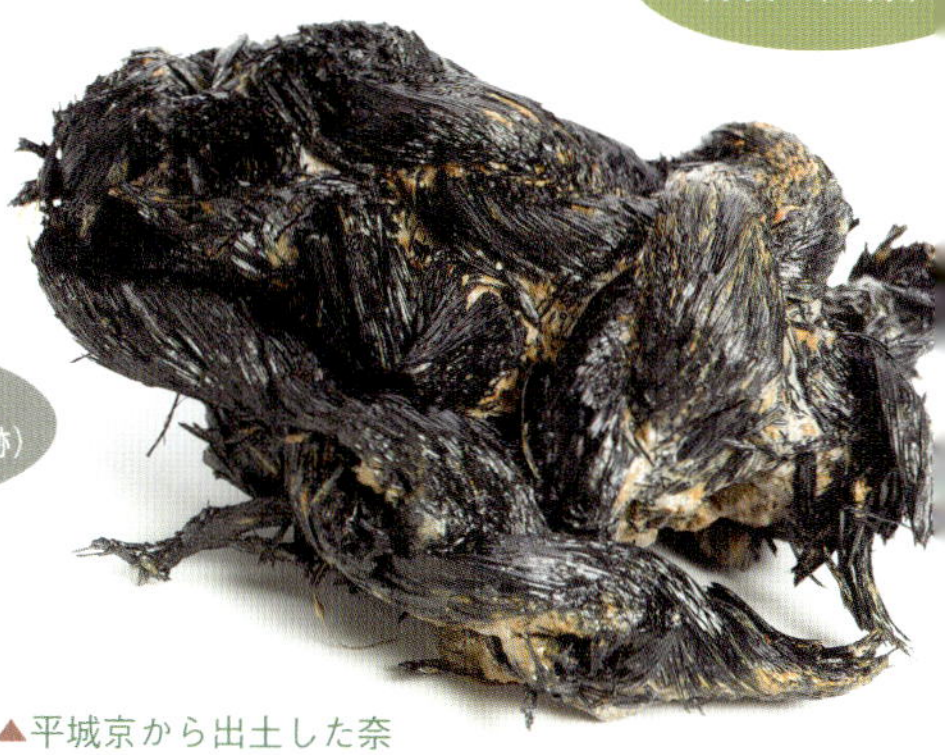

▲平城京から出土した奈良時代の縄（奈良文化財研究所2013）。今のところ最古のイネ藁製の縄である。

▲上は東名遺跡のワラビの三つ組みの縄。鳥浜貝塚のリョウメンシダの縄と形態がまったくと言って良いほど緒だ。下はワラビと同定された東名遺跡の素材束の顕微鏡写真。残念ながら縄紐でワラビと同定できたもの保存が悪く、特徴がよくわからないので素材束の写真で代用。

9-4
縄文時代の樹皮利用

縄文時代の植物利用で縄紐類と同じくらいこれまでよくわかっていなかったものに樹皮製品があります。遺跡の発掘調査報告書には「樹皮巻（き）」というテープ状のものがくるくる巻いた遺物がまれに登場します。もちろん何の樹種の樹皮なのかは書いてありません。一方、いわゆる「飾り弓」等、棒状の芯材に「樹皮」がくるくる巻かれた遺物もしばしば登場します。これも「樹皮巻（き）」と言われたりします。じつは前者は樹皮（正しくは外樹皮のコルク層）を剝がし取った「樹皮素材」で、自然に樹皮の外面を内側にして巻き込んだものです。したがって「樹皮を巻いた」製品は後者で、飾り弓や棒状製品でしばしば見かけます。残念なことにこれも何の樹種の樹皮を巻いたのか調べられた例はほとんどないまま、樺皮、桜皮などと言われてきたようです。

これらを含めて縄文時代の遺跡から出土した樹皮製品の樹種を調べた結果を表にまとめました。既に紹介した縄紐類に使われていたものも含めてありますが、この表の左半分に樹皮を使った製品の種別ごと、右半分に時期別に集計してあります。最も多いのがカバノキ属とサクラ属およびそのいずれとも区別が付かないもので、これらは外樹皮のコルク層を利用したものです。前段で述べたように樹皮素材と樹皮巻がこれに当たります。このような素材として利用可能な外樹皮を生産するのはサクラ属とカバノキ属の樹木のみで、これまで両者は区別されてこなかったのですが、切片を作成し顕微鏡で観察することにより区別できるようになりました。その結果、カバノキ属の利用は東北日本に限られますが、サクラ属は全国的であることがわかりました。鳥浜貝塚など、いくつかの遺跡から樹皮巻きの飾り弓が出土していますが、それらは調べていませんので調査が進めばそのことはもっとはっきりすることでしょう。

ヤマブドウの樹皮利用は既に紹介したように縄紐類が中心です。ケヤキの樹皮利用の特異なものに青森県八戸市の是川中居《これかわなかい》遺跡[*7]と秋田市の戸平川《とびらかわ》遺跡[*8]の縄文時代晩期の樹皮製大型曲物があります。遺物はそれぞれ一点の出土ですが底板と側板両方をサンプリングしたので四点となっていますが、いずれもがケヤキの樹皮でした。是川中居遺跡の曲物は赤と黒の漆塗りで復元制作されています。同じような大型曲物が金沢市の中屋サワ遺跡からも出土しています。遺物を見た限りではケヤキの樹皮だと思いましたがきちんとした同定はしていません。大きく薄い板を木材で作ることができなかった縄文時代には、平らで大きく剝がすことができるケヤキの樹皮をうまく利用したことがわかります。

一方、三内丸山遺跡の小型編みかご、「縄文ポシェット」は届けられた試料で「単子葉類の茎」と同定していましたが、近年の再調査で樹皮製であることがわかりました[*5]。この資料は重要文化財ですからサンプルを切って素材を調べることができません。そこで保存処理時に出た小さな破片を切って顕微鏡で観察し、ヒバを含むヒノキ科の樹皮と同定しました。青森県津軽地方のスギの分布は白神山地までそれより北にはありません。ヒバは青森県全土に普通に生えている針葉樹ですのでおそらく三内丸山遺跡の人はヒバで縄文ポシェットを作ったのだろうと考え、復元製作もヒバで行いました。

樹種を調べることができた樹皮製品（素材も含む）はまだまだわずかで、全体的な傾向をよくつかめたとは言えません。さらに資料を探索して、時代的にも空間的にもデータを増やしていく必要があります。

朱漆塗り樹皮製品

▲さいたま市の南鴻沼《みなみこうぬま》遺跡の朱漆塗り樹皮製品とその顕微鏡写真。サクラ属の外樹皮である。最下層は組織は潰れていないが大部分のところは強く圧縮されている。最上部の色の濃い層は漆膜。

漆塗樹皮製曲物

▲是川中居遺跡の漆塗樹皮製曲物とその復元品。ケヤキの樹皮製である。

「縄文ポシェット」

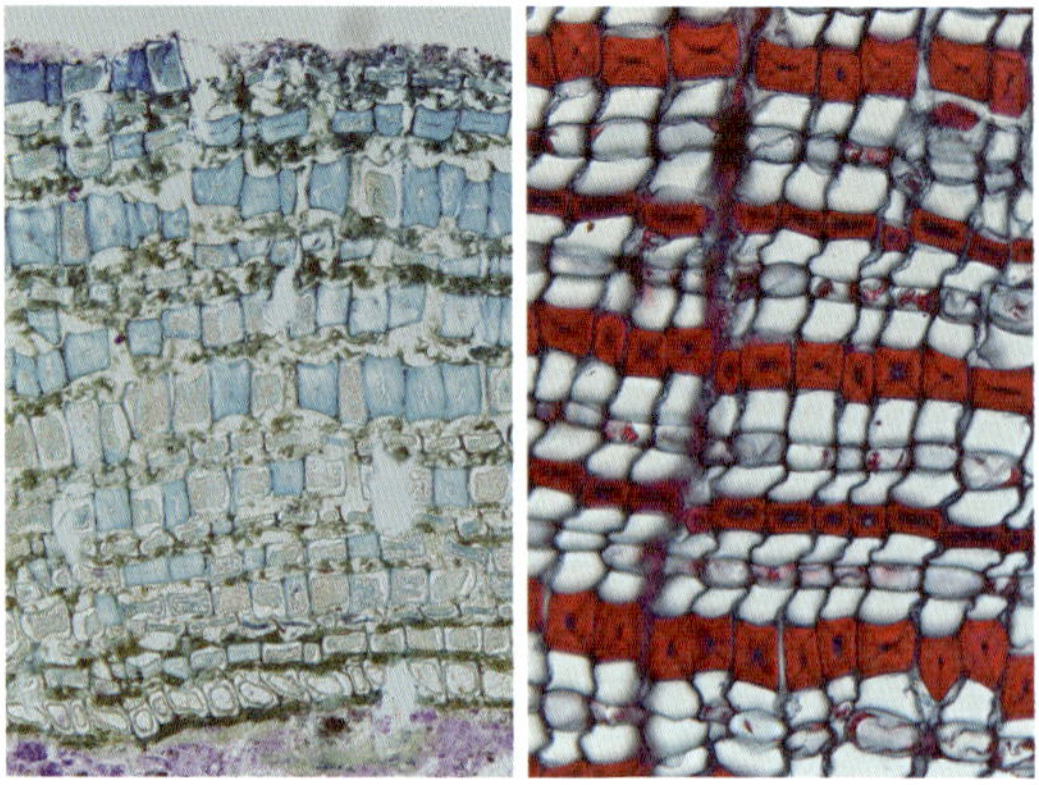

▲三内丸山遺跡の小型カゴ「縄文ポシェット」と現生ヒバの樹皮の顕微鏡写真。縄文ポシェットから剥離した小片の横断面を顕微鏡で見たところ、断面が四角い繊維細胞がきれいに層をなしていることがわかった。これはヒノキ科の樹皮の特徴であることから（スギを含む）ヒノキ科の樹皮と同定された。

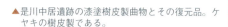

1 縄文時代の樹皮の利用

縄文時代の樹皮製品類の素材植物

樹種	樹皮の用途						縄文時代の時期					総計
	曲物	縄紐類	編組製品	樹皮巻	樹皮製品	樹皮素材	早期	前期	中期	後期	晩期	
サクラ属				1	3	28		31		1		32
カバノキ属		9	1	5	2	13		14	9		7	30
カバノキ属 or サクラ属			1			17		14	4			18
ヤマブドウ		9	2					7	1	3		11
ケヤキ	4				1	1	1	1			4	6
シナノキ属		2			1		1	2				3
ヒノキ科			9					5	4			9
広葉樹A		4	1				5					5
広葉樹B			1				1					1
総計	4	24	15	6	7	59	8	74	18	4	11	115

「樹皮巻」

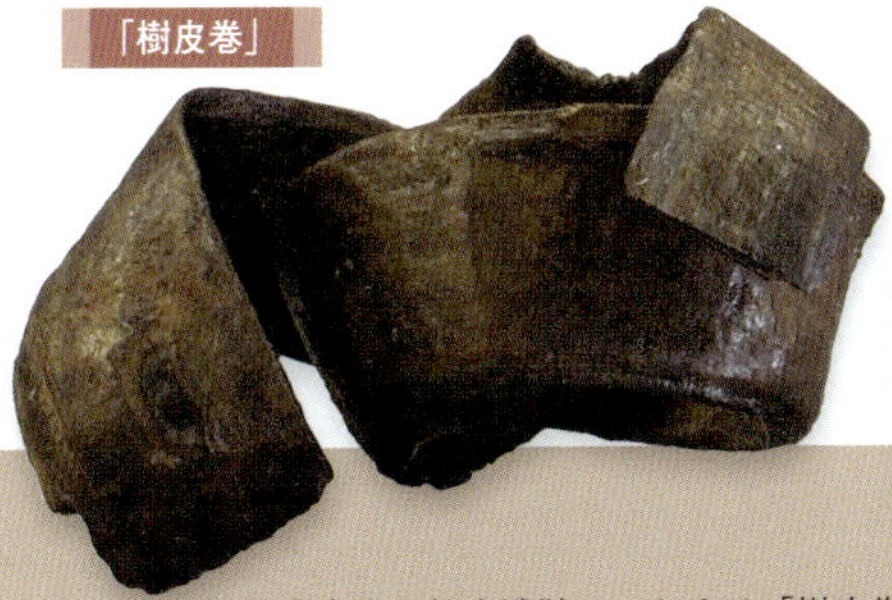

▲山形県高畠町の押出遺跡のいわゆる「樹皮巻」（左）と青森市の三内丸山遺跡の「樹皮巻」製品（右）。前者はサクラ属、後者はカバノキ属の外樹皮。

袋状樹皮製品

▲押出遺跡の袋状の樹皮製品2点（左：図114-9、中：図114-8）と後者の顕微鏡写真。2点とも膜状の素材を多数束ねて二つ折りにし、両側を紐綴じして袋状になっている。前者は「完形」すぎてサンプルが採れなかった。後者の顕微鏡写真からカバノキ属の外樹皮と同定。

9-5 新たな研究の展開に向けて

本書第4章の編組製品の報告とあわせてここでは縄紐類と樹皮製品について縄文時代の植物利用を見てきました。じつはまだまだ得たデータは少なく、東名遺跡、鳥浜貝塚など、比較的多数の遺物が出土した遺跡のデータに引きずられて、全国的、全時代的に把握するにいたっていません。しかしながら、少なくとも五年前にはこのような表を出して研究成果を提示することなどまったくできなかったのも事実です。

限られた出土資料のもとでのまだまだ不十分であるこれら植物資料の研究で今後の新たな展開として、取り組み始めた二つの研究手法を紹介しておきます。今まで一番欠けているのは「繊維」の同定です。植物体は細胞が集まって組織を作り、その組織が組み合わさって器官を作っています。細胞、組織の大きさ、形態、組み合わせは植物の種類によってそれぞれ異なりますが、器官↓組織↓細胞と細分化につれて情報量は少なくなるので、同定がだんだん難しくなります。「繊維」は細胞レベルなので同定はきわめて困難で、現生植物繊維のデータベース構築と素材同定技術の開発が必須です。

第二に、植物質は遺物化の過程で分解するのが運命ですが、この「消失した植物素材」を同定することです。藍胎《らんたい》漆器、漆漉《こ》し布、漆塗糸などは植物素材は既に分解消失してそれを覆っていた漆塗膜だけが残っています。これを従来の切片の顕微鏡観察に加え、デジタルマイクロスコープ、走査型電子顕微鏡、マイクロX線CTアナライザー等により、漆によって残された植物素材の「鋳型」から素材植物を同定する取り組みです。

秋田県横手市の神谷地《かみやち》遺跡から縄文時代晩期の朱漆塗り紐が出土しました。[*9] これとよく似たものが青森県板柳町の土井一号遺跡からも出土しています。[*10] 切片を切って顕微鏡で見たところ、繊維細胞があったところは長楕円形の空隙《くうげき》になっています。この形と大きさから、カラムシの可能性が高いことを指摘しましたが確定には至っていません。

　宮城県栗原市の山王囲《さんのうがこい》遺跡から出土した縄文時代晩期の「漆で固まった」編布をＣＴスキャンすると、一本一本の糸は数十本の素材が束になってできていることがわかります。素材は扁平なテープ状で幅は狭いものから広いものまでさまざまです。しかし、素材自体は完全に分解消失して「空隙」となっています。繊維があった部分の画像処理により「空隙」を実体化すると、繊維の束で編んであることがわかります。ＣＴスキャン画像の三次元立体画像化により、現生シナノキの樹皮の繊維にきわめて類似するというところまで迫ることができましたが、画像解像度が不足であと一歩というところです。

　二〇一二年一二月の「ここまでわかった！縄文人の植物利用」から三年を経て編組製品、縄紐類、樹皮の利用についてはかなりの新知見を得ることができたと思います。しかし、この研究の過程で、自分たちの力の足りなさを痛感し、やらねばならない課題の多さに気づき、そして新たな展開を促す研究体制の再整備の必要性に迫られています。食料、木材以外の植物利用には、編組製品、縄・紐類、樹皮、繊維利用など多岐にわたります。それらは食料や木材利用に比べてマイナーな植物利用では決してなく、縄文人の生活に必須なものであったはずです。植物資源利用の現在および現在につながる民俗学的事例は、その多くが縄文時代に起源し、連綿として農村生活に民俗として受け継がれてきたことが不十分ながらも明らかになってきました。縄文人の生活を探求すること、それはまさに日本人の生きてきた道を明らかにすることなのだとつくづく思います。

2 今後の新たな課題2：消失した植物素材の同定

10

11

12

14

13
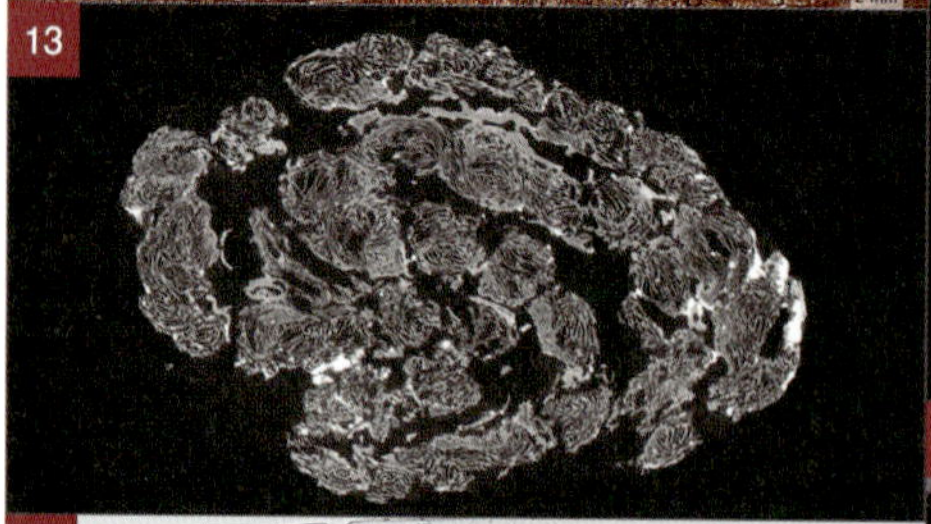

15
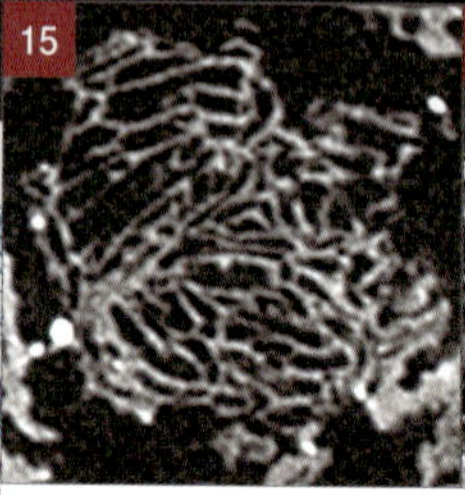

16
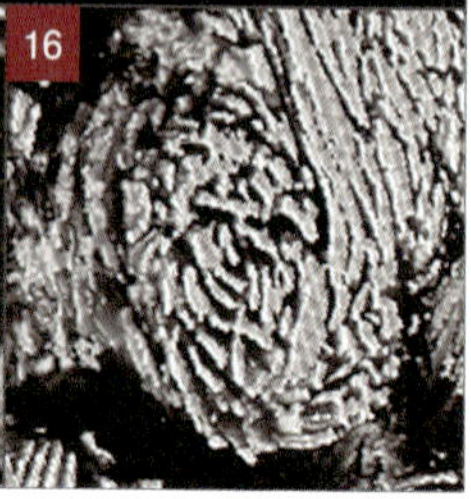

17
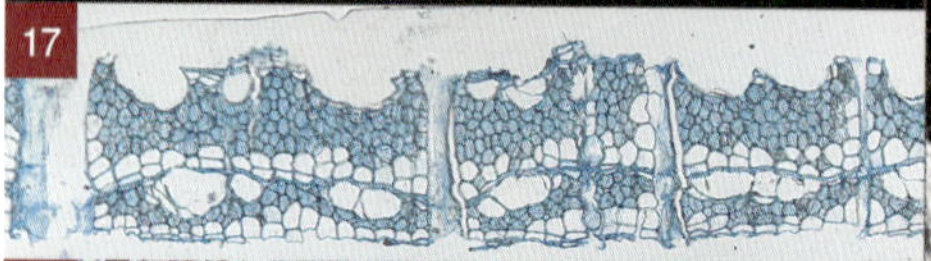

18
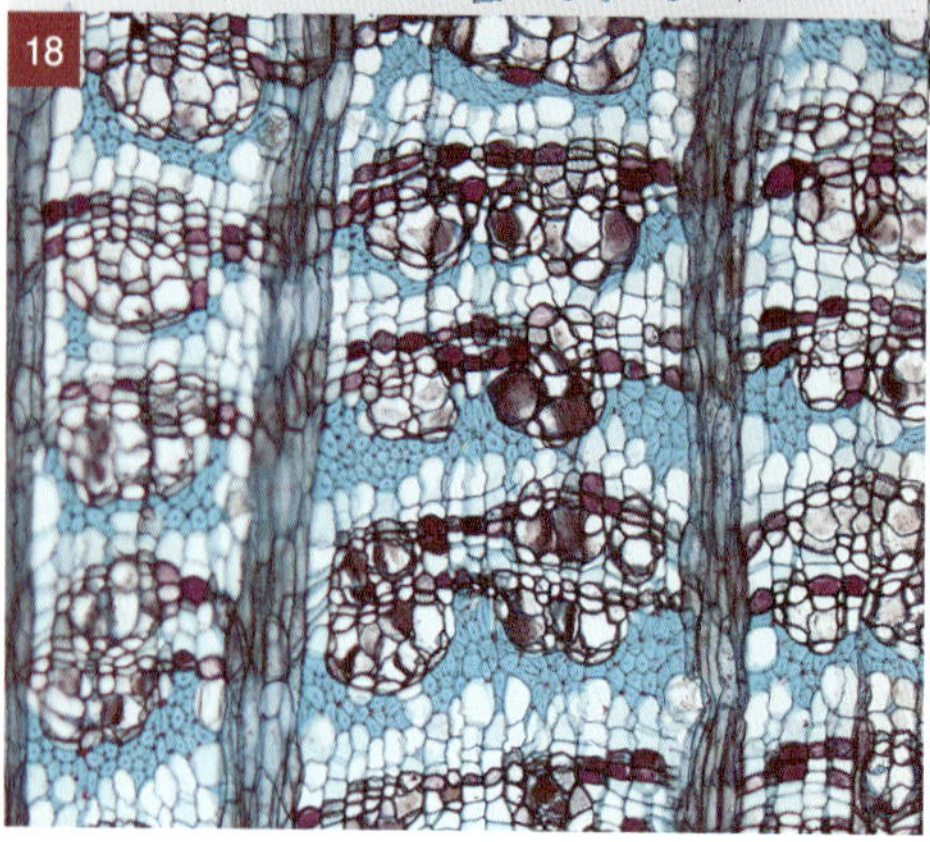

- 10 ～ 16：宮城県栗原市山王囲遺跡から出土した漆塗りの編布（縄文時代晩期）。
- 12：デジタルマイクロスコープ像
- 13、15：マイクロX線CT像
- 11、14、16：マイクロX線CTから造った3D像
- 15は13の、16は14の1本の糸の拡大。
- 17：現生シナノキの樹皮テープ
- 18：現生シナノキの樹皮。編布編みのタテ糸、緯糸とも平べったいテープ状の素材の束でできていることが12 ～ 17の画像からわかる。この平べったいテープ状の素材の外形はシナノキの樹皮から取ったテープと大きさ、形態が良く一致する。

＊マイクロX線CT像の撮影には東北大学総合学術博物館の協力を得た。11、14、16の3D画像作成には弘前大学の片岡太郎博士の協力を得た。

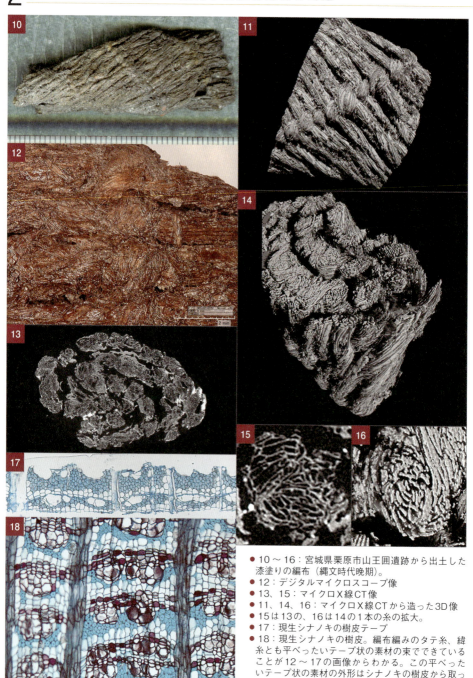

1 今後の新たな課題1：繊維の同定

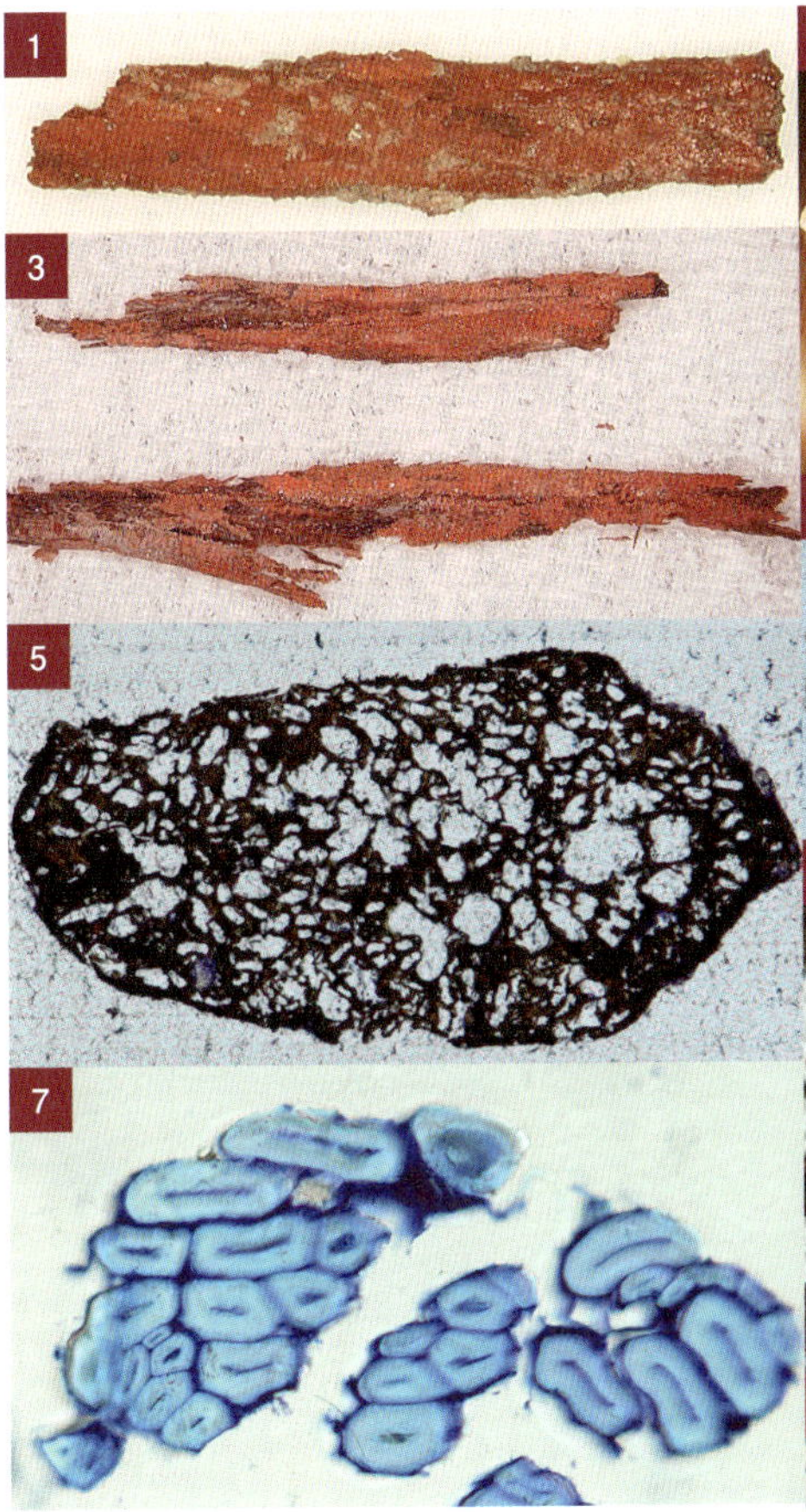

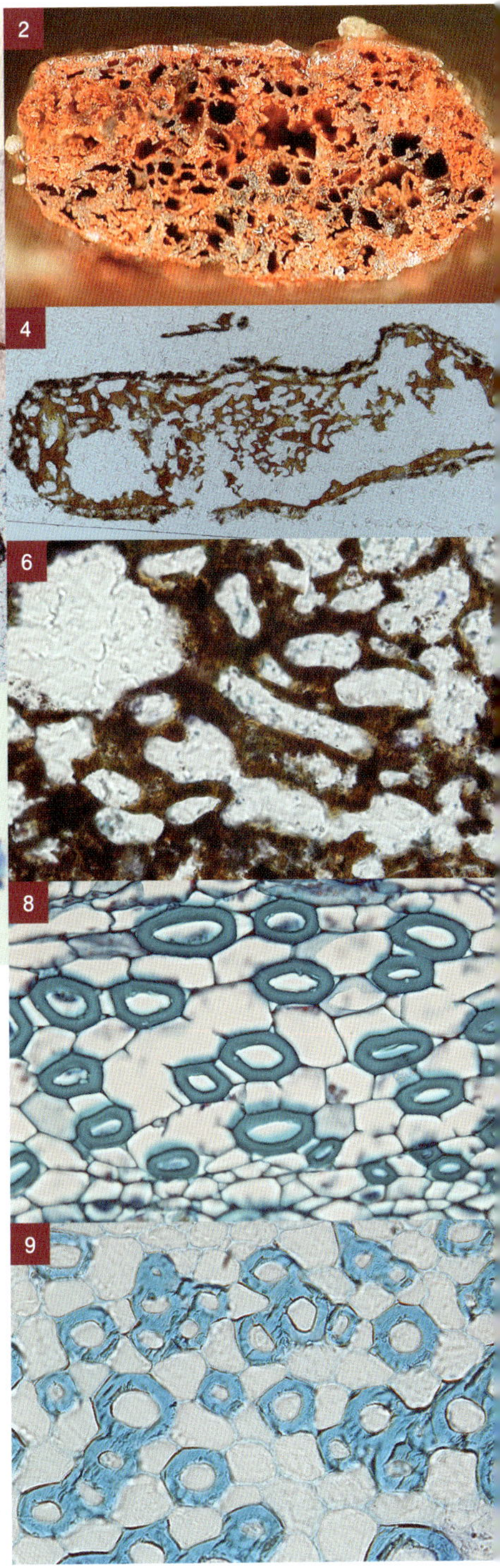

- 1、2、5、6：秋田県横手市神谷地遺跡の縄文時代晩期の朱漆塗り紐。
- 3、4：青森県板柳町の土井1号遺跡の縄文時代晩期の朱漆塗り紐（片岡ほか 2015）。
- 7：現生カラムシの取りだした繊維。
- 8：現生アカソの靭皮繊維。
- 9：現生エゾイラクサの靭皮繊維。神谷地遺跡の朱漆塗り紐は太さ1.5×0.7mmで断面楕円形。土井1号遺跡の朱漆塗り紐は太さ1.0×0.3mmで潰れていると思われる。いずれも繊維は分解消失。繊維細胞があったところに長楕円形の「空隙」がある（写真6）。この空隙はカラムシの取りだした繊維（写真7）によく似るが、同じイラクサ科のアカソ（写真8）、エゾイラクサ（写真9）なども繊維を取りだして乾燥すれば同じような形態になると思われる。神谷地遺跡、土井1号遺跡の朱漆塗り紐いずれもカラムシの可能性があるとした。

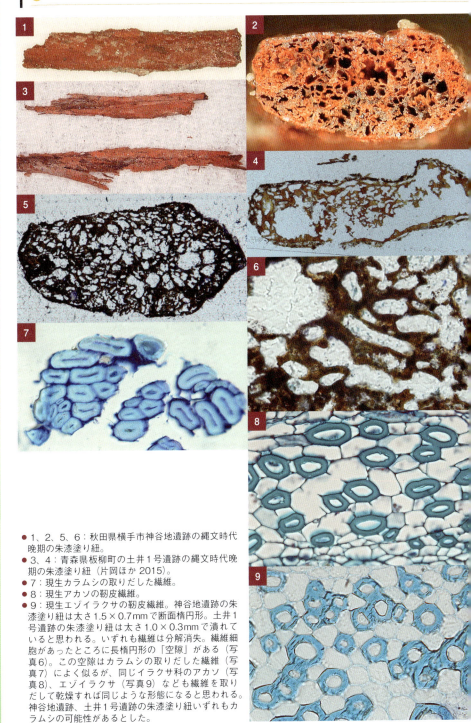

おわりに

二〇一五年一一月二一日（土）に、第九八回歴博フォーラム「さらにわかった！ 縄文人の植物利用」を国立歴史民俗博物館の講堂とガイダンスルームで開催した。当日の歴博フォーラムの発表内容は以下の通りである。

一　縄文時代前半期の植物利用
報告一「縄文時代の前半期ってどんな時代？ 一六〇〇〇年前から六〇〇〇年前まで」工藤雄一郎
報告二「縄文時代の低湿地遺跡―鳥浜貝塚が教えてくれること」鯵本眞友美
報告三「鳥浜貝塚から見えてきた縄文時代前半期の植物利用」能城修一

二　縄文時代の編みかごと縄利用の研究―「あみもの研究会」の研究成果―
報告四「編組製品の技法と素材植物」佐々木由香
報告五「八〇〇〇年前の編みかごから何がわかるのか？―佐賀県東名遺跡―」西田巖
報告六「東名遺跡と三内丸山遺跡のかごを復元する」高宮紀子
報告七「縄文のかご作りに刃物はいらない？ 下宅部遺跡の四〇〇〇年前の編みかご」千葉敏朗
報告八「下宅部遺跡と正福寺遺跡のかごを復元する」本間一恵

三　縄文時代の植物利用の研究の到達点と今後の課題
報告九「鳥浜貝塚から四〇年―さらにわかった！ 縄文人の植物利用―」鈴木三男
「復元かごの解説」小林和貴・高宮紀子・本間一恵
司会：山田康弘・工藤雄一郎

第九八回歴博フォーラムおよびその記録集である本書は、国立歴史民俗博物館の開発型共同研究「縄文時代の人と植物の関係史」（二〇一〇〜二〇一二年度、代表：工藤雄一郎）および、その後に鈴木三男氏、能城修一氏らが中心となって進めてきた科学研究費等による研究の成果を発表する機会として開催したものである。全体の半分は縄文時代前半期の植物利用の最新の研究（代表：能城修一）の成果であり、残りの半分は「あみもの研究会」（代表：鈴木三男）による縄文時代の遺跡出土編組製品および縄紐類の素材同定と復元実験の成果である。第九八回歴博フォーラムへの申し込みは受付開始から一カ月で二九〇名を超えて締め切りとなり（歴博講堂の定員は二六〇名）、当日も講堂がほぼ満員になるなど、縄文時代の植物利用の研究への注目の高さが改めて浮き彫りとなった。

縄文時代前半期の研究は、能城修一氏を中心に進めている研究の成果であり、鳥浜貝塚の再調査・再分析が話題の中心となった。縄文時代草創期にまで遡ったウルシの起源をどのように考えるべきか、花粉分析から見えてきた縄文時代草創期末から早期のクリの多さをどのように考えるべきか。取り組むべき課題が多いものの、われわれはまだまだ多くの情報を鳥浜貝塚から引き出せると考えている。鳥浜貝塚の試料の調査にあたっては、福井県立若狭歴史博物館および文化財調査員の鯵本眞友美氏の協力と、網谷克彦氏（福井県陶芸館）によるアドバイスがあってこその成果である。心より御礼申し上げたい。

また、後者に関連して、今回の歴博フォーラムでは「あみもの研究会」の全面的な協力により、これまで「あみもの研究会」が製作した縄文時代の編組製品の復元品九点を国立歴史民俗博物館のガイダンスルームを使って公開することができ、またフォーラム講演者らが復元かごの解説を行った。縄文時代の編組製品製作技術について、講演でのスライドや口頭での説明に合わせて、研究の成果が凝縮された「復元かご」の数々を、来場者の方々に間近で見ていただくことができた。これは、縄文人のかごを編む技術の高さや、また縄文時代の編みかごの複雑な文様やパターンに見られる緻密さ、美意識の高さを実感するきっかけとなったようである。

あみもの研究会がこれまでに実施した四遺跡、九点の復元編みかごの製作にあたっては、きわめて多くの研究者や学生が参加した。国立歴史民俗博物館も参加して製作した下宅部遺跡の第八号編組製品の復元かごの製作においても、東村山市教育委員会に全面的に協力をいただき、八国山たいけんの里を復元実験のために使用させていただいた。また、久留米市教育委員会には、報告書作成中の正福寺遺跡の出土資料および復元品の掲載について許可をいただいた。改めて感謝申し上げたい。

なお本書は、文部科学省科学研究費補助金基盤研究（A）「縄文時代前半期における森林資源利用体系の成立と植物移入の植物学的解明」（代表：能城修一、二〇一二～二〇一四年度）、基盤研究（A）「縄文時代前半期における森林資源管理・利用体系の成立と植物移入の植物学的解明」（代表：能城修一、二〇一五年度～）、基盤研究（A）「日本の縄文・弥生時代遺跡出土編組・繊維製品等素材の考古植物学的研究」（代表：鈴木三男）、国立歴史民俗博物館開発型共同研究「縄文時代の人と植物の関係史」（代表：工藤雄一郎、二〇一〇～二〇一二年度）の成果の一部を含んでいる。これらの研究は現在も継続中である。

そして、現在われわれが進めている「縄文時代の植物利用」および「縄文時代の人と植物の関係史」の研究の次なる成果は、数年後には第三弾『もっとわかった！ 縄文人の植物利用』として公開したいと考えている。研究の進展にぜひとも期待していただきたい。また、もし本書を読んでこの分野の植物考古学・考古植物学の研究に興味をもった学生がいたら、ぜひわれわれの研究や実験に参加していただけたらと思う。「鳥浜貝塚から四〇年」。この分野を担う次世代の研究者が加わり、益々この分野の研究が活発化していくことを期待したい。

最後に、本書の編集は工藤がその任にあたったが、執筆者・関係者の諸氏には今回も多大なる協力をいただいた。また、イラストレーターの石井礼子氏には下宅部遺跡の第八号編組製品に関する素晴らしい四点の復元画を製作していただいた。また、貴重な写真や図などを提供していただいた以下の関係諸機関、歴博フォーラム開催ならびに本書の編集を通じてさまざまな面でお世話になった以下の機関と関係者のみなさまに、本書の執筆者を代表して記して感謝の意を表したい（敬称略）。

青森県教育庁文化財保護課、青森県教育庁文化財保護課三内丸山遺跡保存活用推進室、青森県森林組合津軽木材流通センター、青森県つがる市教育委員会、青森県埋蔵文化財調査センター、青森県立郷土館、秋田県由利本荘市教育委員会、小樽市教育委員会、鹿児島県立埋蔵文化財センター、栗原市教育委員会、久留米市教育委員会、公益財団法人 千葉県教育振興財団、御所野縄文博物館、さいたま市遺跡調査会、佐賀市教育委員会、滋賀県教育委員会、茅野市尖石縄文考古館、千葉市立加曽利貝塚博物館、東京大学総合研究博物館、東京大学大学院農学生命科学研究科附属千葉演習林、東北大学総合学術博物館、富山県埋蔵文化財センター、奈良文化財研究所、新潟県長岡市教育委員会、八戸市埋蔵文化財センター是川縄文館、東久留米市教育委員会、東村山市教育委員会、東村山ふるさと歴史館、福井県立若狭歴史博物館、三島町教育委員会、山形県立うきたむ風土記の丘考古資料館、横手市教育委員会、若狭三方縄文博物館

秋山綾子、網谷克彦、池永邦夫、石田糸絵、一木絵理、今田秀樹、小川とみ、沖松信隆、小倉均、片岡太郎、神川建彦、上奈緒美、菅野紀子、熊代昌之、黒沼保子、佐々木茂美、佐藤定雄、佐藤智香、杉目覚、瀬口眞司、高田和徳、田口尚、田辺晋、千葉文夫、中市日女子、中島昌巳、西原和代、沼辺一郎、箱崎真隆、八幡利馬、早川和子、早坂仁敬、深川祐子、藤岡信一、本庄あずさ、本田秀生、Margaret Mathewson, 松原奈緒、真邉彩、三田常義、目黒まゆ美、横田あゆみ、吉川純子、吉川昌伸、吉田雅子、米田恭子、Dawn Nichols Walden, 渡邉裕穂

二〇一七年二月　　工藤雄一郎

＊3 布目順郎 1984「1. 縄類と編物の材質について」『鳥浜貝塚　1983年度調査概報・研究の成果―縄文前期を主とする低湿地遺跡の調査4―』研究の成果：1–8、福井県教育委員会・福井県立若狭歴史民俗資料館

＊4 布目順郎 1992『目で見る繊維の考古学―繊維遺物資料集成』染織と生活社

＊5 小林和貴・鈴木三男・佐々木由香・能城修一 2015「三内丸山遺跡出土編組製品等の素材植物」『三内丸山遺跡42』、pp.134–151、青森県教育委員会

＊6 奈良文化財研究所 2013「左京三条一坊一・二坪の調査―第488・491・495次」『奈文研紀要』2013、pp.153–167

佐賀市教育委員会 2009『佐賀市埋蔵文化財調査報告書第40集　東名遺跡群Ⅱ』第5分冊、佐賀市教育委員会

＊7 能城修一・鈴木三男・小川とみ・福士明日香 2007「是川遺跡から出土した木製品と自然木の樹種」『是川遺跡ジャパンロード〔漆の道〕報告書2004–2006』、pp.146–175、東奥日報社

＊8 秋田県教育委員会　2000　『秋田県文化財調査報告書第294集　戸平川遺跡―東北横断自動車道秋田線建設事業に係る埋蔵文化財発掘調査報告書ＸＸⅣ―』秋田県教育委員会

＊9 小林和貴・鈴木三男 2015「神谷地遺跡の土壙墓から出土した朱漆紐の素材」『神谷地遺跡・小出遺跡』、pp.448–449、横手市教育委員会

＊10 片岡太郎・上条信彦・柴正敏・伊藤由美子・小林和貴・鈴木三男・佐々木由香・鳥越俊行 2015「青森県板柳町土井（1）遺跡出土漆器類の材質同定と製作技術の解明」『考古学と自然科学』67：pp.7–27

法による敷物圧痕の観察」『御所野遺跡Ⅴ—総括報告書—』（一戸町教育委員会編）、pp.180–196、一戸町教育委員会

第5章（西田巌）
＊1 佐賀市教育委員会編 2017『縄文の奇跡！東名遺跡—歴史をぬりかえた縄文のタイムカプセル』雄山閣
＊2 佐賀市教育委員会 2016『東名遺跡群Ⅳ—東名遺跡群総括報告書—』佐賀市埋蔵文化財調査報告書第100集
＊3 下山正一ほか 1994「有明海北岸低地の第四系」『九州大学理学部研究報告地球惑星科学』18–2、九州大学理学部
＊4 佐賀市教育委員会 2009『東名遺跡群Ⅱ—東名遺跡2次・久富二本杉遺跡—』佐賀市埋蔵文化財調査報告書第40集
＊5 佐賀市教育委員会 2004・2009『東名遺跡群Ⅰ　東名遺跡1区—縄文早期遺跡の調査—』佐賀市文化財調査報告書第150集

第7章（千葉敏朗）
工藤雄一郎・国立歴史民俗博物館編 2014『ここまでわかった！ 縄文人の植物利用』新泉社
工藤雄一郎編 2014「縄文時代の人と植物の関係史」『国立歴史民俗博物館研究報告』187
下宅部遺跡調査団 2006『下宅部遺跡Ⅰ』東村山市遺跡調査会

COLUMN②（小林和貴）
＊1 能城修一・鈴木三男・佐々木由香・小林和貴・小川とみ 2009「出土木材と植物性遺物の同定」『東名遺跡群Ⅱ—東名遺跡2次・久富二本杉遺跡—（第6分冊）東名遺跡2次・総括編』（佐賀市教育委員会編）、pp.213–236、佐賀市教育委員会
＊2 佐々木由香・西田巌 2009「編組製品」『東名遺跡群Ⅱ—東名遺跡2次・久富二本杉遺跡—（第5分冊）東名遺跡2次・遺物編2』（佐賀市教育委員会編）、pp.125–404、佐賀市教育委員会
＊3 鈴木三男・小林和貴 2011「青森県三内丸山遺跡出土の小型編組製品（縄文ポシェット）および富山県桜町遺跡出土縄製品の素材植物」『植生史研究』20：pp.83–88
＊4 佐々木由香・本間一恵・高宮紀子・吉田雅子・小林和貴・能城修一・鈴木三男 2014「「縄文ポシェット」の復元製作実験」『特別史跡三内丸山遺跡年報』17：pp.54–60
＊5 佐々木由香・小林和貴・鈴木三男・能城修一 2014「下宅部遺跡の編組製品および素材束の素材からみた縄文時代の植物利用」『国立歴史民俗博物館研究報告』187：pp.323–345
＊6 米田恭子・佐々木由香 2014「植物珪酸体分析による下宅部遺跡出土編組製品と素材束の素材同定」『国立歴史民俗博物館研究報告』187：pp.347–356

第9章（鈴木三男）
＊1 鳥浜貝塚研究グループ 1987『鳥浜貝塚—1980～1985年度調査のまとめ—』福井県教育委員会・福井県立若狭歴史民俗資料館
＊2 倉田悟・中池敏之 編 1987『日本のシダ植物図鑑』第5巻、p.502、東京大学出版会

＊12 関根達人 2014「青森県における縄文時代の遺跡数の変遷」『第四紀研究』53：pp.193–203

第4章（佐々木由香）

＊1 佐々木由香 2006「割裂き木部材・蔓・草の編み組み加工容器」『考古学ジャーナル』542：pp.13–19
＊2 杉山寿栄男 1927「石器時代の木製品と編物」『人類学雑誌』42–8：pp.315–322、東京人類学会など
＊3 松永篤知 2003「中国新石器時代の「敷物圧痕」について」『中国考古学』3：pp.22–45、日本中国考古学会
＊4 小林和貴 2014「植物繊維の見分け方」工藤雄一郎・国立歴史民俗博物館編『ここまでわかった！ 縄文人の植物利用』pp.47+49、新泉社
＊5 佐々木由香 2015「縄文・弥生時代の編組製品製作技法の特徴と時代差」「縄文・弥生時代の編組製品研究の新展開」要旨集（あみもの研究会編）、pp.27–34、あみもの研究会
＊6 坪井正五郎 1899「日本石器時代の網代形編み物」『東京人類学会雑誌』161：pp.440–444、東京人類学会
＊7 名久井文明 2004「民俗的古式技法の存在とその意味」『国立歴史民俗博物館研究報告』117：pp.185–240、国立歴史民俗博物館
＊8 ＊5に同じ
＊9 佐々木由香 2017「縄文時代の編組製品とは？」『縄文の奇跡！ 東名遺跡―歴史をぬりかえた縄文のタイムカプセル』pp.20–27、雄山閣
＊10 片岡太郎・上條信彦 2014『亀ヶ岡文化の漆工芸：青森県板柳町土井(1)遺跡漆製品の自然科学・保存科学的研究』弘前大学人文学部北日本考古学研究センター
＊11 ＊9に同じ
＊12 鈴木三男・小林和貴 2011「青森県三内丸山遺跡出土の小型編組製品（縄文ポシェット）および富山県桜町遺跡出土縄製品の素材植物」『植生史研究』20：pp.83–88
＊13 佐々木由香・本間一恵・高宮紀子・吉田雅子・小林和貴・能城修一・鈴木三男 2014「「縄文ポシェット」の復元製作実験」『特別史跡三内丸山遺跡年報』17：pp.54–60
＊14 佐々木由香・小林和貴・鈴木三男・能城修一 2014「下宅部遺跡の編組製品および素材束の素材からみた縄文時代の植物利用」『国立歴史民俗博物館研究報告』187：pp.323–345
＊15 鹿児島県埋蔵文化財センター 2006『三角山遺跡群(3)』第1分冊、鹿児島県立埋蔵文化財センター
＊16 ＊5と同じ
＊17 米田恭子・佐々木由香 2014「植物珪酸体分析による下宅部遺跡出土編組製品と素材束の素材同定」『国立歴史民俗博物館研究報告』187：pp.347–356
＊18 ＊14と同じ
＊19 ＊14と同じ
＊20 真邉彩 2014「土器づくりの敷物は？」工藤雄一郎・国立歴史民俗博物館編『ここまでわかった！ 縄文人の植物利用』pp.91+93、新泉社
＊21 佐々木由香・黒沼保子・米倉浩司・小林和貴・菅野紀子・木村由美子 2015「レプリカ

る低湿地遺跡の調査2—』、福井県教育委員会
＊3 安田喜憲 1979「第5章第7節 花粉分析」『鳥浜貝塚—縄文前期を主とする低湿地遺跡の調査1—』(鳥浜貝塚研究グループ編)、pp.176–196、福井県教育委員会
＊4 網谷克彦 1997「環境と文化的適応—縄文時代の湖畔集落・鳥浜貝塚—」『環境情報科学』26–2、pp.14–20、社団法人 環境情報科学センター
＊5 鳥浜貝塚研究グループ編 1987『鳥浜貝塚—1980 〜 1985年度調査のまとめ—』、福井県教育委員会・福井県立若狭歴史民俗資料館
＊6 網谷克彦編 1996『鳥浜貝塚研究1』、鳥浜貝塚研究会
＊7 工藤雄一郎・網谷克彦・吉川純子・佐々木由香・鯵本眞友美・能城修一 2016「福井県鳥浜貝塚から出土した大型植物遺体の^{14}C年代測定—縄文時代草創期から前期の堆積物層序と土器型式の年代の再検討」『植生史研究』24–2：pp.43–57

第3章（能城修一）
＊1 Yasuda, Y., Yamaguchi, K., Nakagawa, T., Fukusawa, H., Kitagawa, J., Okamura, M. 2004 Environmental variability and human adaptation during the Lateglacial/Holocene transition in Japan with reference to pollen analysis of the SG4 core from Lake Suigetsu. *Quaternary International*. 123–125: pp.11–19
＊2 鳥浜貝塚研究グループ編 1985『鳥浜貝塚　1984年度調査概報・研究の成果—縄文前期を主とする低湿地遺跡の調査5—』168＋42pp. 福井県教育委員会・福井県立若狭歴史民俗資料館
網谷克彦 1996「鳥浜貝塚出土の木製品の形態分類」『鳥浜貝塚研究』1：pp.1–22
＊3 能城修一・鈴木三男 1990「福井県鳥浜貝塚から出土した自然木の樹種と森林植生の復元」『金沢大学日本海域研究所報告』22：pp.63–152
＊4 能城修一・鈴木三男・網谷克彦 1996「鳥浜貝塚から出土した木製品の樹種」『鳥浜貝塚研究』1：pp.23–79
＊5 吉川昌伸 2011「クリ花粉の散布と三内丸山遺跡周辺における縄文時代のクリ林の分布状況」『植生史研究』18：pp.65–76
＊6 吉川昌伸・吉川純子・能城修一・工藤雄一郎・佐々木由香・鈴木三男・網谷克彦・鯵本眞友美 2016「福井県鳥浜貝塚周辺における縄文時代草創期から前期の植生史と植物利用」『植生史研究』24：pp.69–82
＊7 工藤雄一郎 2017「縄文時代の漆文化—最近の二つの研究動向—」『URUSHIふしぎ物語—人と漆の12000年史—』国立歴史民俗博物館
＊8 星川清親 1992『栽培植物の起源と伝播 改定増補版』p.311、二宮書店
＊9 工藤雄一郎・鈴木三男・能城修一・鯵本眞友美・網谷克彦 2016「福井県鳥浜貝塚から出土した縄文時代草創期および早期のクリ材の年代」『植生史研究』24：pp.59–68
＊10 西田正規 1980「縄文時代の食料資源と生業活動—鳥浜貝塚の自然遺物を中心として—」『季刊人類学』11–3：pp.3–56
＊11 谷口康浩 2004「日本列島初期土器群のキャリブレーション^{14}C年代と土器出土量の年代的推移」『考古学ジャーナル』519：pp.4–10
小畑弘己 2009「出現期土器の機能の違い」国立歴史民俗博物館編『企画展示 縄文はいつから!?—1万5千年前になにがおこったのか—』、p.32

引用文献

第1章（工藤雄一郎）

＊1 工藤雄一郎・国立歴史民俗博物館編 2014『ここまでわかった！ 縄文人の植物利用』新泉社

＊2 安田喜憲 1979「花粉分析」『鳥浜貝塚—縄文前期を主とする低湿地遺跡の調査1』（鳥浜貝塚研究グループ編）、pp.176–196

吉川昌伸・吉川純子・能城修一・工藤雄一郎・佐々木由香・鈴木三男・網谷克彦・鯵本眞友美 2016「福井県鳥浜貝塚の縄文時代草創期から前期の植生史と植物利用」『植生史研究』24–2：pp.69–82

＊3 工藤雄一郎 2012『旧石器・縄文時代の環境文化史—高精度放射性炭素年代測定と考古学—』新泉社

＊4 田辺晋 2013「東京低地と中川低地における最終氷期最盛期以降の古地理」『地学雑誌』122–6：pp.949–967

Tanabe, S., Nakanishi, T., Ishihara, Y. and Nakashima, R. 2015 Millennial-scale stratigraphy of a tide-dominated incised valley during the last 14 kyr: Spatial and quantitative reconstruction in the Tokyo Lowland, central Japan. *Sedimentology* 62: pp.1837–1872

＊5 鳥浜貝塚研究グループ編 1987『鳥浜貝塚—1980～1985年度調査のまとめ—』福井県教育委員会・福井県立若狭歴史民俗資料館

＊6 滋賀県教育委員会編 2000『粟津湖底遺跡　自然流路（粟津湖底遺跡 Ⅲ）』滋賀県教育委員会・滋賀県文化財保護協会

＊7 佐賀市教育委員会編 2006『東名遺跡：日本最古の湿地性貝塚』佐賀市教育委員会

＊8 工藤雄一郎・網谷克彦・吉川純子・佐々木由香・鯵本眞友美・能城修一 2016「福井県鳥浜貝塚から出土した大型植物遺体の^{14}C年代測定—縄文時代草創期から前期の堆積物層序と土器型式の年代の再検討」『植生史研究』24–2：43–57

工藤雄一郎・鈴木三男・能城修一・鯵本眞友美・網谷克彦 2016「福井県鳥浜貝塚から出土した縄文時代草創期および早期のクリ材の年代」『植生史研究』24–2：59–68

吉川昌伸・吉川純子・能城修一・工藤雄一郎・佐々木由香・鈴木三男・網谷克彦・鯵本眞友美 2016「福井県鳥浜貝塚の縄文時代草創期から前期の植生史と植物利用」『植生史研究』24–2：69–82

＊9 森川昌和 2002『鳥浜貝塚—縄文人のタイムカプセル—』未来社

＊10 鈴木三男・能城修一・小林和貴・工藤雄一郎・鯵本眞友美・網谷克彦 2012「鳥浜貝塚から出土したウルシ材の年代」『植生史研究』21–2：pp.67–71

＊11 工藤雄一郎・四柳嘉章 2015「石川県三引遺跡および福井県鳥浜貝塚出土の縄文時代漆塗櫛の年代」『植生史研究』23–2：pp.55–58

第2章（鯵本眞友美）

＊1 森川昌和 1994「第一部 鳥浜貝塚 七〇〇〇年の四季」『日本の古代遺跡を掘る1　鳥浜貝塚—縄文のタイムカプセル』、pp.15–136、読売新聞社

＊2 鳥浜貝塚研究グループ編 1981『鳥浜貝塚　1980年度発掘調査概報—縄文前期を主とす

高宮紀子（たかみや・のりこ）

・2014年～女子美術大学立体アート専攻非常勤講師
・専門分野　繊維造形、造形教育
・2013年より東名遺跡編みかご講習を担当。
・主要著書
『アジア、アフリカの民具がヒント　大好きなかごを編む』文化出版局、2000年
『PPバンドで編む　毎日使えるプラかご』、誠文堂新光社、2013年

千葉敏朗（ちば・としろう）

・明治大学文学部史学地理学科考古学専攻卒業
・専門分野　考古学（縄文時代）
・現在、東村山ふるさと歴史館学芸員
・主要著書・論文
『縄文の漆の里　下宅部遺跡』新泉社、2009年（単著）
「漆器製作のムラ―下宅部遺跡―」『縄文時代の考古学6 ものづくり』同成社、2007年
「下宅部遺跡における狩猟儀礼」『原始・古代日本の祭祀』同成社、2007年
「適材適所の縄文人―下宅部遺跡―」『ここまでわかった！縄文人の植物利用』新泉社、2014年

西田 巌（にしだ・いわお）

・山口大学人文学部人文学科卒業
・専門分野　考古学
・現在、佐賀市教育委員会文化振興課主査
・主要著書・論文
『縄文の奇跡！東名遺跡』雄山閣、2017年（共著）

能城修一（のしろ・しゅういち）

・大阪市立大学大学院後期博士課程修了 博士（理学）
・専門分野　木材解剖学
・現在、明治大学黒耀石研究センター　客員教授
・主要著書・論文
Importance of *Rhus verniciflua* Stokes (lacquer tree) in prehistoric periods in Japan, deduced from identification of its fossil woods. Shuichi Noshiro, Mitsuo Suzuki, Yuka Sasaki. *Vegetation History and Archaeobotany*, 2007, 16(5): pp.405–411
How natural are natural woods from wetland sites?—a case study at two sites of the Jomon period in central Japan. Shuichi Noshiro, Yuka Sasaki, Mitsuo Suzuki. *Archaeological Science*, 2009, 36(7): pp.1597–1604
「遺跡出土植物遺体からみた縄文時代の森林資源利用」『国立歴史民俗博物館研究報告』187：pp.15–48、2014年（共著）
「現生のウルシの成長解析からみた下宅部遺跡におけるウルシとクリの資源管理」『国立歴史民俗博物館研究報告』187：pp.189–203、2014年（共著）
「縄文人は森をどのように利用したのか」『ここまでわかった！ 縄文人の植物利用』新泉社、2014年

本間一恵（ほんま・かずえ）

・日本女子大学家政学部住居学科卒業
・専門分野　かご工芸
・バスケタリーニュース編集人
・主要著書・論文
『クラフトテープで作る』日本ヴォーグ社、2000年
「弥生のかごを復元する」『青谷上寺地遺跡出土品調査研究報告1　木製容器・かご』2005年

執筆者紹介

（あいうえお順）

鯵本眞友美（あじもと・まゆみ）

・千葉大学文学部史学科卒業
・専門分野　考古学
・現在、福井県立若狭歴史博物館主任（文化財調査員）
・主要著書・論文

Ancient lipids document continuity in the use of early hunter-gatherer pottery through 9,000 years of Japanese prehistory. *PNAS* 113(15): pp.3991-3996, 2016（共著）

工藤雄一郎（くどう・ゆういちろう）

・東京都立大学大学院人文科学研究科修了　博士（史学）
・専門分野　先史考古学、年代学、第四紀学
・現在、学習院女子大学国際文化交流学部　准教授
・主要著書・論文

「福井県鳥浜貝塚から出土した大型植物遺体の ^{14}C 年代測定—縄文時代草創期から前期の堆積物層序と土器型式の年代の再検討—」『植生史研究』24-2：pp.43-57、2016年（共著）

「福井県鳥浜貝塚から出土した縄文時代草創期および早期のクリ材の年代」『植生史研究』24-2：pp.59-68、2016年（共著）

『旧石器・縄文時代の環境文化史—高精度放射性炭素年代測定と考古学—』新泉社、2012年（単著）

『ここまでわかった！ 縄文人の植物利用』新泉社、2014年（編著）

小林和貴（こばやし・かずたか）

・東北大学大学院生命科学研究科修了　博士（生命科学）
・専門分野　植物解剖学
・現在、東北大学学術資源研究公開センター植物園学術研究員
・主要著書・論文

「出土編組製品素材の同定方法」『国立歴史民俗博物館研究報告』187：pp.457–468、2014年（共著）

「植物繊維の見分け方」『ここまでわかった！ 縄文人の植物利用』新泉社、2014年

佐々木由香（ささき・ゆか）

・昭和女子大学大学院生活機構研究科博士後期課程単位取得満期退学
　東京大学大学院新領域創成科学研究科社会文化環境学専攻　博士（環境学）
・専門分野　植物考古学
・現在、金沢大学古代文明・文化資源学研究センター　特任准教授
・主要著書・論文

「縄文人の植物利用—新しい研究法からみえてきたこと—」『ここまでわかった！ 縄文人の植物利用』pp.26–45、新泉社、2014年

「縄文時代の編組製品とは？」『縄文の奇跡！ 東名遺跡』pp.20–27、雄山閣、2017年

「縄文・弥生時代の編組製品の素材植物」『季刊考古学』145：pp.44-47、2018年

「植物資源利用からみた縄文文化の多様性」『縄文文化と学際研究のいま』pp.69-84、雄山閣、2020年

鈴木三男（すずき・みつお）

・東京大学大学院農学研究科博士課程修了　博士（農学）
・専門分野　植物形態学、古植物学、植生史学、考古植物学
・東北大学学術資源研究センター（植物園）を2012年に退職。現在、東北大学名誉教授。
・主要著書・論文

『日本人と木の文化』八坂書房、2002年（単著）

「出土木製品利用樹種の時代的変遷」伊東隆夫・山田昌久編『木の考古学』pp.81–102、海青社、2012年

「鳥浜貝塚遺跡から出土したウルシ材の年代」『植生史研究』21–1：pp.67–71、2012年（共著）

「縄文人がウルシに出会ったのはいつ？」『ここまでわかった！ 縄文人の植物利用』新泉社、2014年

『クリの木と縄文人』同成社、2016年（単著）

復元画提供

国立歴史民俗博物館、石井礼子作画：1-1（下宅部遺跡復元図／ウルシ掻き／栽培初期のダイズ畑）／1-5（石器による素材調整・編み上げ）／4-1（へぎ材に加工）／4-2（底部を組む作業／かごの体部を編む）／7-1（下宅部遺跡復元図）／扉・7-2（素材〔アズマネザサ〕の採取）／7-3（素材の水漬け・割裂き・肉削ぎ）／7-4（素材の水漬け・割裂き・肉削ぎ）／7-5（底部を編む作業）／7-5（石器による素材調整・編み上げ）／8-5（下宅部遺跡復元図）／コラム1（下宅部遺跡第8号編組製品の復元画4枚）

福井県立若狭歴史博物館、早川和子作画：1-4・2-2・2-4（鳥浜貝塚復元図）

佐賀市教育委員会、早川和子作画：5-2（東名遺跡復元図）／5-5（編みかごの用途）／5-5（貯蔵穴の復元図〔大型かご使用例〕）

図版出典（一部改変）＊各章の引用文献参照

1-3：【海水準変動】Tanabe et al. 2015／【東京低地と中川低地の古地理】Tanabe et al. 2015／1-5：【下宅部遺跡：第8号編組製品の実測図】下宅部遺跡調査団 2006に加筆、彩色佐々木（2015）

2-1：【福井県西部の縄文時代前半期の遺跡分布】福井県立若狭歴史民俗資料館 2011／【縄文時代前期頃の鳥浜貝塚周辺の地形】福井県立若狭歴史博物館常設展示パネル／【1914年以前の地形模式図】鳥浜貝塚研究グループ編 1984／2-2：【現代の鳥浜貝塚の断面模式図】森川 1994／2-4：【植物性遺物を中心とした主な道具の出土数】鳥浜貝塚研究グループ編 1987／2-5：【2011年のウルシの再調査】工藤 2014より転載、鈴木ほか 2012

3-1：【水月湖の花粉分析から見た植生変遷】安田ほか 2004／【鳥浜貝塚の位置】『シリーズ遺跡を学ぶ113』より流用／3-2：【鳥浜貝塚84T2区37層―遺物出土】鳥浜貝塚研究グループ 1985／【柄鋭角型1類】網谷 1996／3-3：【鳥浜貝塚の花粉からみた植生変遷】吉川ほか 2016／3-4：【ウルシの分布】地球地図全球版第1版（第2版）標高©国土地理院 地球地図国際運営委員会（ISCGM）／【アサの渡来時期】星川 1992／3-5：【鳥浜貝塚の土器出土量の年代的推移】谷口 2004をもとに時代区分（小畑 2009）を加えた／【東北地方の縄文草創期～早期における定住化の例】関根 2014／【鳥浜貝塚における人間の活動】工藤ほか 2016

4-1：【編組製品の構成要素】佐々木ほか 2014／【素材と機能の違い】佐々木 2006／【編組製品の研究の枠組み：土器底部写真】佐々木ほか 2015／【素材植物の分析法】小林 2014／4-2：【東名遺跡：SK2160実測図】佐賀市教育委員会 2009／【坪井方式】松永 2003を改変、もとは坪井 1899／【編組パターン：2本飛び網代】名久井 2004／4-3：【編組製品の素材植物の地域性／編組製品の素材選択の画期―後期中葉～晩期】佐々木 2015／【亀ヶ岡遺跡：籃胎漆器実測図】片岡・上條編 2015／4-4：【縄文時代の主な編組技法】佐々木 2015／【東名遺跡：SK2138実測図】佐賀市教育委員会 2009／【東名遺跡：AM2184実測図】佐賀市教育委員会 2016／【付加技法】佐々木 2006／【三角山Ⅰ遺跡：隆帯文土器底部の敷物圧痕の図、拓本】鹿児島県立埋蔵文化財センター 2006／4-5：【下宅部遺跡：第40号編組製品実測図、第42号編組製品実測図、第46号編組製品実測図】下宅部遺跡調査団 2006／【アズマネザサのかごとヒゴの厚さ】佐々木ほか 2014／【下宅部遺跡でのかごの加工過程】佐々木 2015／4-6：【御所野遺跡】佐々木ほか 2015／【下宅部遺跡】佐々木ほか 2014

5-4、5-5：【東名遺跡：AM2016、AM2080、AM2078、AM2184実測図】佐賀市教育委員会 2016

7-2・7-5【下宅部遺跡：第8号編組製品実測図】下宅部遺跡調査団 2006に加筆、彩色佐々木（2015）／7-4：【下宅部遺跡：断面の顕微鏡写真】佐々木ほか 2014

8-2：【下宅部遺跡：第8号編組製品実測図】下宅部遺跡調査団 2006に加筆、彩色佐々木（2015）

9-1：【リョウメンシダの分布】倉田・中池 1987／9-3：【東名遺跡：両端に結び目のある細紐】佐賀市教育委員会 2009

上記以外：著者

所蔵・提供

1-1：東村山ふるさと歴史館（下宅部遺跡）／1-2：新潟県長岡市教育委員会（馬高遺跡）／茅野市尖石縄文考古館（棚畑遺跡）／八戸市埋蔵文化財センター是川縄文館（風張1遺跡）／国立歴史民俗博物館、工藤撮影（三内丸山遺跡：歴博展示物）／千葉市立加曽利貝塚博物館（加曽利貝塚）／1-3：福井県立若狭歴史博物館（鳥浜貝塚）／公益財団法人千葉県教育振興財団承諾、工藤撮影（雷下遺跡）／佐賀市教育委員会（東名遺跡）／滋賀県教育委員会（粟津湖底遺跡）／1-4：福井県立若狭歴史博物館（鳥浜貝塚、若狭歴史博物館）／福井県立若狭歴史博物館、工藤撮影（若狭歴史博物館の保管庫、館内）／1-4・1-5：福井県立若狭歴史博物館、能城撮影（鳥浜貝塚：編組製品）

2-1：若狭三方縄文博物館（鳥浜貝塚の位置と三方五湖）／福井県立若狭歴史博物館（1962年の高瀬川改修工事の様子、1975年の調査）／吉田浅治所蔵、福井県立若狭歴史博物館提供（開削された鰣川の風景）／2-2：福井県立若狭歴史博物館提供、安田喜憲撮影（鳥浜貝塚：花粉）／2-2・2-3・2-4・2-5：福井県立若狭歴史博物館（鳥浜貝塚）

3-1・3-2：福井県立若狭歴史博物館（鳥浜貝塚）／3-3：福井県立若狭歴史博物館、鈴木撮影（鳥浜貝塚：草創期のクリの杭）／吉川昌伸（鳥浜貝塚：クリ・ウルシ・アサの花粉）／3-4：工藤ほか2009（沖ノ島遺跡：アサ果実）／秋田県由利本荘市教育委員会（菖蒲崎貝塚）

4-1：個人蔵、佐々木撮影（米とぎザル、洗い物の水切りカゴ、戦後まで現役の編組製品）／青森県教育庁文化財保護課（三内丸山遺跡）／御所野縄文博物館（御所野遺跡）／御所野縄文博物館（スズタケの稈）／御所野縄文博物館協力、佐々木撮影（ワラビの葉柄、シナノキの樹皮）／小林和貴（徒手切片法：水浸資料—ツヅラフジ／樹脂包埋切片法：保存処理済（PEG）—タケ亜科）／4-2：国立歴史民俗博物館所蔵、あみもの研究会提供（下宅部遺跡：8号編組製品の復元品—底部・側面）／佐賀市教育委員会（東名遺跡）／東京大学総合研究博物館（坪井正五郎）／4-3：八戸市埋蔵文化財センター是川縄文館（是川中居遺跡）／青森県つがる市教育委員会、個人蔵（亀ヶ岡遺跡）／弘前大学片岡太郎 画像・図面提供（亀ヶ岡遺跡出土籃胎漆器—X線CT像）／4-4：佐賀市教育委員会（東名遺跡）／鹿児島県立埋蔵文化財センター承諾、佐々木撮影（三角山I遺跡）／4-5・4-6：東村山ふるさと歴史館（下宅部遺跡）／4-5：小林和貴（現代のアズマネザサおよびスズタケのプレパラート製作）／米田恭子撮影（狭山丘陵のアズマネザサ）／4-6：御所野縄文博物館、佐々木撮影（御所野遺跡）

5-2・5-3・5-4・5-5：佐賀市教育委員会（東名遺跡）

6-1・6-2：佐賀市教育委員会（東名遺跡）／6-3：青森県教育庁文化財保護課（三内丸山遺跡）／国立歴史民俗博物館、高宮撮影（三内丸山遺跡：縄文ポシェット復元品）／青森県立郷土館（背負い籠）／6-4：Margaret Mathewson（北米先住民族のシダーのかご）／Dawn Nichols Walden（オジブワ族のマコモを入れるかご／作品）

7-1・7-2・7-3・7-4・7-5：東村山ふるさと歴史館（下宅部遺跡）／7-2・7-5：あみもの研究会、東村山ふるさと歴史館撮影（第8号編組製品復元品—試作品）／7-2・7-5：国立歴史民俗博物館、東村山ふるさと歴史館撮影（第8号編組製品復元品—完成品）

8-2：東村山ふるさと歴史館、本間撮影（下宅部遺跡：第8号編組製品）／黒沼保子（復元かごをもつ人）／8-3・8-4：久留米市教育委員会（正福寺遺跡）／8-5：木村都撮影（かごの講習）

中扉・コラム2：佐賀市教育委員会（東名遺跡）／久留米市教育委員会（正福寺遺跡）／青森県教育庁文化財保護課（三内丸山遺跡）／国立歴史民俗博物館（三内丸山遺跡：縄文ポシェットの復元品）／東村山ふるさと歴史館（下宅部遺跡）／国立歴史民俗博物館（下宅部遺跡：第8号編組製品の復元品）

9-1・9-2・9-3：福井県立若狭歴史博物館（鳥浜貝塚）／佐賀市教育委員会（東名遺跡）／奈良文化財研究所（平城京から出土した奈良時代の縄）／小樽市教育委員会（忍路土場遺跡）／三島町教育委員会（荒屋敷遺跡）／9-4：山形県立うきたむ風土記の丘考古資料館（押出遺跡）／鈴木撮影（三内丸山遺跡：「樹皮巻」製品）／さいたま市遺跡調査会（南鴻沼遺跡）／八戸市埋蔵文化財センター是川縄文館（是川中居遺跡）／青森県教育庁文化財保護課（三内丸山遺跡）／9-5：横手市教育委員会（神谷地遺跡）／片岡ほか2015（土井1号遺跡：朱漆塗り紐）／栗原市教育委員会（山王囲遺跡）／東北大学総合学術博物館（マイクロX線CT像撮影）／片岡太郎（3D画像作成）

上記以外：著者、あみもの研究会　上記以外の復元かご：あみもの研究会

さらにわかった！　縄文人の植物利用

2017年3月25日　第1版第1刷発行
2021年12月25日　第1版第2刷発行

編　者＝工藤雄一郎・国立歴史民俗博物館

発　行＝新 泉 社
東京都文京区湯島1－2－5　聖堂前ビル
TEL 03（5296）9620／FAX 03（5296）9621
印刷・製本／創栄図書印刷

ISBN978-4-7877-1702-3　C1021

ここまでわかった！ 縄文人の植物利用
工藤雄一郎・国立歴史民俗博物館編／A5判並製／228頁／2500円+税

旧石器・縄文時代の環境文化史 高精度放射性炭素年代測定と考古学
工藤雄一郎著／B5判上製／376頁／9000円+税

縄文はいつから!? 地球環境の変動と縄文文化
小林謙一・工藤雄一郎・国立歴史民俗博物館編／A5判並製／260頁／2400円+税

縄文の漆の里・下宅部遺跡 シリーズ「遺跡を学ぶ」062
千葉敏朗著／A5判並製／96頁／1500円+税

縄文のタイムカプセル・鳥浜貝塚 シリーズ「遺跡を学ぶ」113
田中祐二著／A5判並製／96頁／1600円+税

縄文時代ガイドブック シリーズ「遺跡を学ぶ」別冊03
勅使河原彰著／A5判並製／96頁／1500円+税

縄文土器ガイドブック 縄文土器の世界
井口直司著／A5判並製／200頁／2200円+税

縄文土偶ガイドブック 縄文土偶の世界
三上徹也著／A5判並製／212頁／2200円+税